PARIS

RÉVOLUTIONNAIRE

SAINT-DENIS. — IMPRIMERIE DE PREVOT ET DROUARD.

PARIS

RÉVOLUTIONNAIRE

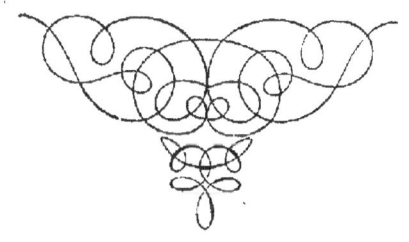

PARIS.

GUILLAUMIN ET Cⁱᴱ, ÉDITEURS,

rue Richelieu, 14.

—

1848.

LA FORCE RÉVOLUTIONNAIRE.

(INTRODUCTION.)

I

Les prêtres ont imaginé un jour solennel, où chaque homme viendra, devant un juge suprême, dire ce qu'il aura fait pour ses semblables. Je voudrais concevoir les ères et les races, les intelligences et les œuvres humaines, comparaissant ainsi dans ce qu'elles ont fait pour l'humanité.

Peu de chose encore... Et par ce jugement dernier des nations et des siècles, il se manifesterait plus d'efforts que de résultats, plus d'essais que de succès, si le monde rendait compte de lui-même, au point du temps où il est maintenant parvenu.

Ce serait pourtant un spectacle magnifique : car le plus bel effet des plus grandes facultés de notre espèce, de sa moralité, de son intelligence, c'est leur réaction contre cette destinée de mal que l'homme partage avec l'univers.

Leur plus beau droit, c'est de la réprouver. Et si cette

réaction est lente et faible, ce serait à ce juge suprême, qui pèserait les services des générations, à se justifier, à s'accuser d'abord lui-même de l'impuissance de leurs efforts, comme de leur nécessité.

On comprend mieux leur violence. Le monde marche sous l'aiguillon du mal; son pas devait être prompt, il ne saurait être tranquille.

C'est à cette loi funeste que nous devons du moins la force révolutionnaire, je veux dire la réaction de l'homme contre le mal, par son intelligence, sa vertu et son activité.

Et c'est dans cette force qu'il faut étudier la condition, la nature, l'avenir de notre espèce. Ce qu'est l'homme, ce qu'il peut être, estime, espoir, tout gît dans la force révolutionnaire pour qui veut se rendre compte de l'humanité.

Sa nature : cette force atteste que l'homme n'est pas affligé seulement de la sensation et de l'horreur du mal physique, la douleur; qu'il est doué du sentiment et de la haine du mal moral, l'injustice.

Sa condition : la force révolutionnaire l'accomplit et la révèle; c'est la condition même de l'univers. L'humanité est placée en lui sous l'empire d'un acte général de modification, qui se produit par la durée, la relation et le mouvement, se développe dans un enchaînement de causes et d'effets dont nous ignorons la loi, et pouvons seulement apercevoir l'action; emploie l'élément du mal dans une proportion incalculable; enfante pour détruire et crée en détruisant, n'extrait de fruits que d'une perte énorme de germes, de résultats que d'une immense déperdition de forces.

Cette condition universelle de modification se résout pour le monde, l'espèce humaine, l'individu, en époques climatériques. Elle opère sur celui-ci par l'action de la vie, sur celle-là par la force révolutionnaire. Elle tue l'individu, elle bouleverse le monde. Que fait-elle de l'espèce?

C'est ici qu'il faut apprécier l'avenir de l'humanité par sa force révolutionnaire. Cette force est-elle progressive? produit-elle graduellement le mieux?

On peut dire que la conception même de la loi du progrès prouve le progrès.

L'antiquité admettait une loi inverse. Elle reconnaissait bien dans la vie de notre espèce une série d'âges et de modifications; mais, suivant elle, cette série ne faisait qu'empirer progressivement la condition et la nature humaines.

Le mauvais génie du prêtre abusa de cette doctrine de la vertu découragée. Les religions, la religion chrétienne notamment, firent de l'homme un être déchu, soumis à une dégradation originelle toujours agissante; et, malgré tout ce que le *Génie du christianisme* a mis de notre temps à la mode, ce n'est pas par là seulement que ce culte a été radicalement et essentiellement funeste à la véritable civilisation.

Mais il ne pouvait mieux faire pour la neutraliser; car c'était la frapper jusque dans son mobile, c'était en tuer la pensée même. Rien ne devait servir davantage à maintenir l'espèce humaine dans un état qui ne profiterait qu'au sacerdoce, à lui ôter jusqu'à l'envie d'améliorer sa condition et sa nature, que de les lui présenter sous le poids d'une dégradation trop irréparable pour que la mort même d'un Dieu eût pu la réparer.

Il y avait dans cette conception de quoi amortir cette perfectibilité qui distingue particulièrement les races européennes. L'homme s'immobilisait dans le désespoir, son ignorance, sa misère, ses vices. L'incrédulité le sauva.

Il a rejeté ce dogme monstrueux, et, dépassant ceux qui niaient le progrès du mal sans comprendre qu'il fallait admettre celui du bien, qui ne voyaient dans le mouvement des générations et des idées qu'un déplacement, qu'une rotation stériles, il est arrivé à la doctrine de sa propre perfectibilité.

Et si déjà c'était la prouver, c'était l'armer aussi ; donner à la force révolutionnaire un stimulant, un moyen, son guide, son but.

La faculté du progrès étant admise, l'humanité va d'abord s'animer à en faire usage, s'appliquer à en tirer parti. La force révolutionnaire s'accroît et s'inspire du sentiment de son utilité.

Le christianisme n'avait pu détruire cette force en lui refusant tout succès. Il ne devait pas prévaloir jusqu'à abolir dans l'humanité la loi même de l'univers. Aussi, non content de la dénaturer en prêchant que l'homme n'avait point à profiter des modifications auxquelles cette loi universelle le soumettait, en lui présentant la force révolutionnaire non-seulement comme une réaction impuissante contre sa dégradation originelle, mais comme un funeste effet de celle-ci, un symptôme et une aggravation de sa misérable nature, le christianisme faisait encore un crime des efforts auxquels il déniait tout profitable résultat. Il commandait une obéissance absolue, dans la conscience, à l'autorité spirituelle, dans la conduite, à l'autorité temporelle, et n'attribuait qu'au pape le droit de recours contre le prince. Renoncer à exercer la liberté par la raison, à la conquérir par la force, c'était devoir ; foi aveugle, humble résignation, c'était vertu. La religion faisait servir même l'espérance à l'empire de ces dégradantes doctrines. Cet abandon de son intelligence, de sa dignité, de ses droits, était pour le chrétien le gage, la condition d'une meilleure vie dans l'éternité.

De la doctrine du progrès, au contraire, est découlé ce grand principe qui a fait à l'homme, non pas un droit, mais un devoir, de renverser par l'intelligence et la force tout ce qui s'oppose à sa perfectibilité. Ce devoir a été proclamé le plus saint de tous, c'est-à-dire le plus vrai ; car il est à la fois moral, activant et utile.

Le christianisme, en admettant une révélation, avait pétrifié l'humanité dans une certaine croyance ; il avait voulu, en absorbant la société dans l'église, perpétuer une certaine forme d'institution religieuse et politique. La doctrine du progrès mobilise au contraire l'état social ; et, au rebours de la pensée qui a dominé toutes les législations antérieures, elle veut organiser non la stagnation, mais le mouvement des idées et des intérêts. Elle met la société en rapport normal avec l'action permanente et universelle de modification. Elle procède comme la loi même qui gouverne l'univers.

Enfin le christianisme refusait à l'humanité un but dans ce monde. Ordre, égalité, science, bonheur, affranchissement, triomphe du principe moral, il ajournait tout à une autre vie. C'était une régénération toute posthume, et devant Dieu ; telle que le paganisme l'avait lui-même envisagée. Cette régénération même admettait dans l'autre vie une très-mince minorité de privilégiés, le petit nombre des élus, et une majorité effroyable d'exclus, de réprouvés : c'était tout comme ici-bas.

La doctrine du progrès implique nécessairement l'existence d'un but et d'un but posé dans ce monde. Elle suppose nécessairement aussi qu'il n'est autre que l'*égalité absolue* parmi les hommes, avec ses moyens et ses garanties, la liberté, la science, et la prédominance du sentiment moral ; avec ses conséquences, la fraternité, le bien-être et l'ordre. Car, évidemment, c'est là l'état qui réalise le mieux l'idée de perfectibilité appliquée à l'espèce entière, telle, du moins, que nous pouvons l'entrevoir.

II.

Jusqu'ici nous avons indiqué les avantages de la doctrine du progrès. Dira-t-on qu'elle peut bien être une hypothèse ingénieuse, d'où découlent des conséquences, des procédés d'application, plus ou moins utiles; mais qu'elle ne résulte pas, du moins absolument, de la vie de l'humanité; que les actes de modification auxquels celle-ci est soumise proviennent de la diversité, de la lutte de ses éléments, et non pas d'une prédestination dont cette lutte même serait le moyen, dont un meilleur état serait le terme assuré; que la force révolutionnaire prouve plutôt la réalité d'une mauvaise condition et un vague besoin du mieux, que la faculté, et surtout que la certitude d'y atteindre? Demandera-t-on enfin si nous plaçons le progrès sous une loi constante, exclusive, fatale?

Sans doute la science de l'humanité échappe comme toute autre à la rigueur des systèmes. Admettre une loi d'où découlent pour le philosophe l'explication de tous les phénomènes humains, pour le législateur une solution de toutes les combinaisons sociales, c'est, dans un sens, une hypothèse, un procédé. L'espèce, la société, se refusent, absolument parlant, à une formule qui les embrasse en entier, qui intègre tous les éléments de ces deux problèmes.

Cette insuffisance résulte ou du vice de notre intelligence, ou de cette condition universelle que partage l'humanité. Puisque l'homme se modifie, sa nature est multiple et compliquée de contraires. Dès lors on ne peut la résumer tout entière dans une seule théorie. D'autre part, il est impossible, ou du moins nous sommes incapables, de constater, dans l'universalité des choses et des êtres, je ne dirai pas l'indice, mais la démonstration, le produit évident d'une loi unique, providentielle, absolue. Il n'y a donc pas à la formuler, ou nous ne pouvons y parvenir, même pour notre propre espèce.

Toutefois, si l'humanité ne se résume pas totalement dans une formule, il y a tel système qui comprend à un plus haut degré que tel autre les effets les plus généraux, les plus constants, les plus actifs, de l'organisation physique et morale de l'homme.

Dès lors on est suffisamment autorisé, on est obligé à admettre pour loi de notre espèce la formule qui nous fournit la solution la plus généralement vraie. C'est ainsi que nous proclamons sa sociabilité; que nous la déclarons (bien qu'il y ait dans l'homme un énorme élément anti-social) une loi de son être; et que nous en tirons, comme justes et nécessaires, toutes les conséquences sans lesquelles elle ne pourrait s'accomplir.

C'est en vertu de cette même règle d'approximation que nous proclamons aussi la loi du progrès, et que nous en réclamons l'organisation normale dans la société. Le fait nous donne foi dans la théorie de la perfectibilité humaine, comme il nous empêche de l'exagérer.

Aussi ne partageons-nous pas cet optimisme progressif qui ne tient nul compte de ce que la perfectibilité même de notre espèce suffirait à prouver de vices dans sa nature, de maux dans sa condition. Nous n'adorons pas à deux genoux cet ordre universel, où le progrès est si nécessaire, si restreint, si lentement et chèrement acquis. Nous n'absolvons pas la loi du mal, parce qu'elle est un aiguillon du mieux. La Providence a d'étranges voies, de plus étranges flatteurs; et, malgré toutes les phrases sacerdotales que certains philosophes ont prises aux théologiens, nous pensons, avons-nous déjà dit, que le plus beau droit de la raison et de la moralité humaine, c'est de réprouver librement, de maudire comme de combattre, ce qui les révolte, même dans l'ordre funeste de l'univers.

Surtout, nous n'admettons pas une loi fatale du progrès telle qu'on pourrait concevoir l'amélioration s'opérant par la seule force des choses, et les confondant dans une même indifférence, parce qu'elles aboutiraient nécessairement au mieux. Ce dogme, subversif de toute idée morale, détruirait d'ailleurs le stimulant progressif, tout aussi bien que cette autre fatalité, qui, selon le christianisme, liait indissolublement l'homme à sa dégradation originelle. Ce serait le quiétisme substitué au désespoir, une sorte de croyance musulmane à la place d'une croyance chrétienne. Au premier rang des causes qui dominent les destinées de notre espèce se placent la conception qu'elle s'en fait, et la part qu'elle y prend.

C'est pour cela que la doctrine du progrès est un moyen de progrès ; c'est pour cela qu'il ne faut voir dans la perfectibilité humaine qu'une faculté de l'homme, qu'une conséquence possible, dont il est une cause puissante. Quand l'homme s'en remet à la destinée, il la change ; elle perd en lui un de ses agents.

En résumé, l'humanité n'a pas seulement le besoin et le désir du mieux, elle en a la faculté. La vertu, l'intelligence, le travail, sont doués du pouvoir d'améliorer notre condition, notre nature, et peuvent, par la persévérance et le courage, conquérir sur le vice et le malheur. Sans doute, il y a, dans la marche qu'ils impriment à l'homme vers un meilleur état, des temps d'arrêt, des époques même rétrogrades; il y a une complication de moyens et d'obstacles, d'avantages et d'inconvénients, qui ne permet pas toujours de bien discerner les uns des autres ; et c'est, quand on aime l'humanité, c'est avec un sentiment de tristesse et d'amertume qu'on la suit dans cette marche laborieuse, intermittente, obscure. Mais enfin la possibilité du mieux est indubitable; c'est une notion que l'expérience acquiert, que notre conscience possède; et cet amer sentiment est lui-même, quand il tourne en besoin de travailler à un ordre meilleur, un des instruments du progrès les plus nobles et les plus sûrs.

III.

Conçue dans ses termes réels, la doctrine progressive a donc tous les caractères que nous avons attribués à la vérité : elle est morale, activante, utile; elle est, selon nous, le résumé le plus exact de l'étude et de l'histoire de notre espèce; enfin elle se concilie seule avec cette impuissance même où nous sommes de trouver la théorie absolue de l'humanité, puisqu'elle admet les modifications que l'homme futur peut subir, comme elle tend à les tourner toutes à son profit.

Nous tâcherons de mesurer la puissance progressive par les résultats connus. Mais, d'abord, nous parlerons encore de ses causes et de son but, tels que nous les concevons; de ses moyens et de ses agents, tels que l'histoire nous les présente. Nous terminerons cet article par un aperçu des effets, des procédés et des garanties que cette puissance produira ou emploiera, suivant nous, dans l'avenir, tel enfin que nous pouvons l'entrevoir.

Le progrès naît du mal, de l'horreur qu'il inspire à l'organisation, à ses propriétés physiques, morales, et des facultés que les unes et les autres emploient à réagir contre lui. Considéré dans son mobile premier, le progrès, c'est le mal, senti, détesté, combattu; dans ses causes et moyens généraux, c'est la *physiologie* même de l'homme, réagissant par la moralité, les besoins, les forces qui lui sont propres. C'est, dans son but individuel, la satisfaction complète de cette moralité et de ces besoins, l'entier développement, le plein usage de ces facultés ; dans son but social et politique, enfin, c'est pour tous une jouissance, une garantie égales de tous ces résultats du progrès.

Apprécions d'abord l'énergie de réaction de ces deux causes premières, le sentiment moral et les besoins. Il serait superflu de constater leur existence ; il est bon de les distinguer : car si la morale et l'intérêt s'accordent, ils ne se confondent point, et l'un ne se fonde pas sur l'autre. La moralité est dans l'homme une propriété distincte de son organisation, un phénomène *sui generis*, la plus indépendante comme la plus impérieuse et la plus haute de nos facultés.

La réaction progressive a été, il est vrai, plus efficace, plus ingénieuse, sous l'empire et à l'égard de nos besoins physiques. Le travail et l'industrie ont plus conquis de résultats sur la nature brute au profit de ces besoins, que la justice et la vertu sur les vices de l'individu, sur la barbarie sociale. L'homme, enfin, a obtenu moins de succès contre ses passions et celles de ses semblables que contre les fléaux extérieurs, contre les forces naturelles soumises à son intelligence et à son activité.

Mais c'est dans le sentiment moral que la réaction humaine trouve néanmoins son stimulant le plus énergique, comme sa cause la plus généreuse.

Sans doute toute atteinte au sentiment moral, à une idée, à un droit, comporte le plus souvent un préjudice à un intérêt matériel. Il y en a presque toujours un, blessé ou menacé, par l'oppression, l'avilissement, le crime.

Mais enfin l'histoire prouve que, lorsque le dommage causé aux hommes se produit par un fait qui attente à leur conscience, à leur raison plus directement qu'à leur intérêt matériel même, c'est alors surtout qu'ils réagissent, qu'ils se révoltent, et que leur résistance se déclare, soit par les insurrections, soit par cette action morale qui prépare celles-ci ou les remplace, corrige le monde ou le remue.

Les déficits, les famines, n'ont jamais enfanté que des systèmes ou des émeutes. Ce sont les débordements, les sentiments ou les croyances blessées, qui ont, ou produit les religions nouvelles, ou lancé les révolutions.

Augmentez les droits d'octroi à Paris, il y en aura des murmures, des pétitions. Faites, en plein jour, promener par un de vos sergents un drapeau tricolore, par les rues, dans la boue, et vous verrez si c'est surtout la faim qui émeut les entrailles du peuple !

Cet exemple amène à signaler un des motifs qui peuvent expliquer pourquoi la réaction produite par les causes morales a, quoique plus énergique, produit moins de progrès que celle qui naît de l'impulsion de nos besoins.

Nos besoins physiques ont moins de portée, sont moins révolutionnaires que nos sentiments; mais à ceux-ci il faudra, chez la plupart des hommes, une sorte de signe visible, qui les avertisse, qui leur montre, sous une forme brutale, insolente, le mépris qu'on fait d'eux. L'homme a plus généralement le sentiment de ses droits, de sa dignité, que la notion de ce qui les blesse. C'est bien en y portant la main qu'on le poussera plus vivement à se défendre; là, toute atteinte est profonde, mais il est facile de la lui déguiser.

C'est pour cela surtout que la plus puissante des facultés humaines, la moralité, a moins produit que les forces industrielles. Pour la faire agir, il a fallu, en quelque sorte, des révélations, des impressions brusques; et alors, s'éveillant en sursaut, elle s'est mise à l'œuvre avec cette énergie, cette fécondité, qui la caractérisent. Que ses conquêtes seraient immenses si sa réaction était aussi habituelle, aussi générale, aussi sûre que celle de nos besoins physiques, toujours et chez tous excités, assidus ; et pouvant bien prendre patience, mais ne prenant jamais le change, comme nos idées et nos sentiments !

Du moins si on abuse ceux-ci, on ne les étouffe pas, on n'en triomphe point ; et nous ne saurions trop faire ressortir leur vitalité, leur puissance, dans un temps où la satisfaction des intérêts matériels est seule admise, non, ce qui est vrai, comme le but des sociétés, mais comme un moyen de les gouverner à l'aise.

Système avilissant et incomplet, système d'égoïsme et de despotisme, à la fois dégradant et contradictoire. En dehors de la moralité, les pouvoirs ne respectent pas les intérêts, et ce qu'ils appellent gouverner pour eux, c'est exploiter les uns, exclure les autres. Ce n'est pas seulement pour être en repos qu'ils rejettent les questions de principes ; c'est pour donner à quelques-uns le monopole, afin de se réserver à eux-mêmes l'usurpation.

Quant à nous, prenons le progrès dans sa principale cause, le sentiment moral, la justice, le dévoûment. Plus ces mobiles sont rares, et plus il importe de constater leur force ; moins on se fait illusion sur des mécomptes effrayants, sur les misères, les vices de notre espèce, et mieux on se plaît à reconnaître leur meilleur remède dans un phénomène humain de moralité, au-dessus de toute objection comme de tout obstacle.

IV.

Nous n'avons encore caractérisé le sentiment moral qu'en ce qu'il donne à la réaction progressive plus de portée que nos besoins, et produit plus énergiquement qu'eux l'explosion révolutionnaire. Il importe de mieux expliquer ce qu'il veut et ce qu'il peut : car le sentiment moral étant admis comme le principal élément du progrès, c'est par lui, par son vœu, ses forces, qu'on peut apprécier le but où le progrès doit conduire l'humanité, et que nous vérifierons si ce but est tel que nous l'avons dit.

Considéré dans la réaction des intérêts matériels, dans leur tendance et leurs moyens, le progrès ne représenterait guère qu'une satisfaction plus facile et plus complète des besoins de l'individu ; il ne comprendrait tout au plus que le bien-être.

Certes, le bien-être acquis et assuré à chacun est une des fins de toute science, de toute association : il n'y a hors de là qu'absurdité, guerre, impuissance, injustice.

Mais, tout en restreignant le progrès au bien-être physique, la réaction des intérêts matériels ne saurait même, à elle seule, produire pour tous ce résultat. Le besoin est un stimulant égoïste, qui ne cherche que l'avantage de l'individu, et presque toujours même l'obtient avec dommage pour autrui. Amené tout au plus à réunir plusieurs forces, et non à combiner tous les intérêts ; procédant, non par association, mais par coalition, l'amour du bien-être ne saurait, dans son plus grand développement, profiter qu'à des exceptions, des minorités, engendrer des castes, activer des concurrences.

Même, il faut remarquer que la réaction des intérêts matériels a produit ses plus grands résultats, non pas pour ceux dont elle met en jeu les facultés et les forces, pour le travailleur, l'homme intelligent, robuste, mais pour l'homme oisif, habile, moitié efféminé, moitié violent, qui s'est approprié, par l'oppression ou l'exploitation, les meilleurs fruits du sillon que l'humanité creuse sans cesse sous l'aiguillon du besoin.

C'est que l'égoïsme surfait toujours, et qu'enchérissant sur celui d'autrui, étant chez l'un plus adroit ou plus brutal que chez l'autre, il ne profite, en somme, qu'aux forts, aux raffinés.

Il neutralise même les instruments qu'il emploie. Ceux qu'a produits la réaction de nos besoins, c'est le travail, c'est l'industrie. Eh bien ! quelque énergique et ingénieux que soit ce stimulant du besoin, le travail perd une immense portion de sa puissance, parce que l'égoïsme de quelques-uns en absorbe tous les meilleurs résultats, et qu'insatiable chez les uns, il se décourage chez les autres. Ceux-ci travaillent et ne gagnent point; ceux-là ne travaillent point et gagnent. Il s'ensuit que les premiers n'ont rien qui les anime, les seconds rien qui les force, à travailler.

La science du travail, l'industrie, ne souffre pas moins, dans ses progrès, de la part que fait à l'égoïsme le seul stimulant de nos besoins. L'homme, avons-nous dit, a obtenu plus de conquêtes sur la nature que sur ses semblables; il a acquis plus de résultats industriels que d'avantages sociaux. Oui; mais s'il s'était appliqué à devoir seulement son bien-être au travail, à la science, à ses succès contre les agents extérieurs soumis à son activité, et non à l'exploitation de ses semblables, à ce qu'il leur prend pour avoir plus aisément et davantage; si surtout il avait constamment obéi au sentiment moral qui veut le bien-être pour tous, quel stimulant l'industrie elle-même aurait alors acquis ! quels résultats elle eût obtenus sous l'impulsion de toutes les forces humaines et des intérêts communs ! s'adonnant, non plus à se disputer les moyens, les produits du travail, mais à les multiplier, à répartir équitablement les uns, à à partager habilement les autres.

Un exemple nous fera mieux comprendre. L'emploi des machines et des moteurs, que la science ne peut qu'agrandir (car, dans le monde matériel comme dans le monde moral tout est encore dans l'enfance), est, en soi, la fortune, l'avenir de l'humanité, par rapport à son bien-être, à la facilité et à la puissance du travail. La civilisation n'y gagnera pas seulement en force physique : sa destinée morale profitera de tout ce que l'homme pourra reporter de ses facultés sur son développement intellectuel, lorsque les procédés mécaniques lui permettront de n'être plus lui-même qu'une machine toujours en action.

Eh bien! l'emploi des machines et des moteurs, est, à raison du monopole des produits, très fortement contrarié par les dispositions de la classe ouvrière; c'est-à-dire que, par une contradiction presque aussi monstrueuse que sa cause, les plus intéressés à la facilité et à l'énergie du travail sont précisément ceux qui s'opposent à l'usage de ses meilleurs moyens.

Pourquoi? C'est que ce progrès industriel, fruit de la réaction de nos besoins, reste sous l'empire de cette cause égoïste ; c'est que les conquêtes de l'industrie ne profitant pas aux travailleurs; dès lors, il les entravent, et combattent les améliorations du travail, parce que leurs ressources sont dans les imperfections qui procurent plus d'ouvrage à plus de bras, c'est-à-dire les lenteurs, les efforts, bref, dans leurs fatigues.

Sans doute cette haine de l'ouvrier contre les machines n'est ni naturelle, ni clairvoyante; mais cela ne veut pas dire qu'elle soit sans motif, que les machines ne prennent rien sur ses ressources. Cela veut dire seulement qu'il se méprend sur la véritable cause du tort qu'elles lui font, et que cette cause remonte à un état social qui lui-même est aveugle et contre nature : rien ne le condamne autant que la réaction de la classe ouvrière contre les procédés mécaniques.

Prétendre que, dans l'ordre actuel, les machines sont tout profit, même pour cette classe, c'est par trop se moquer de son instinct et de ses souffrances. Jamais l'industrialisme n'a porté plus loin l'effronterie du sophisme et de l'avidité. Ce qu'il faut dire à l'ouvrier, c'est que si les machines tournent contre lui, la faute n'en est point à elles; qu'en facilitant le travail et accroissant les produits, c'est lui, bien au contraire, lui surtout qu'elles sont destinées à servir; que son salut viendra d'elles, et que le tort qu'elles lui causent naît uniquement d'un état social où tous les bénéfices sont pour quelques-uns, où la masse des travailleurs n'a que la main-d'œuvre, où les plus utiles inventions de l'industrie sont, comme tous les autres agents publics, pervertis par le privilége.

Mais, en attendant que les procédés mécaniques soient ramenés à leur propre et spéciale bienfaisance pour l'ouvrier, leur vice actuel, grâce à cette perverse influence du monopole, c'est, je dirais moins la diminution du nombre de bras employés, résultat qui finalement se répare, qu'une durée des heures du travail, qui se prolonge à raison même de sa plus grande facilité; un abaissement dans la main-d'œuvre, qui, pour l'ouvrier, rend illusoire celui du prix de certains objets, et ne lui permet plus d'atteindre au taux où l'impôt, le monopole et la spéculation, en maintiennent ou portent certains autres; enfin une masse sans cesse croissante de bénéfices pour les privilégiés, une prépondérance toujours plus grande pour les capitaux sur les travailleurs.

L'ouvrier s'en prend de tout cela aux machines, et n'a tort que parce qu'il ne remonte pas jusqu'à la main qui les exploite. Au surplus, pourquoi les exploiteurs se plaignent-ils tant de cette haine aveugle? Quand l'ouvrier verra clair, ce ne seront plus les machines qu'il voudra détruire : il les couronnera de fleurs, comme l'agriculteur couronne la sienne, sa charrue. Les véritables instruments de sa ruine, le monopole et le privilége, voilà ceux qu'alors l'artisan brisera.

V.

Que, tout en restreignant le progrès au bien-être physique, la réaction de nos besoins et de nos intérêts matériels ne soit, malgré la supériorité accidentelle de ses effets sur ceux du sentiment moral, ne soit même pas le meilleur agent de ce seul progrès ; que, dans cette limite de bien-être, elle ne le développe encore que jusqu'à un certain degré comme pour un certain nombre d'individus ; rien ne suffirait mieux à le prouver que cette opposition du travailleur aux moyens de faciliter et de féconder le travail. Nous voyons là, d'une part, l'intérêt de l'exploiteur accaparant le bien-être ; de l'autre, celui de l'ouvrier en combattant les agents les plus productifs. Le privilége est ruineux pour les individus, pour l'espèce.

La tendance et les forces de la réaction des besoins ne peuvent donc atteindre leur propre but, et déterminer le but général du progrès, que fort incomplétement. Elles restreignent nos jouissances et nos facultés, négligent, étouffent la moralité individuelle, comportent et développent tous les vices sociaux.

Pris au contraire dans le sentiment moral, la fraternité et la justice, le but du progrès c'est aussi le *bien-être*, mais le bien-être avec toutes ses ressources et pour tous les hommes. C'est de plus l'amélioration morale et intellectuelle de l'individu, comme, pour l'état social, l'équité mise en pratique. C'est, en un mot, *l'égalité*.

Tel est en effet le résumé de l'amélioration humaine dans tous ses effets, sociaux et individuels, matériels et moraux. Tel est le résultat du progrès, lorsqu'on le conçoit produit par le sentiment moral. Car l'égalité, l'égalité absolue, est la seule conséquence qui puisse satisfaire celui-ci, comme il est la seule cause qui puisse la réaliser.

Le sentiment moral ne comprend la loi du bien-être qu'avec le droit de chacun à en jouir également. Pour lui, il n'y a pas de progrès en-dehors d'une égale distribution des résultats obtenus; sans lui, ces résultats restent sous l'empire de l'usurpation et du privilége.

Nos besoins, en effet, nous font bien concevoir ceux des autres; mais qui nous porte à vouloir qu'ils soient aussi satisfaits? Qui nous donne cette sensibilité sympathique dont les organes sont, pour ainsi dire, ceux mêmes de nos semblables, et, par une sorte de métempsycose intime, transporte notre âme dans les êtres qui souffrent? Quel stimulant ajoute à nos propres besoins celui de voir chacun de nos semblables pourvu des mêmes ressources, des mêmes conditions de bien-être ou d'amélioration?

Sans ce sentiment fraternel, pas d'égalité; sans l'égalité, pas de progrès : des résultats auxquels l'humanité ne gagne rien, dont, par cette raison, elle néglige ou gêne le développement, et qui ne font, en se multipliant au profit des privilégiés, que rendre l'exclusion plus barbare et les inégalités plus monstrueuses.

Le sentiment moral est tout l'élément social de l'homme, comme la source de son entier développement. Nos intérêts exploitent l'association, c'est lui qui la forme; ils la pervertissent, il l'améliore. Nos besoins ne nous donnent d'activité que pour nous-mêmes, et n'engendrent que l'instinct non moins égoïste d'un droit de propre conservation. A cet instinct tout individuel, à cette notion toute rétrécie et matérielle du droit, ils ne joignent aucune notion du devoir. C'est par le sentiment moral que le devoir est conçu et révélé, c'est-à-dire avec la connaissance, la pratique et la défense de notre droit, l'intelligence, le respect et la protection fraternelle de celui des autres.

Or, cette religion du droit et du devoir, cette loi de l'égalité entre tous, le sentiment moral ne la restreint pas à la conservation, au bien-être physique de chacun. Il l'étend à toute la destinée de l'homme, à la culture de ses facultés, de ses vertus. Il nous le fait sentir autrement même que par ses besoins, ses misères; et, nous le montrant comme une incarnation sacrée de tout ce que nous concevons de noble et de beau, l'intelligence, la raison, la vertu, le courage, il nous dit que ces facultés qui sont en nous ont droit chez tous à un égal développement, et doivent être employées à combattre ce qui les pervertit ou les tyrannise dans les autres comme en nous-mêmes.

Que si, dans toutes ces notions du droit et du devoir, domine l'égalité, elle dominera aussi toutes leurs applications et tous leurs obstacles. Déjà, par l'énergie et la foi que le sentiment moral puise en lui-même, il a pu, en face des vices de l'homme, de l'oppression des gouvernements, des iniquités sociales, protester, croire au progrès et l'entreprendre. Avoir soulevé un si énorme fardeau, c'est plus que ce qu'a pu faire tout le travail humain appliqué à la matière. Avoir pu commencer la tâche du progrès, l'égalité dans le perfectionnement moral et dans le bien-être physique, c'est pouvoir, malgré tout, la poursuivre.

L'égalité possède en elle-même toutes ses ressources : les vices, les maux, ne règnent que parce qu'ils règnent à sa place. C'est par elle que doit être guéri et fertilisé tout ce qui peut l'être. Moralité, développement, bien-être pour chacun, l'égalité ne conçoit pas seulement, elle doit, par sa vertu, réaliser cette universalité magnifique. Sophistes, et vous, privilégiés, il n'y a plus de possible désormais que cette *chimère*. A elle, mais à elle seulement, tout est possible pour réparer le mal que vous avez fait aux hommes.

C'est par l'égale consécration du droit et de l'intérêt légitime de chacun, que chacun peut être amené à l'idée du devoir.

C'est par une égale culture que les facultés de tous peuvent être rendues à la vie.

C'est enfin par cette égale satisfaction des droits et des intérêts, comme par cet universel développement des facultés, que le travail peut atteindre le maximum de ses moyens, de ses produits, et déployer une puissance incommensurable, au niveau des besoins de chacun, parce que, tous y gagnant, tous y contribueront, et que tous seront à la fois aptes et intéressés à le faire.

Le partage des forces humaines entre les obstacles que la nature leur oppose et ceux dont l'inégalité sociale les accable, cela suffirait pour que le bien-être, la moralité, les lumières, rien ne s'étendît ou n'avançât. Sans l'égalité, sans le sentiment moral qui la donne pour but au progrès, il s'arrête dans toutes ses directions, ou se resserre. Par elle seule, l'industrie peut sans cesse agrandir la fortune de l'humanité, et d'autant plus produire qu'elle n'exploitera plus que la nature. Quand les hommes seront égaux, ils seront supérieurs à tout ce qui entrave le développement de leurs facultés et de leur bien-être ; quand ils seront libres, ils auront le monde esclave docile de leur génie.

VI.

Nous reviendrons plus tard sur ces grandeurs de l'avenir et sur leur réalisation. Ici, après avoir indiqué le principal moteur et le but du progrès, disons quelques mots de ses moyens.

La réaction de nos besoins produit, avons-nous dit, le bien-être par le travail, la science industrielle et l'association.

Nous avons remarqué que ce mobile, tout égoïste, tout individuel, restreignait le bien-être aux seules jouissances matérielles, à quelques exploiteurs; qu'il usurpait aux dépens de l'humanité, en même temps qu'ils conquérait sur la nature; qu'il neutralisait même ses instruments, l'industrie et le travail; enfin qu'il réduisait l'association à une certaine coalition d'intérêts, à une combinaison de quelques forces.

En jetant un coup d'œil vers l'avenir, nous reviendrons aussi sur ce qu'on peut attendre de ces éléments, association, industrie, travail, lorsqu'ils seront placés sous l'influence de l'égalité. Nous ne parlerons ici que des moyens du progrès, envisagé comme œuvre du sentiment moral, c'est-à-dire l'égalité avec toutes les propriétés à la fois nobles ou utiles que nous lui avons déjà reconnues. Comme elle doit tout féconder, ce dont il faut s'occuper avant tout, c'est ce qui doit elle-même la produire.

Les moyens du progrès vers l'égalité, sous l'empire du sentiment moral, devoir et fraternité envers les autres, droit et justice pour soi, ce sont la liberté, l'ordre social, l'institution politique, enfin la force révolutionnaire.

Sans doute la liberté, l'égalité, sont, jusqu'à certain point, deux éléments contraires. Suivant son acception naturelle, la liberté, c'est l'action de l'individu ne subissant d'autres limites que son propre vouloir, ou l'imperfection de ses facultés et de ses organes. Or l'égalité lui impose de plus, par le sentiment moral, l'empire du devoir, le respect des droits d'autrui.

Il semble donc que ce soit, non en se développant, mais en se soumettant au contraire à une restriction nouvelle, que la liberté s'adapte au règne de l'égalité; qu'elle doive, pour se concilier avec celle-ci, se réduire, affaiblir son action, et qu'elle ne serve ainsi l'égalité que négativement.

Dans un sens, tout cela est vrai. L'égalité nécessite une restriction de la liberté naturelle. Elle tend bien, par l'idée du devoir, à la rendre volontaire. Elle tend aussi à la compenser par l'avantage ou la garantie que procure à chacun ce frein même du droit d'autrui.

Mais enfin cette restriction subsiste, et il n'est pas donné à l'homme de résoudre autrement deux des contradictions qui le composent; de concilier, sans quelque sacrifice, deux sentiments qui, pour être aussi souvent étouffés en lui l'un que l'autre, n'en sont pas moins l'un et l'autre également forts en lui, savoir, le sentiment de liberté et celui de la justice.

Ce qui fait de la liberté un moyen actif pour l'égalité, c'est une sorte d'échange entre elles. L'égalité assure à chacun une mesure pareille de liberté : celle-ci, d'une part, accroît, par l'énergie qu'elle donne à nos facultés et à notre action, la somme des résultats à distribuer entre tous; de l'autre elle réalise et protége également le droit, la portion de chacun.

Et c'est surtout par l'indépendance de la pensée que l'égalité profite de la liberté humaine. L'homme ne trouve pas seulement dans la libre action de son intelligence un refuge contre l'usurpation et la tyrannie; il n'y maintient pas seulement ses droits à l'abri de la prescription et de l'oubli. C'est là encore qu'il obtient la preuve de ces droits, qu'il conçoit l'égalité, et malgré les oppresseurs et malgré les sophistes. C'est là que, se plaçant au-dessus des hiérarchies et des mensonges, que, dominant les apparences, écartant les préjugés et les prétentions, il aperçoit parmi les hommes, non des inégalités, mais des différences, des aptitudes diverses dans chacun, afin de satisfaire aux besoins divers de l'ensemble, et l'égalité se fondant sur le concours de tous à l'œuvre sociale par des moyens différents, mais également nécessaires.

Si notre raison n'était pas libre, comment se soustrairait-elle non-seulement aux erreurs fomentées par l'égoïsme, à l'empire même du fait social qui semblait avoir enfoui sous le centre de la terre le niveau de l'égalité, mais encore cette règle spécieuse de proportion, qui veut répartir à chacun un droit plus ou moins grand suivant des capacités, des services supposés plus ou moins considérables?

Comme si, dans l'immensité de l'œuvre humaine, tous ces détails ne disparaissaient pas! comme si, prise dans son ensemble, l'humanité devait être alignée par rang de taille, classée par grades, et toucher une paie plus ou moins forte, comme une compagnie de fantassins!

Donner l'empire aux capacités, ce n'est pas là ce qui est nécessaire; elles prévaudront toujours assez d'elles-mêmes, et l'on sait comment le *génie* fascine et exploite les peuples. Peser les utilités, c'est entrer dans des calculs forcément arbitraires et faux. Voyez où l'on arrive en prenant cette voie! voyez les oisifs prenant partout rang avant les utiles, et les gradations sociales toujours établies au rebours de la justice et du bon sens!

La société n'est pas une légion de soldats; c'est une famille de frères, dont le patrimoine est à tous. Chacun d'eux est égalemment apte à souffrir, à jouir, à produire. Il y a dans tous un certain appareil d'organes, une certaine somme de facultés et de besoins, qui font de chacun un homme, qui le distinguent pareillement entre les autres êtres. L'espèce est une, les individus sont égaux. L'égalité est une loi physiologique.

C'est parce que notre raison est libre, et sait se dégager des précédents, des apparences et des sophismes, qu'elle peut concevoir cette égalité générique, au-dessus de toutes les nuances et de tous les détails. La liberté de l'intelligence, celle-là du moins est sans limites, et c'est pour cela qu'elle comprend l'égalité sans restrictions.

C'est ainsi que la liberté pratique saura la réaliser et la maintenir. Soumise au seul devoir envers autrui, la liberté ne subira aucun des obstacles qui empêchent l'établissement du droit égal pour tous. Elle s'arrêtera devant lui; mais elle ne s'arrêtera pas avant de l'avoir atteint : active encore même après sa conquête, et s'employant à la conserver.

De tous les sentencieux mensonges que le despotisme s'est permis de notre temps, le plus digne de lui c'est que, quand on a l'égalité, la liberté n'a point d'importance.

Eh! d'abord, vraiment, qu'en savait-on? Avons-nous eu jamais l'une ou l'autre? la liberté, l'égalité, où sont-elles autre part que dans des vœux, des essais, dans l'avenir? Autant vaudrait dire d'ailleurs que, pour réaliser un résultat, pour le conserver, peu importe le moyen, peu importe la garantie. Egalité et despotisme! On a dit de même : institutions républicaines et monarchie!

Il n'est que la liberté pour arracher les sociétés aux abominations du privilége. Elle est le génie tutélaire de la cité; et, quand les puissants l'en chassent, elle fuit, emportant, comme Enée, tous les dieux qui protégeaient Troie.

Mais ce n'est pas seulement comme garantie que la liberté est le trésor des peuples. Ce n'est pas un article de constitution, un procédé de législateur : c'est l'aîné des droits, enfant de la nature; c'est l'instinct de l'homme, sa faim, sa soif, le feu qui laisse une étincelle inextinguible dans les âmes même étouffées par le tyran.

Or, la liberté est-elle compatible avec l'état social, que nous avons indiqué comme étant, ainsi qu'elle, un moyen du progrès?

L'égalité, avons-nous dit, impose à la liberté d'autres limites que notre vouloir et notre pouvoir. Mais elle tend, par le sentiment moral, à rendre cette restriction volontaire, et elle la compense par la garantie dont le droit de chacun profite.

De l'état social résulte aussi la perte d'une certaine portion de la liberté naturelle; et ici la restriction est forcée. Elle ne naît pas seulement de l'idée du devoir, elle est imposée par le contact même des individus entre eux, aussi bien que par les lois de cette institution politique, à laquelle tout ordre social semble devoir être plus ou moins condamné.

Mais il y a aussi une compensation, et cette fois elle n'est pas seulement dans une jouissance mieux garantie de la portion de liberté que nous sauvons du contact d'autrui et de l'action du gouvernement.

En effet, la liberté naturelle est limitée par notre faiblesse, et dans l'isolement celle-ci est grande. L'association multiplie nos forces, elle supplée à l'insuffisance de notre organisation : tellement que, si d'un côté elle restreint notre libre activité, de l'autre elle lui fournit plus de moyens, et, en la facilitant, l'augmente.

Il n'est pas question d'examiner si ce que la société nous ôte d'indépendance ne vaut pas mieux que ce qu'elle nous donne de moyens; si, en accroissant nos ressources, en raffinant nos facultés, elle ne tend pas, vice plus grand que tout avantage, à multiplier aussi nos besoins et à activer nos passions.

Il est au moins très-douteux que, à part même les monstruosités qui l'ont souillé jusqu'à présent, l'état social soit exclusivement favorable au bonheur de l'individu. L'on peut penser que, si l'homme isolé se développait moins, il présenterait aussi moins de surface, et ne se rendrait pas par autant de points vulnérable.

Ce qui est certain, c'est que l'isolement ne lui est pas possible. Nous ne pouvons savoir s'il a jamais été placé dans des conditions qui le lui permissent, et qui favorisassent l'élément anti-social qui est en lui. Mais un espace circonscrit étant donné à notre espèce (restreint d'ailleurs par la convenance du climat, les facultés du sol, diverses barrières physiques), et l'homme se multipliant lui-même indéfiniment, cette seule cause suffirait pour lui imposer la vie sociale. Sa multiplication toujours croissante sur un espace borné devait nécessairement, et à part toute autre cause, produire le rapprochement des individus et le perpétuer.

Dès lors, il ne s'agit pas d'établir une balance superflue entre l'état de société et l'état de nature ; de chercher dans une sorte d'anatomie comparative si l'homme isolé, l'homme social, présentent l'un ou l'autre un ensemble de phénomènes plus conforme, plus favorable à notre organisation. Une de ses lois, c'est la propagation de l'espèce. Combinée avec ce qu'il y a de causes sociales en nous, elle leur assure, par un contact forcé, l'ascendant sur toute réaction anti-sociale. Ce qui importe, c'est donc que ce contact produise, non la guerre, mais la fraternité ; non la rivalité des concurrences, mais le concours pacifique de tous au bien-être commun. C'est que, réalisant par l'association des facultés et des intérêts la meilleure division du travail, la meilleure répartition de ses agents et de ses produits, il garantisse, par l'union des forces, la liberté contre les usurpateurs, l'égalité contre le privilége et l'exploitation.

VII.

Certes, quand on juge les propriétés de l'état social par ses résultats connus, on a peine à concevoir qu'il puisse être, comme nous l'avons dit, un moyen d'égalité et de protection pour tous. Il semble même que ce soit lui qui ait porté le plus loin l'abus de la force; que plus il a développé de puissance, et plus il a commis d'iniquités. On peut croire que l'association a engendré moins d'injustices chez les peuples sauvages ou barbares que chez les peuples civilisés.

Que fut jusqu'à présent le monde de la civilisation? Une riche et commode demeure pour quelques privilégiés fainéants, bâtie de marbre et resplendissant d'or, au milieu de misérables réduits laissés aux travailleurs, parce que le riche n'eût voulu y loger ses chevaux ni ses chiens. L'image fidèle de la civilisation connue, c'était, dans ce *grand siècle*, dont tous les gens du *Parnasse français* ont tant vanté l'éclat, c'était Versailles, ville-édifice, somptueuse, immense, cruelle, source et monument de misère publique, construite autour d'un monarque; solitude parée par Le Nôtre, peuplée de statues et de courtisans : et, près d'elle, des tanières où des rustres venaient se tapir, ne pouvant sans danger disputer l'abri des forêts au gibier des forêts du grand roi, protégé comme lui par des gardes.

Alors l'art et la science, le travail intelligent et raffiné, le goût, le luxe, toutes les magies de la civilisation, épuisaient leur génie et les forces du pauvre pour distraire quelques oisifs blasés, quelques royales et délicates concubines. Un effort immense amenait des fleuves dans la cité du prince, non pour abreuver le sol aride du paysan, mais pour se jouer dans les bassins et les cascades. Alors le despote n'osait, devant *ses peuples*, chercher le total des sommes que ces magnificences *lui* avaient coûté; et, au milieu des prodiges de cette civilisation inhumaine, un auteur contemporain, un philosophe tel qu'un pareil siècle en pouvait produire, Labruyère, grave moraliste pour la ville et la cour, était frappé cependant à l'aspect hideux de *ces animaux à deux pieds* dont étaient peuplées les campagnes.

Voilà ce que, sans la liberté, sans l'égalité, les gouvernements font de l'état social. La civilisation n'est qu'une esclave adroite, une habile ouvrière, aux ordres d'une poignée de riches et de puissants. Son génie n'est plus qu'un agent de leurs débauches et de leurs caprices. Asservie par les Romains, la Grèce ainsi ne garda le sien que pour fournir aux conquérants des artistes, des courtiers, des comédiens, des poëtes, d'élégantes courtisanes, et tous les artisans de délices, les extravagances du luxe, de monstrueuses inventions de plaisir.

Faut-il donc s'étonner si de sincères amis des hommes se sont mépris au spectacle des plaies innombrables dont l'état social des gouvernements et des castes ont couvert l'humanité? Ne comprend-on pas aisément qu'ils aient conclu, les uns, que l'état social était contraire à la nature de l'homme; les autres, qu'il en était le résultat nécessaire, mais uniquement parce que la destination humaine était nécessairement malheureuse, que la société présentait le plus de conditions pour l'accomplissement de cette loi funeste; et que, dans ce sens, elle était vraiment notre état naturel, l'état conforme, sinon à nos penchants et à notre intérêt, du moins à notre fatale destinée ?

Si l'on n'avait foi dans l'avenir, si l'on ne voyait dans le passé que lui-même, et qu'on n'y découvrît pas ce qui doit amener le mieux, cette dernière opinion paraîtrait à la fois profondément rationnelle et sentie. Je ne parle pas ici du malaise que l'état social crée ou empire dans certains esprits valétudinaires, souffrance cruelle, mais rare, moitié force égarée, moitié faiblesse, qui a fourni quelques effets à des poëtes, et à des philosophes quelques méditations maladives. Je parle du mal énorme, incalculable, plus grand que la terre qu'elle habite, fait par l'exploitation de l'état social à notre espèce, à des milliards d'hommes, en échange d'un peu de bien, à côté de quelques favorisés. Je parle de cet aspect que présente le monde civilisé, tel que, si l'on ne découvrait sous ce fumier de vices et de misères les germes de l'amélioration, on trouverait immoral et impie, non l'incrédule, mais celui qui ose dire que c'est un Dieu qui a voulu cela.

En vérité, la vieille femme qui croit au diable semble d'abord moins absurde que le théiste qui raisonne imperturbablement sa religion en argumentant d'après ce qui est. Corruption et misère ! immoralité, oppression ! ce furent, dans les temps anciens, les captifs, les esclaves; puis les conquis, les serfs; puis les vendus! les noirs. Ce sont aujourd'hui les exclus, les prolétaires. Tout ce que la philanthropie légale a su concevoir pour soulager et réformer les hommes, ce sont les prisons et les hôpitaux.

Mais ces vices ne sont pas inhérents à l'état social et à l'institution politique. Il semble d'abord que ce soit par la dépravation et le malheur que la société distingue l'homme des animaux, et que ce qui, grâce à elle, sépare le plus d'eux celui-ci, ce soient le désespoir et le mensonge, *le sui-*

cide et l'hypocrisie, la faculté de se contrefaire ou de se détruire, de trahir son semblable ou de déjouer sa destinée. Il serait facile de rendre ce tableau plus sombre et ces accusations plus amères.

Il faut répondre pourtant que ce ne serait pas l'état de nature qui préserverait l'homme de l'abus de la force, et que, même au milieu de tout ce que cette supposition offre d'imaginaire et de fabuleux, on ne peut placer, de bonne foi, d'autre garantie pour le faible que le dédain ou la satiété du fort.

L'état social a été une occasion pour nos vices; il ne développe pas qu'eux. Il résulte de certains penchants dont la moralité humaine est aussi la conséquence, dont découlent le sentiment de justice et de fraternité.

C'est par l'association que les hommes constatent et apprécient leur utilité réciproque, et cette parité de besoins, ce concours de facultés, qui font de l'égalité un droit. C'est par l'association qu'ils réalisent un ensemble de forces, qui facilite l'égalité en multipliant la somme des résultats, rend ainsi possible un partage suffisant pour chacun, et la garantit en donnant aux faibles, par leur union, un appui contre les puissants.

C'est enfin par le contact que les hommes mettent en jeu leurs sympathies, qu'ils s'échauffent, qu'ils se sentent; que du choc de leurs idées sort la lumière pour les éclairer sur leur droit; que de l'échange de leurs sentiments naît la conscience de leur pareille aptitude à jouir, à souffrir, à produire les uns pour les autres une sociabilité favorable.

Assurément ces propriétés sont inhérentes à l'état social, et profitables à l'égalité. L'isolement, en le supposant absolu, livrerait toujours l'homme à l'infériorité de ses forces contre les autres êtres ou les éléments de la création. L'état social les lui soumet; et, en nous rapprochant de nos semblables, il peut réaliser ce droit commun dont le moyen est seulement dans l'ensemble, aplanir les supériorités comme les barrières sous un poids qui n'appartient qu'aux masses.

Que si ces propriétés ont été neutralisées dans l'état social par des causes contraires, ou par l'exploitation des privilégiés, il ne les possède pas moins, et c'est par elles que le sentiment moral conçoit la réalisation du droit de tous.

La réaction de nos besoins a fait de l'association un moyen de prédominance pour quelques intérêts, parce qu'elle l'a réduite aux corporations, aux castes. Le sentiment moral comprend la société dans son ensemble, et c'est par la communauté de toutes les forces qu'il entend réagir contre les conséquences des infériorités individuelles. Plus on lui prouverait que l'inégalité est dans la nature, ce qui est faux eu égard aux conditions et aux nécessités générales de notre organisation, moins il voudrait qu'elle se perpétuât dans l'humanité. Et c'est dans l'état social, régi par la fraternité, la justice, qu'il chercherait précisément des ressources contre les iniques caprices d'un fait naturel, aveugle et insouciant.

Plus tard nous verrons ce que la réaction par l'état de société a déjà fourni au sentiment moral de résultats pour l'égalité. Bornons-nous ici à un fait.

La multiplication de l'espèce est, avons-nous dit, une des causes qui amènent nécessairement l'état de société. Eh bien! elle est aussi une de celles qui en déterminent l'amélioration nécessaire. Les grandes populations marchent à l'égalité par un mouvement dont leur masse multiplie la vitesse. Lorsque tant d'hommes demandent des droits, du pain, du travail; lorsque les besoins et les forces s'accroissent sans cesse; lorsque tant de mains sont tendues prêtes à frapper, si on les laisse inactives ou vides; alors, bon gré malgré, il faut bien d'abord faire des concessions, puis enfin quitter la place. C'est parce qu'une armée innombrable assiége cette Rome des privilégiés, dominatrice insatiable du monde, qu'ils ont déjà transigé, et que bientôt elle tombera.

Chaque point de l'espace social se couvrant d'un homme devient, pour ainsi dire, intelligent, actif, fertile; nulle main n'est assez forte pour maîtriser tant d'activités, d'intelligences, s'approprier tous ces produits.

Croissez et multipliez, la société, l'égalité, étaient au fond de cette loi.

VIII.

Ce que nous avons dit des vices de l'ordre social s'applique à l'institution politique, qui les a partagés et accrus. Nous verrons ailleurs en quoi et comment elle peut réparer le mal qu'elle a fait aux hommes, servir l'égalité, après avoir été en conjuration permanente contre elle.

Ici, après avoir indiqué les mobiles et les moyens principaux du progrès, nous ferons ressortir cette force révolutionnaire qui les comprend tous.

Nous avons présenté, en général, la force révolutionnaire de l'humanité comme une application, un détail, de celle qui régit l'univers. L'ensemble des êtres est soumis à un acte de modification qui ne se borne pas à cette série de variations ordinaires, que la vie actuelle du monde produit sous nos yeux, par la combinaison de ses éléments, la vicissitude des saisons, l'accroissement et le dépérissement des choses physiques. L'état même de l'univers est changé par des révolutions immenses, le feu, le déluge, le choc des astres, a jeté dans de nouvelles conditions, à des intervalles qui, relativement à la durée éternelle, ne sont que de très-courts instants.

Nous ignorons la loi et la cause de ces épouvantables catastrophes. Nous pouvons à peine y reporter notre imagination, en constater quelques circonstances, quelques traces. Nous ne savons pas si elles sont de grandes convulsions de douleur, et produites par une action du mal, que tout ce qui est ressentirait, combattrait, corrigerait également. Nous ne savons pas si ces grands êtres qui vivent dans l'espace réagissent, comme nous, contre les mauvaises conditions de leur existence, et les améliorent en les bouleversant, parce qu'ils en posséderaient aussi le sentiment, l'horreur et le remède.

On peut le croire, et il semble que la vie doive être livrée au mal sous toutes ses formes, et l'atténuer partout où il agit. On ne conçoit guère qu'une cruelle exception, une perfectibilité sublime, soient venues, parmi tous les mondes, s'attacher à la seule petitesse de l'humanité.

Mais il n'est ni possible, ni important, pour nous, de rien constater que ce qui la touche : nous savons seulement que, chez l'homme, la force révolutionnaire agit par le sentiment et la haine du mal moral, du mal physique, par les facultés qu'il emploie à les combattre. Nous le voyons réaliser et subir ainsi, pour sa part, l'acte universel de modification.

Sans doute, on n'explique jamais tout l'homme avec un seul mot; on ne l'explique même jamais tout entier par la réunion de plusieurs causes. Il y a dans son être, dans son activité, quelque chose dont rien ne rend raison, des ébranlements dont on ne découvre pas le ressort.

Aussi, quand nous définissons la force révolutionnaire

la réaction efficace de l'homme contre le mal, nous exprimons seulement que le mal est la cause première et manifeste de cette réaction. Nous déplorons cette cause sans l'affaiblir, comme nous l'avons reconnue sans l'absoudre.

La force révolutionnaire n'a pas besoin d'être prouvée. Son efficacité est également constante pour nous. Nous voyons en elle la condition de l'homme, imparfaite à la fois et perfectible.

Dans ses termes généraux, la force révolutionnaire comprend la réaction de l'homme sur la nature, sur ses semblables, sur la société. Nous ne l'envisagerons ici que relativement à l'égalité, au progrès social.

La force révolutionnaire le sert par une action lente ou d'irrésistibles explosions. Temporisante, elle le conduit, brusque, elle le précipite, par tous les moyens qui appartiennent à l'intelligence, à la vertu, à l'activité humaines. La science, la littérature, l'art; guerre, commerce, découvertes; les effets de la population, les institutions, les mœurs; passions, idées, événements; théories, expériences; la persévérance surtout, et l'audace, et la foi; tout ce qui éclaire, rapproche, arme les hommes, les guide, les enflamme, les soutient; ce sont là autant de moyens de progrès lent ou violent pour la force révolutionnaire, sous l'influence de nos besoins et du sentiment moral.

C'est sous tous ces aspects que ce livre doit la représenter dans Paris, son agent le plus varié et le plus énergique; et ce cadre peut comprendre bien des tableaux divers. Car c'est dans son centre parisien surtout que la force révolutionnaire s'est approprié tous les temps, toutes les choses.

Regardez Paris d'une des hauteurs qui le dominent; voyez cette masse énorme, où le mouvement pénètre par des milliers de rues, d'issues; où le jour plonge à travers d'innombrables vitraux. Un fleuve traverse toute l'immense ville, repoussant sur sa double rive les rangs serrés des édifices, et l'unissant par des ponts hardiment posés dans ses flots.

Eh bien! ce n'est là qu'une faible image de ces voies sans nombre que les lumières et le mouvement social se sont faites dans Paris ; de la circulation et du choc des idées, de ce cours large et puissant, qui portent, d'un bout à l'autre de son histoire, mille tributs au progrès ; de ces efforts audacieux, habiles, qui, sur le flot des siècles, ont solidement construit des passages à la marche des révolutions.

Paris est, par cette faculté de tout employer au progrès, le meilleur emblème, comme le meilleur agent de la force révolutionnaire. Que si, malgré ses mille ressources, elle subit néanmoins une énorme déperdition dans ses efforts et ses résultats, elle peut, en revanche, tirer parti même de ce qui lui résiste, l'aveugle ou la suspend.

Oui, sans doute, cette loi de déperdition, d'empêchement, d'intermittence, est une des conséquences de la loi du mal, que la force révolutionnaire combat.

Celles-là, elles ne les domine point, mais elle peut les supporter, ayant toujours en réserve assez de générations et de siècles, réparant ses pertes par le temps, les obstacles par le stimulant qu'ils lui fournissent, les retards ou les déviations par ces crises violentes et soudaines qui prêtent au progrès l'essor, l'énergie, le génie des révolutions.

C'est alors surtout que la force révolutionnaire se révèle, et produit. C'est bien ici qu'il faut l'observer, et par elle étudier l'humanité, sa condition, sa nature.

Car c'est dans ces grandes actions de l'homme que cette force déploie tous ses caractères, toute sa puissance progressive. C'est alors que l'homme lui-même, sortant de sa torpeur, de son abrutissement, tonne, éclaire, profite, se fait justice, et se justifie.

Les révolutions, ce sont les seules pages de l'histoire qui méritent qu'on ouvre, qu'on pose le livre. Qui se sent pour notre espèce désespoir ou dégoût, aura de la joie et du respect en voyant comment elle châtie parfois en mesurant de larges plaies sur le cadavre de l'imposteur et du tyran.

Les révolutions, c'est la ressource de l'humanité, son expiation, sa revanche; pareilles qu'elles sont à ce terrible déluge par lequel un Dieu montra, suivant la Bible, qu'il se repentait d'avoir permis le crime, qu'il voulait le punir, et rendre à des races meilleures une terre purifiée et fécondée par les eaux.

Ce n'est pas qu'il faille trop compter les causes ni les résultats des révolutions : ceux-ci sont assez rares, celles-là assez multipliées pour que leur génie semble d'abord moins sûr, et leur colère trop paresseuse. Pour que le déluge retrempât la terre, il fallut des énormités de mal, des mondes venant se heurter, et même, après lui, la terre garda encore bien des sables arides, et ses continents souillés.

Après tout, et malgré tout, les révolutions viennent; elles punissent, réparent, fécondent. S'il faut que le trait ait blessé l'homme vingt fois, et jusqu'au cœur, pour qu'enfin il l'arrache de la plaie et en frappe ses tyrans; si le fer reste dans sa main un levier trop faible pour renverser tout l'édifice qui l'écrase, un soc trop vite émoussé pour labourer tout le champ social, du moins l'homme alors prend hardiment la place d'une Providence qui semble avoir abdiqué.

De même qu'elle a permis les maladies, et qu'il a bâti les hôpitaux, l'homme, quand elle a permis les tyrans, proteste par les révolutions, et grave de ses mains liberté, égalité, partout où il peut effacer ces traces d'oppression et d'injustice qu'elle a semées en tant de lieux.

Et quand bien même les révolutions seraient stériles; quand le fleuve, en se débordant, ne ferait qu'ajouter au rivage ces débris qui resserrent encore son lit, il aurait du moins su un instant se servir de ses flots, s'affranchir de ses digues, et broyer sous son choc les piliers qui gênaient son cours.

Aussi bien, l'humanité a le temps; si elle ne peut finir, elle peut recommencer et poursuivre. A moins d'une révolution naturelle, plus terrible que toutes celles qu'elle sait faire, l'humanité est riche de siècles : sa longévité durera plus que ses ennemis. Donner le temps à sa fortune, c'est ce qui manque à l'individu, et c'est ce que l'espèce peut faire. Les révolutions sont lentes, mais son avenir est long.

Ce sont les générations qui les peuvent accuser. Les générations leur servent de relais, les mènent vers leur terme sans y atteindre, et, comme l'arc qui lance la flèche, tombent et se détendent loin du but où elles poussent l'essor des révolutions.

Accuser celles-ci! Qui? les hommes! Mais, comme nous l'avons dit, si les races et les époques comparaissaient devant un juge suprême pour qu'il pesât leurs services, ce serait à lui d'abord à se justifier de cette loi *divine* qui nécessite et restreint le progrès.

« Ce que nous avons fait pour l'humanité! Mais toi, comment l'as-tu faite? Pourquoi ces maux, ces vices dont nous avons voulu la délivrer? Vainement les prêtres et les sophistes ont dit que c'était là un secret sacré de ta providence, une loi nécessaire de tes créations. La raison, la liberté, la moralité humaines, ne doivent pas de respect à ces mystères iniques; elles peuvent maudire l'injustice jusque dans ce que tu as voulu; elles osent bien l'y combattre! Si tu ne leur as donné d'autre force que celle qui juge tes œuvres, celle qui les répare, nous l'avons cherchée. Ne pèse pas nos succès, pèse nos efforts, et fais qu'ils cessent d'être nécessaires, ou qu'ils ne soient plus impuissants. »

Dieu ne placerait à sa droite que les temps de révolution. C'est en eux seulement qu'il reconnaîtrait ce qu'il a mis de courage et de justice dans le cœur de l'homme. Il ne saurait lui-même leur reprocher de n'avoir pas plus fait.

Et d'ailleurs, c'est pour elles seulement, c'est pour leurs purs amis surtout que les révolutions sont stériles. Ces ouvriers du progrès s'épuisent sans autre avantage que celui d'accomplir leur tâche. Ils ne profitent qu'à ce qui les remplace, et quelques gouttes de leur sueur fécondent le bord du gouffre où ils vont s'engloutir avec les événements passés. Les révolutions, c'est le Vésuve, qui ne porte sur son sommet que des flammes et des glaces, que des cendres arides sur ses flancs; mais, près de lui, brillent des campagnes que ses laves ont fertilisées, et une cité splendide place ses foyers sous son ombre.

S'il y a des hommes dont le cœur se dilate, dont le cerveau se recueille et grandit, au bruit du volcan révolutionnaire, il en est d'autres qui s'effraient de ses éruptions, de son seul mugissement. Ils ne veulent que des révolutions pacifiques, et quand le droit se sert de la force, ils ne le conçoivent plus; attendant pour le glorifier, le commenter, le frustrer, qu'il triomphe.

Sans doute les révolutions naissent de la raison, de l'intérêt des masses, de l'amour de l'humanité. Elles se préparent par les esprits et les convictions. Sans tout cela il n'y en aurait point.

INTRODUCTION.

Mais il n'y en aurait point non plus sans la force, la guerre, sans la précocité et l'initiative des minorités, sans la haine des oppresseurs.

Aimer, haïr, c'est le même sentiment sous deux formes. Défiez-vous de ces philanthropes doucereux qui professent le pur amour, et réprouvent hypocritement :

> Ces haines vigoureuses
> Que doit donner le mal aux âmes vertueuses.

La philanthropie platonique, même lorsqu'elle est sincère et agissante, allât-elle jusqu'à l'apostolat, jusqu'au martyre, n'est que le moindre des deux agents passionnés du progrès. La haine de l'oppression et des tyrans, du mal et de ses partisans, la haine active, inébranlable, voilà ce qui les balaie du sol social. Les prédicateurs parlent, les martyrs souffrent, et ce n'est ni des paroles ni de la patience qu'il faut.

De la patience, il en faudrait si les révolutions attendaient le signal des majorités. Leur sentiment moral est facile à tromper; leurs intérêts mettent à souffrir la même patience qu'à gagner. Si les majorités ne les soutiennent pas, si elles n'en profitent point, les révolutions sont impossibles, sont immorales. Mais les minorités anticipent toujours. Les partis sont les précurseurs des masses. Quand ils les servent, ils peuvent, ils doivent les devancer.

Nous en dirons autant des générations par rapport à l'humanité. Celle-ci ne périt pas; elles passent. Leur devoir est de servir les transitions; elles ont le droit de les hâter, pour que leur passage ne soit pas seulement employé dans l'attente ou au combat, pour qu'il repose aussi leur marche sur un meilleur terrain.

La part des générations, des minorités, dans les révolutions, est la même. Celle des individus n'est pas nulle; mais il est difficile de la préciser, de la reconnaître. Les révolutions sont moins ingrates que distraites; les masses et les grandes choses les détournent de compter avec les hommes.

Tant mieux. Ceux-ci d'ailleurs ne s'oublient pas tous : ils s'adjugent, les uns tout le profit, les autres toute la gloire de l'œuvre commune. En révolution, les hommes vains sont plus fréquents encore que les ambitieux ou les avides. On se jette dans les convulsions sociales pour se faire un nom; dût-on y périr, c'est l'immortalité qu'on cherche. Mais ces grandes commotions repoussent les prétentions avec le reste. Le volcan rejette les sandales d'Empédocle.

Minorités, individus, ce sont des agents. Il faut qu'ils s'emploient pour la masse; il faut qu'ils la remuent. Ce n'est qu'en s'en servant, et la servant, qu'ils peuvent donner à la force révolutionnaire son vrai ressort, le peuple; son vrai but, l'égalité. Leur anticipation révolutionnaire n'est qu'une question d'opportunité et de force : car c'est la force qu'il faut au service du droit. La force, alors, c'est la justice en action; et si le droit mine l'usurpation par la puissance morale, c'est par l'effort matériel qu'il la jette à bas.

Mais la secousse ébranle le sol, la chute du monstre le jonche de débris, les révolutions détruisent et proscrivent. Eh bien! il faut accepter franchement tout ce qui suit leur action. Nous avons assez vu s'il leur faut des motifs. Il n'y a pas de révolutions injustes, il n'y en a pas de pure fantaisie. Elles sont le produit d'une immense réaction de sentiments et de besoins. Le danger n'est pas qu'elles soient trop promptes, fréquentes, radicales; on les éloigne, on en rabat toujours assez.

Dès lors, qu'elles accomplissent à la fois leur tâche de

destruction et de renouvellement ! qu'elles l'acceptent tout entière. C'est à elles à convaincre l'humanité, par de grands services, qu'en somme, il y a plus que compensation, il y a profit. C'est à elle à cacher le chiffre des maux par celui des bienfaits. On ne peut rien demander de plus aux œuvres de l'homme : car, créer en détruisant, la nature ne fait pas autre chose. Plus de bien que de maux, selon les optimistes même, Dieu n'a fait que cela.

Sans doute, cette condition est triste. C'est bien assez que le mal rende les révolutions nécessaires ; il vaudrait mieux qu'elles pussent en triompher pacifiquement. Mais leur succès ainsi ne serait pas seulement plus lent encore ; il serait impossible. La raison peut bien énerver la tyrannie, elle ne la corrige pas. Plus la tyrannie est impuissante, et plus elle cherche dans ses orgies quelque retour de vigueur.

Il faut la tuer, et l'enterrer au plus profond de la terre, que ses restes souilleraient. La querelle des sociétés ne saurait se décider pacifiquement. Oui, la force des choses ! Mais qui la résume ? L'insurrection.

Quand les esprits se sont bien imbus du levain révolutionnaire, lorsque les convictions se sont répandues, et que toutes les facultés, tous les sentiments moraux de l'homme, ont conduit la lutte jusqu'au jour de l'action, alors ils s'adressent au courage, lui disant : « C'est à ton tour ! Nous avons préparé ta tâche, nous avons réchauffé l'âme des esclaves : c'est à toi à fouler les cadavres des tyrans. Va, et n'épargne ni tes efforts, ni tes ennemis. Prends la pique et le niveau. Frappe et abaisse. »

Insurrection, révolution : avoir proclamé celle-là, le plus saint des devoirs, c'est la gloire de notre âge ; avoir pratiqué celle-ci, de telle sorte qu'il n'en faut plus qu'une peut-être pour réaliser la première, c'est la gloire de notre nation.

Lorsque nous aborderons l'historique de la force révolutionnaire, c'est à l'histoire du peuple français, à celle du peuple parisien, que nous demanderons surtout la preuve de tout ce que nous avons dit dans cette première partie de notre essai. La république française nous fournira l'application de ce qui précède, en particulier, sur les révolutions.

Là, nous trouverons ce qu'elles offrent au philosophe, au moraliste, à l'homme d'État, d'art et de cœur. Là nous chercherons ce qu'il leur faut, ce qui leur manque ; ce qu'elles peuvent pour l'égalité, par le bon sens, la vigueur, l'audace, et ce génie révolutionnaire qui semble combiner à leur degré le plus puissant tous les éléments de l'esprit humain, instinct, raison, inspiration, l'énergie et l'expérience.

Évoquer ce génie sur le monument de la Convention nationale !... Ce n'est pas par des paroles qu'on évoque les grandes ombres, c'est par des actions dignes d'elles.

Là, pourtant, il faut venir s'inspirer, étudier ; là, saisir et rendre la pensée des chefs, déjà moins mal connus, de la *Montagne*.

Il n'y a dans les révolutions que la nôtre, il n'y a parmi les révolutionnaires que ceux-là qui méritent réellement ces titres.

Et ces titres renferment tous ceux de l'humanité.

GODEFROY CAVAIGNAC.

PESTE CONTRE PESTE

ou

LA FRANCE AU SEIZIÈME SIÈCLE.

MARS 1547.

> Les semblables se guérissent par les semblables.
> *(Médecine homéopathique).*

CHAPITRE PREMIER.

I.

Voici ce qui se passait un soir, à dix heures, pendant le carnaval de 1547, dans une vieille maison de la place Maubert.

Au fond d'un petit cabinet, précédé d'une grande pièce qui avait pour tous meubles une table de bois dur entourée de bancs, étaient assis sur une chaise longue un jeune homme et une jeune dame déguisés, l'un en magicien, l'autre en domino noir. Quand dix heures sonnèrent, ils conversaient avec assez de calme; mais le dérangement de quelques parties du mobilier, et l'état peu régulier de leurs costumes attestaient suffisamment que l'entrevue ne s'était pas tout entière passée en conversations.

— Pasque-Dieu! madame, dit le jeune homme en rapprochant de la chaise longue une petite table chargée de mets et de liqueurs, ne ferez-vous donc point honneur à ce petit gueuleton ?

> Pour mener la vie agréable,
> Nous faut passer de l'amour à la table ;

comme dit Remi Belleau dont j'observe volontiers l'évangile, bien que l'évangéliste soit un peu mécréant. Mangez donc, ma mie, mangez, du moins pour moi, si ce n'est pour vous.

— Non, cher ami, répondit la dame en se rajustant de son mieux, et en relevant son masque qui était tombé sur le plancher avant la conversation : il est déjà plus de dix heures, et il est temps de sortir de ce lieu. Mon mari n'est pas un fâcheux; mais encore est-il bon de sauver les apparences.

— Ton mari, ma mignonne? je ne l'ai pas vu de toute la soirée; il fait sans doute la débauche, le gros duc; et peut-être, en ce moment où je baise tes jolies lèvres, où tu caresses mes cheveux, il court les ribaudes, le vieux parpaillot!

— N'importe, le mieux est de sortir. Reprends ton masque, mon ange, et quittons cet étrange logis. Voudras-tu me dire au moins où tu m'as menée, car je ne te connaissais pas de maison, et surtout d'appartement d'un si merveilleux goût, dans le quartier de la place Maubert?

— Nenni, ma mie, je ne te le dirai pas. La noble duchesse d'Etampes m'en voudrait peut-être de l'avoir menée en pareil lieu. Or je tiens trop ce soir à conserver jusqu'au bout ses bonnes grâces.

— En ce cas, sortons : car je tremble ici, et ne me sens pas à mon aise.

— Folle, reste auprès de moi! sablons ces bons vins et goûtons ces mets d'où s'exhale un si doux parfum. Jamais si belle femme et si succulents ragoûts n'étaient entrés dans ce repaire. Reste, ma chère, et je te chanterai, au dessert, une chanson nouvelle que j'ai composée en ton honneur.

En ce moment un bruit sourd se fit entendre à la porte de la grande pièce. La duchesse d'Etampes (1) se leva tout effrayée; mais son compagnon la fit rasseoir en lui disant :

— N'aie point de peur, mon ange! n'es-tu pas avec moi? Ne t'inquiète pas du bruit qui se fait à la porte. Celle de ce cabinet est fermée en dedans, et nul ne peut venir déranger ici nos ébats.

Ce disant, il remplit son gobelet, et, déjà étourdi par les fréquentes rasades dont il avait assaisonné cette courte conversation, il se mit à le revider de plus belle.

II.

Le bruit qui se faisait sur l'escalier provenait de cinq ou

(1) Anne de Pisseleu, connue par le roi à l'âge de dix-huit ans sous le nom de mademoiselle d'Heilly, à son retour de la captivité d'Espagne, est la plus célèbre des nombreuses maîtresses de François Ier. C'était une femme aussi belle qu'instruite, s'il faut en croire Charles de Sainte-Marthe, qui, dans l'épître dédicatoire de ses poésies, lui parle en ces termes : « Toi donc, une entre notre « siècle des belles très érudite, et des érudites très belle. »
Anne de Pisseleu, duchesse d'Étampes, exerça une grande influence sur les événements du seizième siècle, et son nom se trouve mêlé à toutes les intrigues de la cour de François Ier.

six individus masqués, qui, après avoir enfoncé la porte de la maison, se disputaient sur le palier avec une vieille femme aux vêtements sales, à la figure avinée.

— Que voulez-vous de moi, messeigneurs? disait la vieille, que voulez-vous pour troubler ainsi à cette heure le repos d'une pauvre maison?

— Tais-toi, ribaude, répondit un des masques. Nous voulons une chambre et du vin chaud.

— Eh! bonne sainte Vierge, que puis-je vous donner! Toutes mes ribaudes sont employées, en ce jour maudit, à jouer des *sotties* (1) sur la place du Châtelet ou dans la grand'salle, pour amuser les bourgeois et manants de la bonne ville de Paris. Il n'en reste qu'une ici, une seule, toute malade, la pauvre enfant, et gâtée du vilain mal (2), à preuve que le roi des ribauds (3) l'a consignée depuis deux semaines. Si ce n'est pas la vérité pure, je veux que le lieutenant-criminel Morin (4) me fasse brûler sous cette fenêtre comme mécréante et sorcière.

— Il a bien assez d'autres peaux à roussir sans la tienne,

---

(1) Les ribaudes étaient presque toujours employées dans les *mystères* qu'on jouait pour les fêtes publiques. On les requérait comme on requiert aujourd'hui, dans un but à peu près identique, leurs héritières les filles de joie, pour les derniers jours du carnaval. C'est un service d'ordre public, pour lequel filles de joie et ribaudes ont été transformées par la police en fonctionnaires.

(2) Ce *vilain mal*, dont il sera plus d'une fois question dans le cours de ces chapitres, est le même qui causa tant de ravages à cette époque, où la débauche de la cour ne contribua pas peu à le propager. Les historiens du temps le signalent sous différents noms, tel que *le mal américain, le mal de Naples*, etc.

(3) La surveillance sanitaire des maisons dite *bordelières* rentrait dans les attributions du *roi des ribauds*.

(4) Morin, lieutenant-criminel, fut un des instruments les plus actifs des persécutions religieuses de cette triste époque. Il était dévoué, corps et âme, au cardinal Duprat.

la vieille! Allons, vite, donne-nous ta chambre et garde tes ribaudes : voici ton paiement.

— Entrez, messeigneurs.

La vieille ramassa l'argent, et ouvrit la porte de la grande pièce, où les masques s'assirent autour de la longue table. D'autres masques vinrent peu d'instants après les rejoindre, et bientôt ils se trouvèrent au nombre de douze occupés à vider quelques terrines de mauvais vin chaud.

III

Quand tous furent réunis, celui qui paraissait le plus avancé en âge prit la parole, et, de sa forte voix dominant le bruit des verres et le fracas des jurons qui s'entrechoquaient dans cette confuse mêlée :

— Messieurs et amis, dit-il, tant de braves et dignes gens, comme tous nous sommes, les uns, littérateurs dont le renom marche plus vite sur la terre d'Europe que les armées du roi de France, les autres, notables bourgeois de la bonne ville de Paris, ce n'est pas pour vider des gobelets et nous gaudir avec des ribaudes que nous nous sommes assemblés dans ce lieu mal famé; c'est pour aviser aux moyens de nous délivrer de l'intolérable tyrannie de ce François I*er*, qu'ils appellent *père des lettres* et *père du peuple*, et que, dans leurs viles flatteries, ils appelleraient *père de Dieu* lui-même, si les couards n'avaient pas peur de se mettre trop mal dans les papiers du Très-Haut en lui supposant un pareil fils. Cette oppression est une grande honte pour ce beau pays de France, et je vous en adjure, mes amis, aussi vrai que je m'appelle Claude d'Espence (1)

---

(1) Claude d'Espence, docteur de la Sorbonne et savant illustre, dit un jour, en chaire, que la légende des saints que les catholi-

et que je suis docteur en Sorbonne, nous ne la supporterons pas plus long-temps.

— Non! non! répondirent tous les masques d'une seule voix.

En ce moment le refrain suivant, chanté dans le petit cabinet, vint se mêler au hourra de la compagnie :

> Quiconcque icy-bas veult joyeulsement s'esbattre
> Doyt festoyer le vin, et la guerre et l'amour :
> Pour ces quatre playsirs, cy luy fault tour à tour
> Se montre ung vray dyable à quatre.

Le père des lettres! continua Claude d'Espence, quelle amère dérision! Pour quelques savants et hommes de lettres que les importunités de sa bonne sœur Marguerite de Navarre, de son confesseur Guillaume Parvi, et de notre excellent confrère Guillaume Budé (1), lui ont fait choyer et protéger, par gloriole plutôt que par bonté d'âme, combien en a-t-il proscrit, tourmenté, livré à son lieutenant-criminel Morin et à son digne acolyte le président Pierre Lizet (2)! combien en a-t-il fait brûler en place de Grève,

---

ques romains appellent *légende dorée* n'est qu'une *légende de fer*. Ce mot lui valut une verte réprimande de la Sorbonne, qui lui imposa une rétractation publique.

(1) Marguerite de Navarre, qui s'est fait, par ses contes, un nom dans la littérature, et qui professait ouvertement le protestantisme à la cour de son frère; Guillaume Parvi, prédicateur du roi, et Guillaume Budé, savant distingué, furent tous trois, la première par conviction personnelle, les deux autres par un sage esprit de tolérance, les soutiens les plus fermes de la cause de la réforme, Il ne tint pas à eux que le règne de François Ier ne fût point souillé par les bûchers que ce prince fit succéder, à moins d'un siècle de distance, aux pendaisons de Louis XI.

(2) Pierre Lizet était né à Issoire (Puy-de-Dôme), ainsi qu'Antoine Duprat; et des rejetons de leurs familles vivent encore dans

ou bien sur cette place Maubert où l'on en brûlera peut-être encore ce soir à la lueur des flambeaux ! *Le père des lettres!* et il n'est pas, dans tout le royaume, un homme sachant tenir la plume qui ne lui doive exil, torture ou prison. *Le père des lettres!* et il n'y a pas longtemps que ce prince de satan faisait défense « *d'imprimer tous les livres sous peine de la hart* (1). » Il faudrait plus d'une création du collége de France pour laver la tache de cette odieuse mesure (2).

Pendant que le docteur prononçait ces paroles, la voix du petit cabinet continuait sa chanson. Quelqu'un qui eût été moins préoccupé des éloquentes phrases de d'Espence que tous ces masques paraissaient l'être eût entendu le couplet qui suit :

> La science est le bien supresme,
> Se dict-on; moy, je sçais : « *Je t'ayme!* »
> Et m'en tiens à ce sy doulx mot.
> Sy ma plume sçait bien l'écrire,
> Sy tes beaulx yeux sçavent le lire,
> Est-ce poinct là tout ce qu'il fault?

Quiconcque icy-bas, etc.

cette ville, où les Duprat exercent le métier de boulanger, et les Lizet celui de cordonnier. Pierre Lizet, que le crédit de son compatriote fit arriver à la présidence du parlement, fut toujours son âme damnée, et lui témoigna sa gratitude en se faisant le très-humble serviteur de ses vengeances et de celles du cardinal de Lorraine, qui le disgracia plus tard.

(1) Cette ordonnance est du 13 janvier 1535. Sa rigueur fut un peu adoucie, le 26 février suivant, par une lettre du roi, qui substitua à la prohibition absolue de l'imprimerie la censure exercée par un corps de vingt-quatre personnes *bien qualifiées et cautionnées* au choix du parlement. (*Registres du parlement.*)

(2) Il est juste de porter à l'actif de François Ier l'établissement du collége de France, qu'il fonda, en 1529, sous l'inspiration de Guillaume Budé et de Guillaume Parvi.

— *Le père du peuple !* poursuivit d'Espence, quel mensonge ! Il doit l'avoir payé bien cher, celui-là, si le prix se mesure à la grosseur. N'est-ce pas *le père du peuple* qui fait quotidiennement empoigner et jeter dans les cachots, sous prétexte d'hérésie, la meilleure part de ses sujets ? N'est-ce pas lui qui, pour roussir les luthériens, a fait, depuis l'amende honorable de Briconnet, le saint évêque de Meaux (1), jusqu'à nos jours, brûler plus de bois qu'il n'en faudrait pour chauffer pendant vingt hivers tous les pauvres souffreteux qui grelottent sous la planche des toits ou sur le pavé des rues ? N'est-ce pas *le père du peuple* qui, à l'instigation de son âme damnée, le cardinal Duprat, a consenti cet indigne concordat (2) qui met la France sous les pieds du pape de Rome ? N'est-ce pas *le père du peuple* qui, pour payer les frais des *Noces-salées* de Châtellerault (3), a si fort augmenté les impôts, que le manant, qui est homme comme nous et lui, est obligé, pour les solder, de travailler dix-huit heures sur vingt-quatre, sans être sûr que le collecteur, pendant son labeur, n'aura pas

(1) Guillaume Briconnet, évêque de Meaux, avait attiré dans cette ville une foule de savants nationaux ou étrangers, et en avait ainsi fait le berceau de la réforme en France ; mais plus tard il faiblit en face du parlement et de la Sorbonne.

(2) Le concordat du 14 décembre 1517, une des plus honteuses concessions des rois de France à l'ambition pontificale, fut signé par François Ier, à l'instigation d'Antoine Duprat, et malgré l'opposition de l'université et du parlement. Le parlement n'était pas encore tout à fait gagné à la politique de Duprat.

(3) On appela *Noces-salées* les fêtes qui furent célébrées à Châtellerault, en 1541, à l'occasion du mariage de Jeanne d'Albret, nièce du roi, avec le duc de Clèves. François Ier commit, pendant ces fêtes, des prodigalités si ruineuses, que, pour combler le déficit de son trésor, il fut obligé d'établir un impôt sur le sel. C'est de là que vient le nom de *Noces-salées*.

saisi, pour la faire vendre s'il peut, la paille vermineuse sur laquelle il couche? N'est-ce pas *le père du peuple* qui, par son pernicieux exemple, a dans les mœurs publiques introduit une dépravation si grande, que, sous peu, toute femme sera une adultère, et toute fille une prostituée (1), et que déjà même il n'est pas d'honnête bourgeois qui ne soit exposé à trouver son coucher non-seulement souillé par un des parpaillots de la cour, mais encore gâté de cette vilaine contagion dont le ciel afflige notre pays pour nous punir tous, lui de ses infâmes déportements, et nous de notre trop longue patience?

— Bien, très-bien, docteur Claude, cria toute l'assistance, tandis que la voix du cabinet entonnait le couplet suivant :

> Sous nos pieds la horde canaille,
> S'exclame-t-on, guermente et braille,
> De son sort maulgréant tout haut.
> Ains, pourvu que plein soyt mon verre,
> Et ma mignonne peu sévère,
> Est-ce poinct là tout ce qu'il fault!

Quiconcque icy bas, etc.

— Lui *père du peuple* et *père des lettres!* continua l'orateur : oh! je souhaite pour son fils Henri qu'il soit envers

---

(1) L'incroyable dépravation de mœurs qui signala le règne de François Ier est attestée par tous les historiens. Les écrits de Brantôme, en sont un irrécusable témoignage. Je ne citerai que ce passage de l'ouvrage intitulé *La fortune de la cour :* « François Ier,
« s'apprivoisant avec les dames, les fit devenir plus hardies, et,
« par son exemple, rendit la cour premièrement desbordée ; puis,
« par une manière de contagion, faisant couler ce venin dans les
« villes, et le respandant jusque dans les maisons particulières,
« gasta et corrompit les mœurs publiques. »

lui meilleur père qu'envers les lettres et le peuple. Or, messieurs et amis, nous sommes réunis céans, dans cette maison où nul ne peut soupçonner notre présence, et où les espions de Mouchi (1) ne viendront pas nous dénicher; nous sommes réunis, dis-je, pour délibérer sur les moyens de mettre fin à cette avilissante tyrannie. Est-ce par voie de supplique à Sa Majesté qu'il nous faut procéder? ou bien, si l'on ne doit rien attendre de ce système de douceur, est-ce en appelant la bourgeoisie et les écoles à l'insurrection? ou bien encore, si ce moyen n'offre pas assez de chances de succès, faut-il qu'une main s'arme du poignard? Voilà ce que nous devons décider ce soir même. Mais, avant de discuter, nous qui sommes assemblés ici sur ma convocation, mais peut-être sans nous connaître tous les uns les autres, il faut que chacun de nous sache le nom, la qualité et les griefs personnels de chacun de ses frères en conjuration. Levez-vous, messieurs, pour que je vous interroge l'un après l'autre!

Tous se levèrent, et Claude d'Espence se découvrit le front.

IV.

— A toi, le premier à ma droite.

— Pierre Gringoire, homme de lettres. J'ai voulu imprimer les heures de *Notre-Dame*, traduites en français, et le parlement me l'a défendu; j'ai insisté au près du parlement, et le parlement a consulté la Sorbonne, qui a répondu par son décret « que de *pareilles traductions, tant de*

---

(1) Antoine de Mouchi, dit *Démocharès*, docteur de Sorbonne, était chef du tribunal d'inquisition que Francois Ier établit, en 1535, pour la recherche et la punition des hérétiques. C'est de son nom qu'est venu, dit-on, la qualification de *mouchard*.

la Bible que d'autres livres de religion, sont pernicieuses, parce que ces livres ont été approuvés en latin, et doivent ainsi demeurer (1). »

— Au second?

— Laurent Maigret, homme de lettres, frère de Louis Maigret, qui est debout à mon côté. Nous avons été tous deux arrêtés comme suspects d'avoir mangé de la chair en carême. Pour ce fait, mon frère et moi, nous avons subi la prison, en compagnie d'André Leroi, Martin de Villeneuve, et d'autres dignes Français, dont quelques-uns sont dans cette assemblée.

— Au troisième?

— François Rabelais, ecclésiastique et médecin, maintenant curé de Meudon, censuré par la Sorbonne et condamné par le parlement pour un chapitre du *Pentagruel*.

— Au quatrième?

— Jacques Amyot, homme de lettres et traducteur de Plutarque, proscrit par la *Chambre ardente* du parlement (2).

— Au cinquième?

— Clément Marot, poëte et traducteur des psaumes de David, arrêté avec les frères Maigret ci-présents, sous l'accusation d'avoir mangé de la viande en carême, retenu en prison, d'où l'on ne ma laissé sortir que sous la caution

---

(1) Tous les faits de proscriptions et de poursuites, ainsi que leurs causes, relatées dans cet interrogatoire, sont entièrement historiques. C'est en 1531 que furent arrêtés les frères Maigret, Marot, Remi Belleau, etc., etc., accusés d'avoir mangé de la viande en carême. (*Histoire ecclésiastique de Théodore de Bèze.*)

(2) La *Chambre ardente* avait été instituée par François Ier dans le parlement, en même temps que le *Tribunal d'inquisition* présidé par Mouchi. Les attributions de ces deux corps étaient séparées : le *Tribunal d'inquisition* faisait l'instruction, et la *Chambre ardente*, jugeant en dernier ressort, appliquait la peine.

d'Étienne Glavier, secrétaire du roi et de la reine de Navarre ; puis, en dernier lieu, proscrit avec le savant Amyot, sur les conclusions de la Chambre ardente (1).

Claude d'Espence interrompit un moment son interrogatoire, et, après avoir promené un regard scrutateur sur les personnes qu'il n'avait pas encore interpellées, il le reprit en ces termes :

— Maintenant que j'ai appelé à haute voix tous ceux d'entre vous que je connais personnellement, je m'adresse à vous, messieurs, qui êtes à l'autre bout de la table, et qui vous êtes rendus ici sur convocations secrètes.

— Le premier à ma gauche?

D'Espence attendit en vain une réponse ; et comme il fronçait déjà le sourcil, un homme masqué en archange Michel, et qui paraissait jeune encore, prit la parole et dit :

— Vénérable docteur, pardon si je me fais entendre avant mon tour ; mais comme les six bourgeois qui sont de ce côté son venus sous ma conduite, c'est à moi qu'il appartient de vous en répondre. Vous tireriez plus facilement une bonne action du cardinal de Lorraine, ce digne continuateur des cardinaux Duprat et de Tournon (2), qu'une parole de celui que vous venez d'interroger. Le malheureux a été naguère supplicié pour crime d'hérésie, et, sur les ordres du président Pierre de Lizet, il a eu la langue

(1) L'élan donné aux persécutions religieuses par Antoine de Mouchi, de 1543 à 1546, obligea un grand nombre de Parisiens à prendre la fuite. De ce nombre furent en effet Clément Marot et Jacques Amyot, le savant Olivetan et beaucoup d'autres, qui se réfugièrent soit dans les provinces, soit à l'étranger.

(2) L'œuvre de persécution contre la réforme naissante fut accomplie, pendant le règne de François Ier, par trois cardinaux, le cardinal Duprat, le cardinal de Tournon et le cardinal de Lorraine. Ce dernier continua cette terreur religieuse sous le règne de Henri II.

percée et tenaillée avec un fer rouge (1). Son nom est Jean Dubourg, marchand drapier de Paris, demeurant rue Saint-Denis, à l'enseigne du Cheval-Noir.

Les autres, que je vais indiquer du doigt à mesure que je les nommerai, sont : Barthélemy Milon; Nicolas Valeton, receveur de Nantes; Estienne Delaforge, marchand, et Antoine Poile, maçon (2)

Voici maintenant leurs griefs :

Tous ont été emprisonnés pour crime d'hérésie, car ils sont tous de la réforme. Mais, indépendamment de ce grief commun, ils en ont de particuliers. Le fils de Valeton est mort sur le bûcher, pour avoir donné asile à l'un de ses amis poursuivi par la Chambre ardente; Jean Dubourg est ruiné par la saisie qu'on vient de faire chez lui, sans autre forme de procès, de tout le drap que ses magasins renfermaient; Antoine Poile a été abandonné et volé par ses ouvriers maçons, démoralisés par ce jeu d'enfer que le roi vient d'établir pour la perte des petits travailleurs, et qu'on appelle *la loterie* (3); enfin Estienne Dalaforge s'est vu enlever sa fille unique, la plus belle qui fût dans tout le quartier des halles; et comme depuis il n'en a pas eu de nouvelles, il est probable que la pauvrette, après avoir été débauchée dans cette puante cour, est morte du mal honteux.

— C'est bien, jeune homme, répondit d'Espence. De quelle part avez-vous été convoqué?

---

(1) Ce genre de supplice était fort souvent appliqué à cette époque.

(2) Tous ces noms, bien qu'obscurs, ont trouvé leur place dans le martyrologe du seizième siècle.

(3) C'est à François Ier que la France doit la loterie, qui dure encore; la vénalité des charges, qui n'a fait que changer de forme; et beaucoup d'autres fléaux.

— De la part de Nicolas Cop, recteur de l'université de Paris, qui vient de fuir pour sauver ses jours menacés par la Chambre ardente. Voici nos cartes.

— Vous n'avez point dit votre nom.

— Je me nomme Jean Cauvin, du nom de mon père; mes camarades m'appellent Jean Calvin (1). Je suis étudiant, et loge au collége de Fortet. Frappé du même coup que Nicolas Cop notre recteur, je devais fuir avec lui; mais j'ai mieux aimé m'exposer pour rester, et me venger avec vous.

A ce nom de Calvin, la vénérable tête de Claude d'Espence s'inclina en signe de respect.

— Votre nom, jeune homme, lui dit-il, est déjà illustré par de bons et remarquables écrits, entre autres par votre livre *De l'institution de la religion chrétienne*, ainsi que par des actes loyaux et courageux dans votre retraite à Genève. Vous irez plus loin encore, Jean Calvin : car vous êtes un homme de tête et de cœur, de science et d'énergie. Ces messieurs, étant vos compagnons, seraient les bienvenus, quand bien même ils n'auraient pas été convoqués par notre bien-aimé le docteur Nicolas Cop. — Nous n'avons oublié personne, je pense.

Tout à coup un long ronflement se fit entendre; il provenait d'un masque gros et court, qui, après avoir bu à

---

(1) Calvin, né à Noyon en 1509, avait environ 37 ans à l'époque où cette scène est placée. Il s'était déjà rendu célèbre comme réformateur, et avait fait accepter à Genève son formulaire comme loi de l'état; mais, par un anachronisme nécessaire, sa proscription se trouve ici portée en 1547, de 1534 sa date réelle. Or, en 1534, Calvin, âgé seulement de 24 ans, n'avait encore fait connaître son nom que par son ouvrage *De l'institution de la religion chrétienne*, qui avait eu un grand succès dans les écoles, et lui avait mérité les honneurs de la persécution.

lui seul plus de vin chaud que tous ses compagnons ensemble, avait roulé sous la table, où couché dans une posture peu décente, il cuvait l'eau rougie et poivrée que la ribaude leur avait servie pour de l'excellent vin chaud.

— Eh pardieu! s'exclama Claude d'Espence, voici notre ami le duc d'Etampes (1) qui prend soin de se rappeler lui-même à notre souvenir. Mais ce n'est pas la peine de le réveiller : le pauvre homme n'éclairerait guère notre délibération. Dors, mon vieux : aussi bien nous ne t'avons admis parmi nous que pour donner, au besoin, à notre conjuration un appui, apparent plutôt que réel, dans la noblesse de cour; nous t'avons pris, en un mot, comme un écusson. Si nous ne comptions que sur toi pour renverser la tyrannie, nous serions bien sûrs de voir François Ier mourir dans son lit roi de France. Dors, mon vieux !

Mais, j'y songe..., où donc a passé notre cher collègue Ambroise Paré, qui est entré avec nous, et que je ne vois point dans cette chambre ? Ambroise Paré, le docte médecin, le prévôt de la corporation des chirurgiens, collègue de Fernel et de Louis de Bourges auprès du roi (2), la pro-

---

(1) Le duc d'Étampes était Jean de Brosses, petit-fils de Philippe de Commines. C'était un homme tout à fait insignifiant; et, lorsque François Ier fit sa maîtresse de Anne de Pisseleu, qu'il créa duchesse d'Étampes, il la fit épouser à Jean de Brosses, qui n'eut guère (dit le *Laboureur-sur-Castelnau*) d'autre droit en mariage que celui de jouir des biens que la faveur de sa femme lui dispensait.

(2) Ambroise Paré, l'une des plus grandes renommées de la science chirurgicale, naquit à Laval, au commencement du seizième siècle. Il étudia sous Louis de Bourges, premier médecin du roi François Ier, et bien jeune encore il devint l'émule de Fernel. Il acquit tant de réputation, surtout pour le traitement de la maladie

vidence incarnée de ce mauvais temps rongé par la contagion vénérienne?

— Me voilà, me voilà, honorable d'Espence, fit un petit homme qui venait de descendre rapidement l'escalier conduisant à l'étage supérieur. J'avais trouvé là-haut, en furetant, un sujet d'étude pouvant fournir à ma science d'utiles observations sur la maladie à la mode, et je vous laissais brailler à votre aise, jusqu'au moment de l'action. Vous m'appelez : me voilà.

V.

D'Espence continua :

— Maintenant, frères, que, par cet indispensable préliminaire, nous nous sommes mis en communion de haine pour la tyrannie et d'amour pour la France, il ne s'agit plus que de déterminer par quelle voie nous devons arriver à notre but de vengeance et d'émancipation. Comme je vous l'ai déjà dit, trois moyens nous sont offerts : les remontrances, l'insurrection, ou le régicide en désespoir de cause. Nous allons les examiner tour à tour. Ambroise Paré, vous à qui vos fonctions et votre science permettent d'approcher de la personne du roi plus souvent même que Louis de Bourges, son premier médecin en titre, pensez-vous qu'une adresse présentée à François par nous tous qui sommes ici, ainsi que par nos amis de la ville, c'est-à-dire par des représentants des sciences, des lettres, des écoles, de la bourgeoisie et de tous les corps de métier, pensez-vous, dis-je, qu'une pareille adresse pût exercer assez d'influence sur l'esprit du monarque pour le décider à se départir de cet

---

la plus répandue à cette époque, que Henri II en fit son chirurgien en 1552.

infâme système de dilapidation et de persécutions qui déshonore son règne depuis trois ministères, et prive notre France du plus pur de son sang et du plus net de son argent?

— Mon révérend père, répondit Ambroise Paré, cela dépend de la situation d'esprit et de corps où le trouvera votre supplique. Vous avez quatre avocats qui plaident chaudement votre cause auprès de François Ier, à savoir : l'Allemagne, Marguerite de Navarre, Guillaume Parvi son confesseur, et la digestion. Vous avez aussi quatre adversaires qui vous desservent fatalement auprès de lui, à savoir : Rome, le cardinal de Lorraine, le président Pierre Lizet, et l'appétit (1). François, personnellement, n'a ni haine ni sympathie pour les luthériens, dont il a partagé les principes dans sa jeunesse (2); mais il est avant tout homme de plaisir, et trouve commode de se décharger du poids des affaires sur les épaules d'un Duprat ou d'un car-

---

(1) Voici ce que dit de François Ier un historien moderne, dont le jugement est de tous points conforme à celui des historiens du seizième siècle :

« Ce roi n'était pas fanatique; mais il servait le fanatisme de
« ceux qui l'entouraient. Sa croyance incertaine, vacillante et su-
« jette à des intermittences, fait penser qu'entraîné par les plaisirs
« de sa cour, distrait par les guerres et les fêtes, il avait négligé
« de fixer son opinion sur les matières religieuses. En présence
« de sa mère et de sa sœur, il paraissait de la nouvelle opinion;
« devant les cardinaux Duprat, de Tournon, de Lorraine, il agis-
« sait en catholique..... etc. »

François Ier, pendant tout son règne, ralentit et activa tour à tour le cours des persécutions religieuses, selon qu'il fut dominé par l'influence du pape ou par celle des princes allemands qui avaient embrassé la religion réformée.

(2) C'est ce qui résulte des lignes écrites par Louise de Savoie, sa mère, dans le journal de sa vie. (Collection des *Mémoires particuliers sur l'histoire de France*.)

dinal de Lorraine, qui se fait payer en têtes de protestants ses émoluments de ministre, et vend ensuite ces têtes à la cour de Rome, moyennant de beaux deniers comptant, sans compter les dignités et les grades (1). François Ier n'est pas non plus méchant ni rapace; mais il aime les femmes, et les femmes ne donnent rien pour rien, même à un joli garçon, tel qu'est notre roi. Il en coûte toujours quelque chose à quiconque a beaucoup à leur demander. Or ce qui coûte à un roi sur cette terre, coûte au peuple, et au peuple seul. C'est pourquoi les impôts sont lourds et et le trésor obéré. Ainsi donc, trouvez François repu de festins et de femmes, et sous l'influence de son confesseur et de sa sœur Marguerite, François vous écoutera; trouvez François le cœur plein et l'estomac vide, et sous l'influence de son ministre et de son président, François vous repoussera. En conséquence je ne puis que vous engager à bien choisir notre moment, si vous vous bornez aux remontrances. Quant à moi, je ne vous cache pas que je compte peu sur ce moyen : je sais à quoi m'en tenir sur les promesses des rois en général, et sur le caractère de François Ier en particulier. Quant aux rois, c'est à eux, bien plutôt qu'aux femmes, qu'il faudrait appliquer ces vers de François, ainsi variés :

> Souvent prince varie,
> Bien fol est qui s'y fie,

Quant à François Ier, je sais mieux que personne combien il est difficile de le dresser à suivre une inspiration étrangère. Voici tantôt huit ans que je lui prescris, au

---

(1) Cette imputation de vénalité est juste quant à Duprat; mais le cardinal de Lorraine, qui était un Guise, agissait plutôt par intérêt de famille que par cupidité.

nom d'Hippocratès, un régime régulier et sévère, à cause du mal honteux qui le mine, et dont une rechute amènerait infailliblement sa mort (1) : eh bien ! je veux que la Chambre ardente me juge si j'ai pu obtenir qu'il consommât un verre de moins par jour et une femme de moins par mois. Lorsqu'il ne se soumet pas aux conseils que je lui donne dans l'intérêt de sa santé, peut-on espérer qu'il sera docile aux remontrances que vous lui ferez dans l'intérêt du peuple? Je vous le dis, mes frères, une bonne insurrection qui nous débarrasserait du cardinal de Lorraine, de Lizet et de Morin, nous servirait beaucoup plus auprès de François que les plus belles paroles du monde, fussent-elles écrites par Amyot et mises en rimes par Marot.

— Le savant Ambroise a raison, s'écria Calvin : nos remontrances n'aboutiraient à rien. Pourquoi serions-nous mieux reçus et plus heureux, nous humbles et petits, que Marguerite de Navarre, que Guillaume Parvi et autres grands personnages dont les sages conseils ne sont pas écoutés? Si de notre démarche pacifique il résultait quelque chose pour nous, ce serait à coup sûr le bûcher, ou tout au moins le pilori. Parlez-moi de l'insurrection ! l'insurrection, vive Dieu ! voilà qui va droit au but ; et mieux vaut cent fois s'y précipiter du premier coup, au risque de s'y briser la tête, que d'y marcher à pas lents et timorés, au risque d'être arrêtés en route. Se confier au bon vouloir des rois, c'est s'exposer à de rudes mécomptes. Depuis que le monde existe pour le plus grand profit des rois, et tant qu'il existera des rois pour le plus grand malheur du monde, il a

(1) François, atteint de ce mal huit ans environ avant sa mort, ne contribua pas seulement, sous le rapport moral, à sa propagation. Le bon Louis XII ne se doutait probablement pas de toute l'étendue dont était susceptible ce mot qu'il appliquait à François Ier : « *Ce gros gars-là gâtera tout.* »

été vrai et il sera vrai de dire : « *Roi qui jure, bouche qui se parjure.* » Ainsi donc, l'insurrection, et pas de remontrances !

Mais si, sur ce point, je me trouve d'accord avec le savant Paré, je ne puis admettre une conséquence qui semble résulter de ses paroles. Voudrait-il, par hasard, nous voir risquer nos fortunes et nos vies pour n'obtenir qu'un résultat incomplet, incertain même, à savoir de nous délivrer du cardinal, tout en nous arrêtant désarmés devant la majesté de François ? Vive Dieu ! mes maîtres, autant vaudrait qu'un de nous, luthériens, réduit à ses seules forces, allât saisir et déchiqueter, pendant l'office, le portrait de leur pape, qu'on voit appendu au grand pilier de Notre-Dame ; autant vaudrait cette imprudence que celle qui nous est conseillée par l'illustre docteur. Je vous le dis, mes frères, une révolution qui s'arrête est une révolution qui se tue. *Tout ou rien*, c'est la vraie devise des révolutions. Donc, notre insurrection ne doit pas avoir pour but de débarrasser François du cardinal de Lorraine, mais de débarrasser la France du cardinal de Lorraine et de François. Belle pensée, vraiment, de prendre les armes pour chasser le Guise, et, le Guise chassé, de dire à François : « Prenez Mélancthon pour ministre, prenez Parvi, prenez Budé » Eh pour Dieu ! les majestés ne respectent déjà pas si religieusement les engagements qu'elles prennent de leur plein gré, pour qu'on doive attendre d'elles une probe et fidèle soumission à ceux que la force leur impose ! Et d'ailleurs, pourquoi frapper le Guise, et non François ! l'un est-il moins coupable que l'autre ? Quand le système de gouvernement est mauvais, tyrannique, infâme, soit qu'il le dirige, soit qu'il le subisse, le roi n'est pas plus excusable que ses ministres devant l'insurrection victorieuse. Je conclus donc qu'il faut, — ou ne pas s'insurger et chercher d'autres moyens de délivrance, si nous ne sommes pas assez forts pour abattre à la fois la couronne du roi et le chapeau du cardinal; — ou, si nous sommes assez forts, frapper ensemble et le Guise et François. Je dis plus : si nous ne pouvions en frapper qu'un, ce serait François qu'il faudrait choisir; car, après François, tué par l'émeute, il n'y a plus de cardinal de Lorraine possible. Après le Guise, si François est respecté, il y a vingt Guise à subir, sinon pis encore.

Cette virulente improvisation provoqua dans l'assemblée des marques d'approbation si vives, qu'elles tirèrent le duc d'Etampes de sa profonde léthargie. Il parvint à sortir de dessous la table la moitié de son gros corps, et, dressant sa tête jusqu'au niveau des bols et des verres, il demanda à boire d'une voix enrouée. Marot, après lui avoir tendu un plein gobelet d'eau tiède, que le noble conjuré vida en guise de vin chaud, le renfonça du mieux qu'il put sous la table, afin qu'il n'en fût plus question.

VI.

— Tudieu! dit Ambroise Paré lorsque l'émotion causée par le discours de Calvin fut un peu dissipée, vous allez rondement en affaires; et on voit bien que vous avez dans les veines du sang que la contagion à la mode n'a pas encore corrompu. Vous en parlez bien à votre aise. Certes, bien que je sois un des médecins du roi, je ne l'aime ni ne l'estime : la preuve est que je suis au milieu de vous. Si François garde Paré, c'est que Paré est nécessaire à François. Mais je dois vous le dire, François n'est pas moins nécessaire à Paré. (*Rumeur.*) Laissez-moi donc m'expliquer. Depuis que la vilaine maladie cause tant de ravages par la ville, je me suis adonné presque exclusivement à l'étudier. Eh bien ! savez-vous que je n'ai pas rencontré un meilleur sujet d'étude que François lui-même, François qui en est dévoré depuis huit ans, et chez qui les excès en tout genre font prendre chaque jour à cette maladie un caractère différent. Bref, à force d'étudier le mal sur François, j'ai fait d'utiles découvertes ; et pour peu que Dieu nous prête vie à tous les deux, je parviendrai bientôt à découvrir la nature de la contagion, et peut-être les moyens de la prévenir, ce qui est encore un problème, et ce qui serait, selon moi, d'un immense résultat pour la science. Vous comprenez, dès lors, mes amis, que, si Paré le sujet ne tient pas beaucoup à son roi, Paré le médecin a des raisons de tenir à son malade. Ah ! si, après l'avoir frappé, vous me laissiez son cadavre, je consentirais peut-être ; car en ce moment je me servirais avec utilité du corps d'un homme qui aurait exactement la même maladie que François. Mais du diable si l'on peut compter sur pareille aubaine. Il n'arrive pas souvent que le scalpel d'un chirurgien laboure un cadavre royal. Quand c'est la maladie qui tue les rois dans leur lit, une sépulture solennelle réclame leurs restes ; quand c'est le peuple qui les massacre dans la rue, leurs membres appartiennent de droit à la foule, qui les écartelle et les traîne dans la fange du ruisseau. Quant aux médecins, tout leur passe devant le nez ; et pourtant, en bonne conscience, les médecins tuent réellement plus de rois à eux seuls que les peuples et la maladie ensemble. Je vous conjure donc, au nom de l'art, de me laisser François Ier vivant, puisque vous ne pouvez pas me le garantir mort.

Cet étrange plaidoyer en faveur de François Ier, et la vivacité toute sérieuse et candide avec laquelle Ambroise le prononça, fit sourire ses camarades. — Mais nous allons laisser les conjurés continuer, dans la grande salle, leur discussion sur les chances et l'opportunité de l'insurrection, pendant que le duc d'Etampes ronfle sous la table, et que la duchesse d'Etampes, avec son inconnu, ne chante plus dans le cabinet ; et nous monterons un moment, si vous le permettez, à l'étage supérieur, où se trouvent en ce moment deux acteurs nécessaires de cette scène.

CHAPITRE II.

VII.

Après avoir introduit les masques dans la salle où nous venons de les laisser, la vieille ribaude était montée dans sa mansarde. Son premier soin fut de vider sur la table la bourse que Claude d'Espence lui avait jetée en entrant, et qui contenait une somme assez ronde. Le front de la sibylle rayonnait, pendant que sa main empilait les sous parisis à l'effigie de François.

— Bonne sainte Vierge, grommelait-elle entre ses dents, j'ai bien du bonheur dans cette journée. Pendant que mes ribaudes, qui figurent aux mystères, me gagnent une bonne indemnité de la part des échevins, ma maison me rapporte autant et plus que si j'avais toutes mes damoiselles. Le premier qui arrive paie cher et mène avec lui sa femme ; les autres paient cher et ne consomment que du vin chaud. C'est une faveur du ciel, et je lui rendrai grâces en brûlant un cierge devant l'image de sainte Madeleine, notre grande patronne (1).

Après avoir serré son argent, la vieille entr'ouvrit les rideaux d'un lit dressé dans un coin de la chambre, et sur lequel était étendue une jeune fille atteinte du mal régnant, et belle encore malgré les ravages de la maladie. C'était celle dont elle avait parlé aux masques à leur entrée ; elle était restée seule dans la maison, parce que l'état de sa santé ne lui avait pas permis de suivre ses compagnes.

— Comment te trouves-tu, ma fille? dit la ribaude à la jeune malade. Bois cette tasse de tisane, et reprends courage. J'ai reçu beaucoup d'argent aujourd'hui ; et si demain tu n'es pas assez guérie pour que le roi des ribauds te relève de ta consigne, j'essaierai, à force d'or, de faire venir ici Ambroise Paré, le prévôt des chirurgiens. C'est un grand hérétique, il est vrai ; mais c'est un savant docteur, le plus expert en ces sortes de maladies. Puisque notre seigneur le roi s'en sert, nous pouvons bien, nous, humbles ribaudes, nous en servir aussi sans encourir la damnation. D'ailleurs, nous en serons quittes, quand il sera parti, pour faire une aspersion d'eau bénite, et pour laver la trace de ses pas. C'est bien le moins que je doive faire pour toi, pauvre enfant! car je t'aime comme ma fille ; et, à toi seule, tu as plus achalandé ma maison que toutes tes compagnes ensemble.

Pendant qu'elle parlait auprès du lit, Ambroise Paré, que nous avons vu rentrer dans la grande salle après avoir fureté dans toute la maison, pénétra dans la chambre, guidé par cet instinct qui fait sentir d'une lieue un malade au

---

(1) Sainte Madeleine était la patronne des ribaudes, qui avaient alors en elle une grande dévotion.

médecin amoureux de sa science. La vieille se retourna au bruit de ses pas, et lui cria :

— Retirez-vous ; ne voyez-vous pas que cette enfant est malade, et que nul ne doit approcher d'elle, si ce n'est le médecin ?

— Et si j'étais médecin ?

— Qui me le prouvera ?

— Mon nom, qui te garantira mon titre ; et mon visage, qui te garantira mon nom. Je m'appelle Ambroise Paré.

Ce disant, il se démasqua. La vieille poussa un cri d'horreur, se signa, puis inclina sa tête devant Ambroise en signe de respect, et ne s'opposa plus à ce qu'il s'approchât du lit.

Ce fut pourtant une grande imprudence de la part d'Ambroise de révéler ainsi son nom. Ce nom était populaire, surtout dans les lieux de la nature de celui où se passait cette scène ; ses merveilleuses découvertes en chirurgie et sa sympathie pour les principes de la réforme avaient allié à sa célébrité de médecin je ne sais quelle suspicion de magie et d'hérésie, qui en faisait pour certaines gens un sujet de terreur en même temps que d'admiration.

La ribaude était de ce nombre. Aussi, pendant qu'Ambroise interrogeait la malade, elle faisait à part elle des réflexions peu rassurantes. Comment l'hérétique Paré se trouvait-il dans sa maison ? Quels étaient les masques en compagnie desquels il était entré ? Que venaient-ils faire chez elle, eux qui n'avaient demandé qu'une chambre et quelques tasses de vin chaud ? Toutes ces réflexions traversaient rapidement l'imagination de la vieille, et la laissaient en proie aux plus vives inquiétudes. Il lui semblait voir, dans cette réunion de douze masques, un conciliabule d'hérétiques, un sabbat, que sais-je ? Il n'en fallait pas tant pour la terrifier, sous un règne où le seul fait d'avoir donné asile à un hérétique était un crime capital. Jugez si la ribaude devait être rassurée, elle dont la maison, en quelque sorte publique, était soumise aux fréquentes visites du roi des ribauds et des gens de M. le lieutenant-criminel, double juridiction qui, dans ces temps-là, tenait lieu de police.

Tourmentée par ces vagues appréhensions, la vieille descendit doucement l'escalier, et, s'installant près de la porte de la salle, écouta pendant quelques secondes. Ce qu'elle entendit redoubla sa terreur, qui fut portée au comble lorsqu'en jetant les yeux sur la place par une fenêtre ouverte sur l'escalier, elle vit, à la lueur des torches, préparer un bûcher sur l'emplacement ordinaire des exécutions (1).

Cette complication de circonstances effrayantes, ces hommes suspects dans sa maison, et, tout auprès, les gens du roi dressant un bûcher; cette double scène, qui lui montrait à la fois, à quelques pas de distance, ici le crime, là le châtiment, tout cela lui fit perdre la tête; et elle se décida, pour n'être point soupçonnée, à dénoncer elle-même la réunion clandestine au lieutenant-criminel Morin.

VIII.

Elle sortit de son taudis pour mettre ce projet à exécution. Au moment où elle refermait la porte, une voix l'interpellant par son nom lui cria : « Marquette ! » Elle se retourna en tressaillant, croyant voir à ses côtés un agent du roi des ribauds, ou bien un des espions de M. de Mouchi, que, par un dérivé de son nom, on commençait à surnommer déjà mouchards.

(1) La place Maubert était, après la place de Grève, le lieu où se faisait le plus grand nombre d'exécutions.

Mais elle se rassura bien vite en reconnaissant M. Féron, avocat au parlement, homme célèbre dans le grand monde à cause de la beauté de sa femme, et connu autant qu'estimé du petit peuple, dont il plaidait gratis les procès, et qu'il aidait même quelquefois de son argent.

Il avait rendu un service éminent à la vieille Marquette, en l'assistant de ses conseils et de son éloquence dans un procès qu'elle avait eu à soutenir.

En ce temps de sale corruption, il n'était pas rare de voir des filles, même des filles nobles (1), enlevées à leur père, et enrôlées dans cette troupe de prostituées suivant la cour, que Brantôme appelait *des dames de maison, des damoiselles de réputation* (2). Ces filles, après avoir été souillées par le libertinage des courtisans, étaient délaissées sans asile et sans pain; et, comme elles n'avaient plus de famille, elles étaient obligées de se réfugier dans les maisons de débauche dont Paris était infesté (3).

La jeune malade que nous venons de laisser avec Ambroise Paré était une de ces malheureuses. Enlevée à son père, homme du peuple, elle avait été abandonnée bientôt par son ravisseur, et n'avait pu trouver un refuge que dans la maison de la vieille Marquette. Son père découvrit sa retraite, et accusa la ribaude de détournement et de re-

---

(1) On pourrait citer mille faits à l'appui de cette assertion. C'est ce qui a fait dire à Dulaure que François Ier, en prostituant la noblesse, sembla vouloir ennoblir la prostitution.

(2) Brantôme, discours 45, François Ier.

(3) Brantôme signale comme un progrès l'introduction de ces *dames* à la cour. « Je voudrois bien sçavoir, dit-il, qu'estoit-il plus
« louable au roi de recevoir si *honneste* troupe de dames et de
« demoiselles en sa cour, ou bien de suivre les erres des anciens
« rois, qui admettoient tant de..... ordinairement à leur suite,
« etc. »

cel. Féron parvint à la sauver, en démasquant l'infâme qui avait jeté la pauvre enfant dans ce repaire du vice. Le vieillard mourut de douleur; l'infâme n'en fut pas moins un des favoris de la maison de Lorraine; et la jeune fille, réduite à la plus profonde misère, et déjà atteinte de cette cruelle maladie, continua de croupir dans le fumier où nous l'avons trouvée.

Depuis ce jour, Marquette avait voué à Féron une reconnaissance presque religieuse. Il n'était rien qu'elle n'eût fait pour son avocat. Elle se serait même exposée pour lui à la colère du roi des ribauds; car elle vénérait encore plus Féron qu'elle ne craignait ce redoutable fonctionnaire.

Féron, de son côté, venait quelquefois dans la maison de Marquette, non que ce fût un homme de mœurs dissolues, mais parce qu'il semblait se plaire à suivre avec une attention marquée les progrès du mal de la jeune fille. La vieille s'expliquait cette assiduité par l'intérêt bien naturel que la position de la malade devait inspirer au célèbre avocat; mais il y avait dans ses relations avec elle une froideur méditative et sérieuse, qui le faisait ressembler, auprès de son lit de souffrance, plutôt à un médecin observateur qu'à un ami compatissant.

IX.

Quand la ribaude eut reconnu Féron, elle rouvrit sa porte, et lui dit :

— Soyez le bienvenu, maître Féron; il y a déjà bien longtemps que je ne vous ai vu.

— Et Françotte ?

— Hélas ! la pauvre enfant ! Dieu la garde ! mais elle

ne va pas mieux; loin de là, son mal ne fait qu'empirer de jour en jour. Je la console du mieux que je peux en lui cachant mes inquiétudes; mais, hélas! je n'y compte plus guère, et la pauvrette me semble avoir fait son temps.

— Je veux la voir, je le veux, ce soir même.

— Montez seul, en ce cas; car il faut que je sorte. Vous la trouverez avec un savant médecin, et qui la guérira, bien sûr, si elle peut être guérie. Elle est avec Ambroise Paré.

— Ambroise Paré! s'écria Féron avec une inquiétude marquée.

— Lui-même. Il est venu là-haut avec une douzaine de masques qui complotent je ne sais quoi dans la grande salle. J'en suis tout effrayée : à telle enseigne que je vous conseille de ne pas rester longtemps au logis, car ça pourrait bien nous attirer ce soir une visite des gens du roi, d'autant mieux que vous pouvez voir qu'on va bientôt roussir un hérétique sur la place.....

Féron était déjà sur l'escalier, que la ribaude parlait encore. Elle continua sa route, sans avoir osé confesser à l'avocat la démarche qu'elle allait faire, démarche dont elle rougissait en secret.

Féron eut bientôt gagné la chambre de Françotte, que Paré avait déjà quittée pour rejoindre ses compagnons. Il s'y enferma sous clé, et, pendant un quart d'heure qu'il y resta, nul n'a pu savoir quel langage il lui avait tenu, quels soins il lui avait donnés, quelles consolations il lui avait prodiguées.

Le quart d'heure écoulé, il redescendit, et frappa doucement à la porte de la grande salle.

X.

A l'instant où Féron frappa, les conjurés délibéraient encore sur le parti qu'il fallait choisir entre les deux que proposaient Jean Calvin et Ambroise Paré : le premier, consistant à provoquer une insurrection générale contre François Ier, le cardinal de Lorraine et le parlement ; le second, consistant à disposer, avec force et prudence, un coup de main pour enlever le cardinal et le président Pierre Lizet.

Au bruit que fit Féron à la porte, tous les assistants furent saisis d'un subit effroi, et chacun porta son masque à son visage. Calvin s'avança pour ouvrir, et bientôt tous les masques retombèrent lorsqu'on vit Féron s'approcher de la table.

— C'est Féron ! s'écria Clément Marot, Féron, le *vir probus, dicendi peritus.* Que diable viens-tu faire en ce lieu, mon maître ? Quand on possède une femme aussi belle que la tienne, on ne se dérange pas pour cause de luxure. Aurais-tu par hasard quelque autre cliente parmi les ribaudes ?

— Messieurs, répondit Féron, je ne vous demande pas, comme le gentil Marot me le demande à moi, ce que vous êtes venus faire ici. Quand des hommes de votre renommée se trouvent réunis dans un lieu et dans un temps pareils, ce ne peut être qu'à l'effet de méditer des moyens de salut, soit pour eux, soit pour leurs concitoyens. Toutefois, permettez-moi de vous dire que vous avez mal choisi votre rendez-vous. Vous avez cru qu'on ne soupçonnerait pas Claude d'Espence, docteur en Sorbonne ; Clément Marot, le poëte ; Jacques Amyot, l'écrivain ; Ambroise Paré, le savant médecin ; François Rabelais, le curé de Meudon ; et Jean Calvin, l'auteur de l'*Institution*, etc., assemblés dans une maison bordelière de la place Maubert. Vous avez eu tort, Messieurs, non pas qu'il y ait quelque danger à courir dans la maison que vous avez choisie, mais parce que les gens du roi surveillent plus spécialement ces sortes de logis, et parce que, d'ailleurs, le roi François Ier fréquente lui-même assez volontiers les mauvais lieux de sa bonne ville (1). Il y mène, dit-on, ses maîtresses, soit pour se soustraire aux regards et aux quolibets de ses courtisans, soit pour donner plus de piquant à ses intrigues amoureuses. Je tiens de source certaine qu'avant-hier, pas plus tard, il était dans une maison de la place de Grève avec la duchesse d'Étampes.

— Chut ! chut ! fit Marot : le duc d'Etampes est couché sous la table.....

— Je n'y prends pas garde. Ivre-mort, il ne m'entend pas ; sain, il ne me comprendrait pas.

— N'importe, dit Claude d'Espence, Féron, vous êtes le bienvenu. Ami ou adversaire en religion, un homme probe et discret comme Féron n'est pas déplacé parmi nous.

— Vous avez raison, docteur, Féron n'est pas déplacé parmi vous, car il veut ce que vous voulez. Tous tant que vous êtes ici, vous avez à vous plaindre de François, et vous êtes rassemblés dans un but de vindicte : eh bien ! je suis des vôtres !

---

(1) Cette habitude crapuleuse de François Ier est assez connue pour n'avoir pas besoin d'être établie par des citations. Ce qui est arrivé à Victor Hugo pour *Le roi s'amuse* prouve qu'il y aurait danger à représenter François sur la scène comme il est représenté dans ce chapitre. Heureusement, la presse est un peu plus libre que le théâtre ; ce qui ne veut pas dire qu'elle le soit beaucoup.

Un murmure d'approbation interrompit l'avocat, qui continua en ces termes :

XI.

— Vous savez tous que madame Féron a la réputation d'être une des plus jolies femmes de Paris. Sa beauté l'a maintes fois exposée à des poursuites que je devais redouter, moi qui ne suis ni très-jeune ni très-beau. Mais j'ai toujours eu pleine confiance en sa vertu, et cette confiance, je l'ai témoignée hautement, en la conduisant moi-même dans les fêtes, les bals et autres réunions qui conviennent à son âge, mais où la séduction pouvait être plus facile. Je croyais bien faire; et, malgré l'événement que je vais vous conter, je n'ai pas changé d'opinion. Un jour, il y a déjà quelque temps de cela, j'étais au bal masqué avec ma femme, chez la princesse Marguerite de Navarre. Pendant que je causais littérature avec notre ami commun Remi Belleau, je m'aperçus que ma femme dansait avec un jeune cavalier qui m'avait semblé fort assidu auprès d'elle pendant toute la soirée. Je ne m'inquiétais pas autrement, trouvant tout naturel qu'une femme belle comme la mienne fût courtisée par un seigneur de la cour de François Ier. Toutefois, pour qu'on ne remarquât point cette assiduité, qui ne me causait pas le moindre ombrage, mais qui aurait pu donner lieu à des interprétations défavorables dans l'assemblée, où madame Féron était déjà connue, je pris le parti de prétexter une indisposition, et de me retirer avec elle avant la fin du jour. Le lendemain au soir, je sortais pour me rendre à la campagne, où je devais passer la nuit, lorsque je rencontrai sur l'escalier de ma maison, devinez qui? François Ier en personne (1).

(1) Ces détails sont empruntés à la version de la reine de Na-

« Sire ! m'écriai-je.....

— Silence ! fit-il. Vous savez, monsieur Féron, quelle confiance moi et tous ceux de ma maison avons toujours eue en vous, que je regarde comme un de mes meilleurs amis et de mes serviteurs les plus attachés. J'ai bien voulu venir jusque chez vous sans suite, pour vous recommander une affaire, et vous prier de me donner à boire, car j'en ai bien besoin. Mais surtout bouche close, et ne dites à personne que je suis venu ; j'ai mes raisons, allant d'ici dans un endroit où je ne veux pas être connu. »

— Je ne me sentais pas d'aise de la confiance que me témoignait le prince, et de l'honneur qu'il me faisait en venant me visiter. J'appelai ma femme et lui ordonnai d'apprêter la collation la plus délicate qu'il se pourrait ; ce qu'elle fit promptement et de fort bonne grâce. Le prince me parlait, en mangeant, des affaires de sa maison, d'un procès de sa sœur, et de mille autres choses encore ; et il semblait ne pas s'apercevoir qu'il avait à ses côtés la plus jolie femme de Paris. Cette indifférence, peu naturelle chez un prince qui passe pour être un vert-galant, me surprit, et, si j'avais été jaloux, elle m'aurait fait concevoir quelques soupçons. Mais je n'avais pas le temps de penser à ces balivernes, tout ravi que j'étais de la belle clientèle qui s'offrait à moi. Depuis, j'ai gardé la clientèle, mais j'ai su ce qu'elle devait me coûter.

Au milieu du souper, François témoigna le désir de voir la collection de mes principaux plaidoyers, qu'Estienne (1) venait d'imprimer. Je m'empressai, pour ré-

varre. Dans certaines parties, et notamment dans la visite de François, j'ai même conservé, autant que possible, le texte de l'Heptaméron.

(1) Imprimeur célèbre, dont on recherche encore les éditions.

pondre à son désir, d'aller en chercher, dans mon cabinet, un exemplaire dont je comptais lui faire hommage, et je le laissai seul un instant avec ma femme.

La collation finie, François prit congé de nous, et je saisis un bougeoir pour le guider.

— Laissez, laissez, me dit-il.

— Permettez, Sire...

— Je suis venu vous voir sans façon, traitez-moi de même.

Le fourbe! c'est lui qui m'a traité sans façon! Comme je persistais à l'accompagner, il ferma la porte en riant, et donna deux ou trois tours de clé. Je m'amusais beaucoup, grand sot que j'étais, de cette étrange manière de couper court à toute cérémonie, et je fus obligé de sonner un domestique, pour qu'il vînt me délivrer de ma prison.

Je sortis, et quelques jours après, je découvris que le cavalier du bal était François Ier; qu'il était venu le lendemain chez moi, appelé par un rendez-vous; qu'il n'avait envoyé chercher la collection de mes plaidoyers que pour être seul avec ma femme, qui lui avait indiqué sur l'escalier une cachette où il pouvait se retirer jusqu'au moment de mon départ; qu'il m'avait fermé la porte au nez pour m'empêcher de le suivre; qu'il était rentré dans l'appartement dès après ma sortie; enfin qu'il avait passé la nuit dans la chambre de ma femme, et que, depuis ce moment, il l'avait vue tous les jours.

— Alors tu menaças ta femme de l'épée ou du couvent?

— Pas si sot, mon ami Clément: me prends-tu donc pour un de ces fils de Mahomet, qui nourrissent de sang leur jalousie? Certes, je n'entends pas absoudre ma femme; mais, pour Dieu! était-elle donc si coupable, que le fer seul pût châtier sa faute? Un homme jeune, beau, bien fait, et roi par-dessus le marché, la séduit, elle femme d'un homme vieux, laid, mal bâti, et simple avocat. Combien à sa place eussent résisté? D'ailleurs c'est elle qui, pressée par le remords, est venue me confesser tous les détails de ce crime. Or, Claude d'Espence, le savant théologien, vous dira qu'il n'est pas de tort qu'un repentir sincère n'expie auprès de Dieu. Les maris doivent-ils être plus exigeants que Dieu lui-même? Mais, si je ne suis pas un jaloux bardé de fer et altéré de vengeance, je ne suis pas non plus un de ces maris complaisants qui vénèrent la personne royale jusque dans l'affront qu'elle daigne leur faire, et qui reçoivent du monarque un ornement pour leur front, avec autant de reconnaissance qu'une décoration pour le collet de leur manteau. Je pardonnai à ma femme, et n'exigeai d'elle qu'une soumission entière à tous mes ordres; mais je ne pardonnai pas à François, à François le traître, l'infâme, qui était venu jusque chez moi insulter à ce qu'il y a de plus saint au monde, des cheveux blancs et l'hospitalité! Je jurai d'en tirer une éclatante vengeance, et ce serment, voici l'instant de le tenir!

XII.

En prononçant ces derniers mots, qui produisirent sur les auditeurs une impression profonde, Féron tira de sa poche un billet plié avec soin, et continua :

— Vous voyez bien cette lettre : c'est une missive d'amour, écrite hier par François à ma femme, et qu'elle est venue me remettre toute close encore.

— Eh quoi! Sa Majesté pense toujours à ta femme? ce ce n'est donc pas assez pour lui de sa belle duchesse d'Etampes, dont le mari ne forme pas, à coup sûr, de bien dangereux projets de vengeance.

— Plus d'une peut tenir dans le large cœur de François. Au reste, jugez-en vous-mêmes par cette lettre que je vais vous lire ; elle se compose de six vers :

>A Rambouillet, ma belle Féronière,
>Demain iray : soyez-y la première.
>Mon pauvre cueur serait moult esjouy
>Si vostre main, tant doulcette et charmante,
>Voulsît au bas de la lettre présente,
>Par complément de rime, inscrire un seul mot...

— Pas mal, pas mal pour un roi, fit Marot en souriant

— Oui, François, continua Féron sans prendre garde à cette interruption, la rime y sera. Que ton cœur soit esjoui ! Au bas de cette lettre tu liras demain : Oui...! Mais cette rime sera ton arrêt de mort ! Et maintenant, compagnons, trouvez-vous que je sois déplacé parmi vous ?

— Asseyez-vous à cette table, lui dit Claude d'Espence, et prenez part à notre délibération.

— A quoi bon ? J'ai là *(montrant son front)* mon projet tout arrêté, et là *(montrant son cœur)* ma vengeance toute prête. François ne vivra plus dans huit jours.

Tous les conjurés frémirent.

— Ainsi donc, ne vous mettez en peine ni de coups de main, toujours dangereux, ni d'insurrections, toujours incertaines. Je vous promets, moi, une vengeance sûre. Je me charge d'abattre l'homme ; c'est à vous de renverser les choses. Car, je vous le déclare, cette vengeance sera toute personnelle, et ne pourra pas aller au delà du roi. Or, cela ne vous suffira pas à vous, mes frères, qui avez non-seulement à châtier le passé, mais encore à vous prémunir contre le futur. Or, écoutez mon conseil, et les plaideurs de cette ville peuvent vous dire si les conseils de l'avocat Féron sont bons et utiles. Pour ce qui concerne le roi, laissez-moi faire, et ne perdez pas votre temps en vaines combinaisons. Employez-le plutôt à tout préparer dans la prévision de la mort de François, de manière à ce que le coup que je frapperai pour me venger de l'homme vous venge en même temps du roi.

— Pasque-Dieu! dit Ambroise Paré après un moment de silence, Féron nous parle comme s'il tenait déjà sous le ciseau le fil des jours de notre cher monarque. Eh! mon pauvre ami, sache bien qu'un sujet ne se débarrasse pas d'un roi comme une femme se débarrasse d'une puce. As-tu un poignard assez long pour arriver à son cœur, et assez fort pour percer sa cotte de maille?

— Je ne me servirai pas du fer.

— Ah! je comprends : le poison par le moyen d'une lettre ou par la main de ta femme?

— Je ne me servirai pas du poison, et je ne ferai pas confidence à ma femme de la nature de ma vengeance.

— Tu pénétreras jusqu'à lui...

— Je n'ai pas même besoin d'être près de lui pour le frapper.

— Quels contes bleus viens-tu nous faire? Nostradamus t'aurait-il tourné la cervelle? François peut espérer de vivre longtemps, s'il n'est exposé à périr que par le fait d'un homme qui ne doit se servir contre lui ni du fer ni du poison, et qui ne veut pas même approcher de sa personne.

— Ambroise, à toi qui me railles je propose un pari. Écoute-moi : nous sommes aujourd'hui au 21 mars; eh bien, dans dix jours, au 31 mars, nous nous trouverons, à cette heure, dans cette chambre. Si le roi n'est pas mort, ou en danger de mort certaine, tu me demanderas n'importe quoi de ce qu'un honnête homme peut demander à un honnête homme. Au cas contraire, j'aurai le même droit.

— C'est convenu. A ce jeu-là je jouerais volontiers ma fortune, ce qui n'est pas grand'chose, et ma vie, qui vaut un peu mieux que ma fortune.

Féron leur tendit à tous la main, et les quitta d'un air sombre et presque solennel.

XIII.

Les conjurés se regardaient ébahis : ils ne savaient comment il fallait interpréter ces étranges paroles, et surtout le ton lugubre et quasi prophétique dont l'avocat les avait prononcées. Marot prétendait déjà que Féron devait avoir, ce jour-là, fêté trop copieusement le carnaval; et Paré soutenait au contraire que le chagrin lui avait tourné la cervelle. Tout-à-coup la porte du petit cabinet s'ouvrit, et livra passage au magicien, qui, conduisant par la main la dame masquée, lui disait en déguisant sa voix :

— Ne tremble pas, ma mignonne; n'es-tu pas soùs ma sauvegarde ?

Et il répétait en trébuchant son refrain ordinaire :

Quiconcque icy-bas veult joyeulsement s'esbattre
Doyt festoyer le vin, et la guerre et l'amour;
Pour ces quatre playsirs, cy luy fault tour à tour
  Se montrer ung vray dyable à quatre.

Cette apparition inattendue frappa de stupeur les conjurés, qui, dans le feu de leur discussion, n'ayant pas pris garde au bruit, léger il est vrai, qui se faisait dans le petit cabinet, se croyaient tout-à-fait isolés dans la maison.

— D'où diable sors-tu, magicien de malheur?

— Du cabinet, répondit l'inconnu sans même regarder l'interrogateur.

— Il m'avait aussi semblé entendre sortir, par là, quelques sons d'un gosier aviné.

— Gosier aviné, dis-tu? je reconnais là le signalement du mien. C'était moi qui chantais, ne te déplaise.

— J'avais pris ce bruit pour un ronflement de notre gros compère qui est sous la table.

— Il paraît, continua l'inconnu en s'approchant de la table, que vous étiez en train de votre côté. D'honneur, le vain chaud est bon, et j'en trinquerais volontiers encore un verre avec vous.

La duchesse d'Étampes le tira par le bras, comme pour l'avertir de ne pas s'arrêter plus longtemps. Les conjurés, de leur côté, s'interrogeaient des yeux et semblaient se demander s'il n'était pas à craindre que cet intrus eût entendu leur conversation. Mais son état d'ivresse et la compagnie en laquelle il se trouvait ne permettaient guère de supposer qu'il se fût occupé dans le cabinet de ce qui pouvait se passer au dehors. Aussi, pour se débarrasser plus vite de l'étranger, s'empressèrent-ils de lui faire raison de son offre. A cet effet, Jean Calvin alla chercher vers la cheminée un pot de vin bouillant, qu'il porta sur la table et dont il tendit un verre au magicien.

Celui-ci voulut le prendre; mais un balancement qui faillit le renverser rejeta son corps en arrière, de telle sorte que le verre quitta la main de Calvin sans passer dans celle du nouveau convive.

Aussitôt un effroyable cri se fit entendre : c'était le

5.

duc d'Étampes, que la chaude liqueur, répandue toute entière sur son abdomen, avait tiré de sa profonde léthargie. Le malheureux se frottait le ventre et se démenait comme un possédé; on eût dit un damné rôtissant en enfer.

On parvint avec peine à le soulever. Lorsque la lumière éclaira sa figure, l'inconnu se mit à rire aux éclats.

— Le duc d'Étampes! s'écria-t-il; dans ce lieu! dans cet état! ah! ah! ah! Tu ne ris pas, toi ma belle amie?

La belle amie n'avait pas besoin de cette recommandation; elle riait de son côté à gorge déployée.

Les conjurés ne savaient trop que penser de cette scène; ils ne s'expliquaient pas d'une manière bien satisfaisante comment les masques mystérieux avaient reconnu si vite le duc d'Étampes, et surtout comment l'aspect de cet ivrogne pouvait exciter chez eux une hilarité si bruyante.

Cependant Ambroise Paré avait quitté son masque, pour être plus à portée de donner au duc les secours nécessaires.

— Ambroise Paré! cria le magicien; lui aussi! Tu as donc oublié, Ambroise, qu'il y a ce soir une belle réunion chez ton collègue, Louis de Bourges, premier médecin du roi?

— Qui donc es-tu, démon, toi qui lis si bien nos noms sur nos visages?

— Ma science t'étonne, Paré? Ne vois-tu pas que je suis un magicien? Je parie de vous reconnaître et de vous nommer tous tant que vous êtes.

— Me connais-tu, moi? fit un des conjurés en ôtant son masque.

— Certes oui, je te connais, mon gai Marot. Madame Marguerite a trouvé charmants tes derniers vers.

La blanche colombelle..... belle, etc. (1).

— C'est le diable en personne ! J'ait fait ces vers avant-hier, et nul autre ne les connaît encore que Madame Marguerite.

— Et moi?

— Toi dans cette maison, joyeux Rabelais? Il est vrai que Rabelais est bien placé partout, excepté dans l'église. On prétend, maître François, que tu as fort maltraité le roi François dans ton dernier livre du Pentagruel. Ce ne serait pas bien, et le roi trouvera certainement un vengeur dans le cardinal Du Bellay (2). Le saint homme n'est pas méchant, il est vrai ; mais il trouve qu'il y a chez le curé de Meudon trop de paillardise et d'ivrognerie pour un homme d'Église. Or, le cher cardinal voudrait s'en réserver le monopole. Prends garde, Rabelais !

— Et moi?

— Je te salue, Jacques Amyot. Sais-tu bien que j'ai entendu dire que tu as bien grand tort de perdre ton temps à traduire les grands hommes des temps anciens, quand il n'en manque pas, Dieu merci, dans les temps modernes? Au lieu de Miltiade et Thémistocle, que ne choisis-tu Louis XII et François Ier?

De violents murmures interrompirent l'inconnu ; mais ces murmures furent eux-mêmes couverts par de sourdes rumeurs qui semblaient partir de la place. Calvin ouvrit la fenêtre, et, reculant d'horreur :

(1) *Poésies de Clément Marot.* Ces vers à *rimes* couronnées sont dédiés à Marguerite de Navarre.

(2) Jean du Bellay, prélat dont la jeunesse avait été orageuse, était du parti de Marguerite. Son influence sauva la vie à plusieurs réformés. Il fut aussi un de ceux qui décidèrent François Ier à fonder le collège de France. Rabelais lui fut longtemps attaché.

— C'est un bûcher! dit-il, un bûcher où vont bientôt monter deux malheureux que les gens du roi viennent de conduire.

— Un bûcher, dit à son tour l'inconnu en s'approchant de la fenêtre, non sans raser la muraille; mais oui! Ah! voici les condamnés : ce sont, Dieu me pardonne! Martin Alexandre, et Dollet Étienne, imprimeur-libraire, dont le roi a signé ce matin l'ordre d'exécution (1). Mais que nous importent les bûchers? Allons, mes amis, laissons brûler les hérétiques, et brûlons toujours notre vin. Faites-moi raison d'un second verre.

Il remplit un énorme gobelet, et le vida après avoir chanté le couplet suivant :

> Se plainct-on que les catholicques
> Essorillent les héréticques
> Ainsy qu'encens pour le Très-Hault.
> Las! sy les bailsers de ma dame
> De mon cueur désardent la flamme,
> Est-ce poinct là tout ce qu'il fault?

Quiconcque icy-bas, etc.

Les conjurés ne purent contenir leur indignation : ce

---

(1) Ces deux exécutions et toutes celles qu'on verra dans les paragraphes suivants sont historiques, et ont eu lieu sous le règne de François Ier. Seulement, pour présenter comme en une sorte de panorama les persécutions religieuses qui signalèrent ce triste règne, il a fallu resserrer les exécutions les plus importantes dans un moindre espace de temps et de lieu. La date et le quartier sont seuls quelquefois changés.

Étienne Dollet, imprimeur, passait pour être le fils de François Ier et d'une fille d'Orléans nommée Cureau; mais ce n'est qu'une probabilité appuyée sur le témoignage peu authentique de quelques historiens. Étienne Dollet était aussi un littérateur distingué; il nous reste encore de lui quelques hymnes. (*Mémoires et anecdotes des reines et régentes de France,* par Duradier.)

chant impie se mêlant au bruit du supplice, la lueur du bûcher éclairant cette scène de grossière orgie, tout, en un mot, concourait à rendre leur exaspération plus vive ; et les suites de cette exaspération auraient pu devenir funestes à l'inconnu, si Claude d'Espence n'avait contenu d'un geste ses compagnons.

— Tu fais preuve d'un bien mauvais cœur, jeune homme, toi qui chantes pendant qu'un homme souffre. Tu connais plusieurs d'entre nous ; il est juste que ceux-là te connaissent à leur tour. Or il faut pour cela que tu quittes ton masque : car, avec une voix si bien déguisée et une robe qui dissimule si complétement tes formes, tu pourrais bien rester et parler devant nous pendant vingt-quatre heures sans qu'il fût possible de t'appliquer un nom de chrétien.

— Eh bien, il faudra vous en passer, répondit le magicien : car je veux mourir de mort subite si je sépare volontairement ce masque de mon visage ; et je défie qui que ce soit de vous de l'en faire tomber de force... A moi, ma mie ; et vous tous, bonne nuit.

L'inconnu voulut gagner la porte ; mais Jean Calvin lui barra le passage en disant :

— Il n'est pas prudent de laisser sortir cet homme sans le connaître.

Une lutte allait s'engager, lorsqu'on entendit un grand fracas d'armes et de pas sur l'escalier. La porte, violemment poussée, s'ouvrit tout-à-coup, et l'on vit entrer, l'arquebuse au poing, une bande de gens armés, ayant à leur tête le lieutenant-criminel Morin.

XIV.

— Je vous arrête tous au nom du roi, cria cet homme

d'une voix tonnante, et vous somme de quitter vos masques ; toute résistance est inutile.

Tous les masques tombèrent, sauf ceux de l'inconnu et de la duchesse d'Étampes.

— Bonne prise! fit le lieutenant-criminel en promenant son regard sur ses prisonniers, dont presque tous portaient un nom suspect ; bonne prise, et qui réjouira fort messeigneurs Jean de Guize et Pierre Lizet. Mais toi, maraud, pourquoi vois-je encore ton masque sur ta face de païen?

— Pourquoi! demandes-tu? En premier lieu parce que tu me commandes au nom du roi, et que je ne reçois jamais d'ordre de la part du roi.

— Insolent!

— En second lieu, parce que je viens de jurer sur mon âme que ces messieurs ne verraient pas mon visage. Or, toi, Morin, si tu veux le voir, il faut que tu me suives dans ce cabinet.

— S'il ne faut que cela pour te contenter, c'est facile ; à ton aise.

— L'inconnu, la dame et le lieutenant-criminel entrèrent dans le cabinet, d'où ils ne sortirent qu'au bout de quelques minutes.

— Vous allez me suivre tous au Pilori des halles, dit Morin aux prisonniers ; et vous y passerez la nuit sous bonne garde, en attendant qu'on vous choisisse prison ou bûcher ; Mettez-vous deux à deux, et marchez droit sous l'escorte de mes gens d'armes.

— Marcher droit, répondit l'inconnu, c'est facile à dire, mais difficile à faire quand on se trouve dans ma position... Si vous voulez que je marche droit, lieutenant, vous ferez bien de prier un de vos soldats de me donner le bras.

— J'offre le mien à Votre.....

— L'inconnu reprit avec vivacité, et comme pour l'interrompre :

— J'accepte. Quant à ma dame, un de ces messieurs aura bien la galanterie d'être son chevalier jusqu'au Pilori. C'est à toi, Clément Marot...; non, j'aime mieux quelqu'un de sang noble, le duc d'Etampes, par exemple. Duc, voulez-vous avoir la bonté de me rendre ce service? Nous sommes tous deux à peu près dans le même état, avec cette seule différence que vous avez déjà cuvé votre vin, et que je suis en train de cuver le mien ; or, l'Evangile dit qu'il faut aider ses semblables : aidez-moi, mon cher duc, et prêtez votre bras à ma compagne.

Le duc, à peine éveillé, offrit machinalement son bras à la duchesse, qui ne put retenir un éclat de rire; et lui, qui ne se doutait guère qu'il servait de cavalier à sa femme, bâillait à se disloquer la mâchoire, et de temps en temps grattait son ventre, dont le vin bouillant avait roussi toute la peau.

XV.

Lorsqu'ils sortirent de la maison de la ribaude, on ne voyait plus, sur l'emplacement du bûcher, que des débris fumants, gardés par une sentinelle.

En traversant le parvis Notre-Dame, le cortége passa tout près d'un second bûcher.

— Qui brûle-t-on, lieutenant? demanda l'inconnu.

— C'est Louis de Berquin, gentilhomme du diocèse d'Amiens, condamné pour s'être permis de publier des ouvrages contraires aux doctrines de la Sorbonne. On a exigé de lui une rétractation qu'il a refusée, par suite de quoi le mécréant a été d'abord pendu, puis étranglé, et présentement est brûlé, pour être ses cendres jetées au vent.

En passant devant la place de Grève, ils virent un troisième bûcher.

— Qui brûle-t-on ici? demanda encore l'inconnu.

— C'est le chirurgien Jean Pointel, coupable d'hérésie au premier chef. La Chambre ardente a même été tellement frappée de l'énormité de son crime, qu'elle a ordonné que la langue du patient serait coupée avant que son corps fût brûlé vif.

En passant sur la place du Châtelet, ils rencontrèrent un quatrième bûcher.

— Qui brûle-t-on ici? demanda l'inconnu pour la troisième fois.

— C'est Claude Lepeintre, compagnon orfèvre du faubourg Saint-Marcel, lequel a donné asile à un de ses parents, suspect de luthéranisme. Il a été, pour ce, condamné à être brûlé vif et à avoir la langue percée, en vertu de l'ordonnance royale du 29 janvier 1535, enregistrée au parlement le 1er février suivant, ainsi conçue : « Tous « ceulx et celles qui *auroient recélé* ou recèleroient sciem- « ment les sectateurs de Luther, pour empescher qu'ils ne « fussent prins et appréhendés en justice, seront punis de « telles et semblables peines que lesdicts sectateurs (1). »

Ils arrivèrent ainsi au Pilori des halles, où le lieutenant les fit tous entasser dans une chambre basse, à l'exception de l'inconnu et de sa dame, qu'il fit placer à part, sur leur demande.

En ce moment le beffroi sonna minuit.

(1) Ce sont les propres termes de cette ordonnance, qu'on pourrait recommander aux méditations du préfet de police Gisquet. Pour mériter les honneurs de l'exhumation, rien ne lui manque, pas même la rétroactivité.

CHAPITRE III.

XVI.

Le lendemain, 22 mars 1547, trois hommes étaient réunis, à neuf heures du matin, dans une chambre du palais du roi. Ces trois hommes étaient : François Ier, roi de France; Jean de Guise, cardinal et chancelier, et Guillaume Parvi, prédicateur ordinaire et confesseur de François.

Ils paraissaient s'être livrés à une discussion longue et vive; et François, pâle et défait comme un lendemain d'orgie, semblait avoir hâte de la clore au plus vite.

— Quoi que vous décidiez, mes pères, disait-il, ne perdez pas de vue qu'il faut, de toute nécessité, que ces gens-là ne se doutent de rien. J'aurais trop à rougir s'ils venaient à savoir que l'homme ivre avec lequel ils ont trinqué dans une maison bordelière n'était autre que le roi de France. J'ai eu, Dieu merci, assez de peine à me cacher à leurs regards, lorsque ce maudit lieutenant-criminel, que Dieu confonde, est venu nous arrêter tous chez la ribaude, comme une couvée d'oiseaux dans le nid. Par bonheur j'ai pu me faire reconnaître secrètement par lui, ainsi que la duchesse; et je dois rendre à Morin cette justice, que, docile à ma recommandation, et pour éviter tout soupçon, il m'a fait marcher au pas au milieu de sa capture et sous l'escorte de ses gens, comme si j'eusse été un prisonnier véritable. Tout le long de la route, il nous a fait côtoyer tant de bûchers, que, rien qu'à les voir, la peau devait roussir à mes compagnons d'infortune. En arrivant au Pilori, j'avais même peur que la force de l'habitude lui fît oublier de me donner la clé des champs, sans que les autres s'en aperçussent. Mais il s'est adroitement tiré de son rôle, et vous aurez soin, cardinal, de lui faire compter de ma part quinze cents livres, à titre de gratification.

LE CARDINAL.

Merci pour lui, Sire; mais ce n'est pas là le plus pressé. Quel parti prendrons-nous décidément à l'égard de cette volée de conspirateurs luthériens? Que Votre Majesté réfléchisse bien que leur crime est double, crime de lèse-majesté divine, crime de lèse-majesté humaine. Leur qualité de protestants prouve le premier; le dernier est attesté par le rapport de la ribaude et par le propre témoignage de vos yeux et de vos oreilles.

FRANÇOIS.

Il est de fait que tant d'illustres hommes ne s'étaient pas réunis dans ce taudis de la place Maubert pour chanter les louanges du pape ou celles de François; et la manière dont ils ont parlé de moi en ma présence n'est guère propre à faire supposer qu'ils me portent une affection bien vive. Pour vous le dire en passant, cardinal, c'est une honte, quand j'y pense, une honte pour moi, roi de ce beau pays, d'avoir pour ennemis tout ce qu'il renferme d'hommes célèbres. Certes, pareille chose ne fût jamais arrivée, si j'avais écouté les conseils de Parvi et de ma sœur Marguerite, et non les vôtres, cardinal, et ceux de vos prédécesseurs Duprat et Tournon. Avec votre système de rigueurs salutaires et de compression violente, vous avez transformé Paris en une vaste prison d'où l'on ne sort plus qu'avec un confesseur à sa droite, et à sa gauche un bourreau. Ce n'est pas de l'administration que vous faites, c'est de la boucherie. Je ne m'étonne pas que je leur sois odieux, car lorsqu'il m'arrive de méditer sur ces terribles choses, je me suis odieux à moi-même. Je ne puis, sans frémir, lire dans ma conscience. Or, je n'y lis que trop souvent et que trop bien, dans cette conscience éclairée qu'elle est par la flamme inextinguible de vos bûchers.

LE CARDINAL.

Sire, la bonté de votre cœur vous rend injuste envers votre fidèle sujet. Cette haine qui, loin d'être générale, est circonscrite en quelques douzaines de mécréants, ne provient pas seulement, comme vous affectez de le croire, des exécutions religieuses qu'a multipliées la politique de Duprat, politique sage et prudente, selon moi, puisque je m'en suis constitué le légataire et le continuateur. Croyez-vous que l'énormité des impôts, l'institution de la loterie, la vénalité des charges, y soient totalement étrangères? Or, est-ce moi qui mets le trésor à sec pour solder de folles dépenses et payer avec des tonnes d'or les faveurs d'une maîtresse? Est-ce Duprat qui a commis les *Noces salées*? Est-ce Tournon qui a mis le surintendant des finances dans l'obligation d'inventer mille combinaisons nouvelles, à l'effet de pourvoir à des besoins de luxe et de débauche toujours croissants?

(François ne répondit rien.)

PARVI.

A quoi bon ces récriminations? Laissons le passé pour ce qu'il est; ne nous occupons que du présent et de l'avenir. Votre lieutenant-criminel, Sire, a fait une râfle d'une douzaine de prétendus hérétiques et conspirateurs. Quel parti devons-nous prendre à cet égard? voilà la seule question.

LE CARDINAL.

Il n'y a pas deux partis possibles. Nous avons des lois qui condamnent les luthériens, des lois qui condamnent les conspirateurs, et des juges pour appliquer ces lois. Il faut leur livrer les criminels, en leur recommandant d'en faire, pour l'exemple, bonne et prompte justice.

PARVI.

Oui ; mais si nous avons des lois contre les conspirateurs, nous avons aussi une raison qui nous dit qu'il faut ne condamner en ces matières que sur l'évidence la plus complète, et quelquefois même fermer les yeux sur cette évidence. Il est telles conspirations pour lesquelles le secret importe plus encore au pouvoir menacé qu'aux conjurés eux-mêmes. Et croyez-vous, par exemple, qu'il serait bien glorieux pour le règne de notre maître qu'on sût par toute la France et à l'étranger que les premières notabilités de son royaume se sont réunies, pour conspirer contre son pouvoir, dans un mauvais lieu de la place Maubert? Croyez-moi, cardinal, il est des conjurations et des insurrections qui doivent être moins une occasion de vengeance et de sévices contre leurs auteurs, que de sage réflexion et de récipissence de la part des gouvernements qui les ont provoquées. Oui, vous dirai-je encore, nous avons des lois contre les hérétiques ; mais nous avons aussi une loi évangélique qui nous dit que la violence est un mauvais moyen de persuasion, et que ceux qui tirent l'épée s'exposent à périr par l'épée. Eh pour Dieu ! l'on ne m'accusera pas de n'être point un fervent catholique et un fidèle serviteur de notre saint père le pape : eh bien ! je le déclare dans la sincérité de mon âme, une doctrine qui, comme celle de Calvin, fait impression sur tant de bons esprits, égarés selon moi, mais dont on ne peut nier les lumières, cette doctrine mérite qu'on la combatte autrement qu'avec des arrêts et des bûchers. Laissez faire vos prédicateurs : si la doctrine est mauvaise, elle périra bien sans vos geôliers et vos bourreaux ; si au contraire elle est bonne et utile, elle puisera dans vos sévices une vitalité nouvelle.

FRANÇOIS.

Ce que dit notre confesseur est d'une grande justesse, et je ne vois pas en effet que mes ordonnances et vos Chambres ardentes aient beaucoup ralenti jusqu'à présent les progrès du luthéranisme. Il en est de cela comme de mes décrets pour la censure et contre l'imprimerie, lesquels n'ont pas empêché d'imprimer comme par le passé. Seulement, au lieu d'imprimer en public, on imprime en secret, ce qui nous a forcés d'élever des bûchers pour les imprimeurs et les gens de lettres, à côté des bûchers dressés pour les hérétiques. Tenez, tenez, mes pères, je commence à croire que je suis né trop tôt ou trop tard. Je ne vaux rien dans ces luttes civiles, où, pour jouer un rôle, la conviction est un devoir et l'énergie une vertu. Je n'ai, moi, ni conviction ni énergie, mauvais luthérien dans ma jeunesse, mauvais catholique dans mon âge mûr, il ne me sied pas plus de persécuter les luthériens au nom du catholicisme qu'il ne me siérait de me mettre en avant pour venger le luthéranisme des persécutions du catholicisme. Je suis homme de plaisir, et non pas homme de parti ; et si Dieu m'avait octroyé la grâce de me faire naître bourgeois au lieu de m'ouvrir les yeux à l'ombre d'un trône, j'aurais été — en guerre, un bon capitaine, — en paix, un aimable coureur d'aventures. Mais dès le moment que la Providence voulait me charger de ce bât doré qu'on nomme royauté, il fallait qu'elle me jetât dans un siècle de calme intérieur et de guerre lointaine, comme les Croisades, par exemple : alors j'aurais été un héros peut-être, parce que je sais diriger une armée et me battre vaillamment à sa tête; un grand monarque, à coup sûr, parce que je comprends et cultive moi-même les sciences, les arts et les lettres, qui font le bonheur des hommes et la gloire des empires. Au lieu de cela, quel fruit retiré-je de ma position, telle que les circonstances ou vos conseils me l'on faite? A la place d'une guerre loyale et brave, comme il m'en fallait, je frappe des amis, des gens qui n'ont que le tort d'être ce que je fus moi-même autrefois. A la place de cette grande et munificente protection que mon intérêt et mes goûts personnels me commandaient d'accorder aux savants et aux artistes, je proscris, je brûle les hommes, et brise les instruments. Tout ceci me fait honte, mes pères; et le ciel aurait dû me départir — ou plus de fermeté, afin que je fisse le mal avec persévérance, au lieu de le laisser faire; — ou plus d'ignorance, afin que je n'en comprisse pas si bien toute l'étendue. Il est déplorable qu'un homme comme moi soit réduit à se dire, pour peu qu'il veuille creuser dans son for intérieur : « Dans la vie bourgeoise je me serais ruiné, mais j'aurais été un bon vivant, un franc camarade; sur le trône, je ruine le peuple, et je ne suis qu'un détestable roi. »

PARVI ET LE CARDINAL.

Oh! Sire...

FRANÇOIS.

Ne me démentez pas; vous me connaissez tous deux aussi bien que je me connais moi-même. Or je me connais bien, moi, surtout un lendemain d'ivresse et de folie. Tenez, mes pères, un homme dans l'état où je suis, fatigué d'excès, l'œil terne, la tête pesante; un homme qui, comme moi, se réveille de son anéantissement passager, après une orgie où sa bouche n'a pas quitté de vingt-quatre heures les bords d'un verre ou les lèvres d'une femme, cet homme ne saurait s'ignorer : car toute illusion menteuse se dissipe avec les fumées du vin, et l'intelligence se fortifie toujours de l'abattement du corps.

LE CARDINAL.

Votre Majesté parle tolérance et morale après boire aussi bien pour le moins que mon vénérable frère Guillaume Parvi ; mais, encore une fois, il s'agit de décider du sort de douze criminels. Tous sont hommes de lettres et luthériens. A ces deux titres nous les poursuivions en détail ; ne sommes-nous pas trop heureux qu'un coup de filet nous les livre en masse, arrêtés en flagrant délit de conspiration ?

FRANÇOIS.

Eh bien, nous verrons cela tout à l'heure, après la grande procession, pour laquelle on viendra sans doute me chercher bientôt.

LE CARDINAL.

Sire, me permettrez-vous, de vous faire remarquer qu'il serait bon de se décider avant la procession. Nous y trouverons le légat de Sa Sainteté le pape Paul III, à qui, sans nul doute, il serait agréable d'apprendre que Votre Majesté n'a pas plus faibli dans cette circonstance que dans les autres. Vous le savez, sire, le pape se plaint toujours que vous ne comprimiez pas assez énergiquement la réforme ; et s'il tolère que votre sœur Marguerite professe publiquement le luthéranisme à votre cour, il a droit d'exiger, par compensation, que vous ne ménagiez pas les coupables subalternes.

FRANÇOIS.

Le pape m'ennuie, je vous le dis entre nous. De quoi

se mêle-t-il? Il mériterait bien vraiment que je fisse en France ce que Henri VIII vient de faire en Angleterre, que je me déclarasse seul chef de l'Eglise, à son exclusion (1). (*Souriant.*) Si je ne le fais pas, c'est seulement pour deux motifs : en premier lieu, parce que j'ai déjà bien assez d'embarras comme cela, sans aller en faire naître d'autres; en second lieu, parce que j'espère, comme vous l'espérez vous-même, cardinal, que vous deviendrez bientôt pape. Alors Rome au pouvoir d'un ami ne me donnera plus d'inquiétude.

LE CARDINAL.

Quoique vous en parliez en riant, c'est quelque chose de très-sérieux, sire : je puis avoir des chances pour succéder à Paul III, que Dieu conserve pour le bonheur de la chrétienté !

FRANÇOIS.

Et pour le placement lucratif de ses sœurs et nièces. Si j'avais été en fonds, il y a quelques années, je l'aurais prié de m'expédier, avec une quittance, sa fille Constance, cette perle d'Italie, qu'il a jetée, un peu tarée il est vrai, devant le groin de ce pourceau de Sforze (2).

(1) La rupture de Henri VIII avec le pape est un des événements les plus graves de ce siècle. Henri VIII, après avoir violemment persécuté le schisme luthérien au nom de l'Église romaine, s'adressa au pape pour faire prononcer son divorce avec Charles-Quint, et autoriser son mariage avec Anne de Baylen. Le pape refusa, et ce fut alors que, dans sa colère, Henri VIII se proclama seul chef de l'Église anglicane, en 1530-1531. C'est ainsi que la mesure qui a porté la plus grave atteinte à la puissance pontificale a dépendu du caprice d'un roi pour une femme; et quelle femme !

(2) Alexandre Farnèse parvint au saint siège en 1534, sous le nom de Paul III. Ce pape ordurier n'a de pendant dans l'histoire qu'Alexandre VI, son prédécesseur. Il commença sa fortune en livrant à la luxure d'Alexandre VI sa sœur, dont il était lui-même

LE CARDINAL.

Si le légat de Sa Sainteté vous entendait parler ainsi, vous seriez déjà brouillé avec Rome ; mais vous le serez bien plus sûrement si vous faites grâce aux douze mécréants...

PARVI.

Agir sous l'influence de l'étranger est un déshonneur pour un roi de France. Et d'ailleurs, sire, si vous mécontentez le Vatican en faisant grâce à ces gens-là, vous mécontentez aussi l'Allemagne en les frappant. Vous savez ce qu'elle pense de ces exécutions incessantes ; et le refus qu'a fait le savant Mélancthon de venir à votre cour, où vous l'appeliez par une lettre autographe, vous indique assez quelle opinion l'on a de votre système, de l'autre côté du Rhin. Mais, encore une fois, ce n'est point là ce qui doit vous déterminer. Songez plutôt au dedans qu'au dehors ; songez que votre bonne sœur, auteur et protestante, verse d'amères larmes toutes les fois que vous frappez un littérateur et un protestant. Que dira-t-elle, que diront Guillaume Budé, Du Bellay, et leur parti, s'ils apprennent le danger qui menace tant de nobles têtes ? Sire, la nature met plus d'un siècle à produire des hommes tels que Clément Marot, Ambroise Paré, Jacques Amyot, François Rabelais et Jean Calvin. Ne les détruisez pas en un seul jour.

---

l'amant avoué. Marié secrètement avec une dame de Bologne, il en eut une fille, nommée Constance, qui devint sa concubine, et qu'il vendit plus tard à un Sforze, qu'il fit bientôt périr. C'est cette Constance dont parle François I er. On accuse aussi Paul III d'avoir empoisonné sa mère. (Voir Eustache Vignon et Llorente, *Portraits politiques des papes.*)

LE CARDINAL.

Sire, ne perdez pas de vue qu'en faisant grâce vous vous aliénez Pierre Lizet et le parlement. Si vous payez ainsi le dévouement de vos fidèles serviteurs, quel appui vous restera contre l'impiété et l'anarchie?

FRANÇOIS.

Rome et l'Allemagne! le parlement et ma sœur! A qui croire? auquel entendre? Sur mon âme, il y a de quoi devenir fou. Vive la guerre, morbleu! A la guerre, avec ma seule volonté, je fais tuer cinquante mille homme; ici, je ne peux pas même disposer de douze mécréants, sans que le Nord et le Midi, sans que la robe et la cour viennent se jeter à la traverse! Eh bien! vous allez savoir à quoi je me décide. Passez-moi la liste des prisonniers. (*Le cardinal lui présente un papier.*) Et d'abord, j'en fais trois parts.

La première, c'est la mienne. Elle se compose de deux noms seulement : *Ambroise Paré.* Nul ne touchera cet homme de mon vivant. Il est habile dans l'art de guérir certaines maladies, plus habile dans l'art de guérir certaines maladies, plus habile même que mon premier médecin Louis de Bourges. Or, François Ier ne peut pas plus se passer de Paré pour vivre sain, que de femmes pour vivre heureux. — *Le duc d'Etampes.* Vous comprenez, mes pères, qu'il y aurait cas de meurtre à sévir contre ce gros animal. Il est la proie du premier venu qui veut le faire boire; et les conspirateurs le mènent ivre à leurs conciliabules, comme les sorcières le mèneraient au sabbat à cheval sur un manche à balai. D'ailleurs, s'il a commis quelque mal, il en est suffisamment puni par celui que je lui ai fait au ventre, avec mon verre de vin chaud. Il a été roussi par le vin, qu'il ne le soit point par le bûcher : *non bis in idem.* De plus, le cher homme a conduit sa femme depuis la place Maubert jusqu'au Pilori avec une galanterie et une complaisance qui méritent bien quelques égards.

La seconde part, c'est celle de l'Allemagne, de ma bonne sœur, la vôtre aussi, Guillaume Parvi. Elle se compose de ceux qui se sont fait un nom par leurs travaux littéraires ou scientifiques, et qui ont ainsi des titres à l'amitié de ma sœur et à ma royale indulgence. Ce sont Marot, Amyot, d'Espence, Gringoire, les frères Maigret, Rabelais et Calvin.

La troisième part est celle de Rome, du parlement, la vôtre aussi, cardinal. Elle se compose de tout le reste de ce que vous appelez les conjurés, de la plèbe obscure, de ceux enfin que je n'ai pu connaître à visage découvert, et dont je marque sur cette liste les noms d'une croix rouge.

(En prononçant ces mots, François traçait en effet une ligne rouge sur les noms de Barthélemy Milon, Nicolas Valeton, Jean Dubourg, Estienne Delaforge et Antoine Poile.)

Quant à ma part, j'exige qu'elle soit mise en liberté sur-le-champ.

Quant à la part de Parvi, celle de la clémence, je demande qu'elle soit conduite à l'évêché, où j'ai promis, à l'issue de la procession, de tenir une audience solennelle. Cette audience servira de leçon à ces têtes opiniâtres ; après quoi j'en disposerai à ma guise, prenant toutefois l'engagement de leur laisser la vie sauve.

Quant à la part du cardinal, celle de la rigueur, qu'il en use comme bon lui semblera.

LE CARDINAL.

Ce sera bientôt fait. Ils passeront aujourd'hui même devant la commission que la Chambre ardente a établie en permanence; et j'ose croire que la part de la rigueur ne sera pas inutile à la leçon que Votre Majesté prépare pour la part de la clémence.

FRANÇOIS.

Serez-vous contents, maintenant? Pour avoir la paix avec vous deux, je ne puis mieux faire que de vous accorder — un peu de ce que vous exigez, cardinal; — un peu de ce que vous demandez, mon père.

Que si Guillaume Parvi était fâché de ne pas tout obtenir, je lui rappellerais qu'aujourd'hui même, sur sa requête, je viens de permettre l'impression du livre d'heures traduit par ma sœur Marguerite (1.)

Que si le cardinal de Lorraine m'en voulait de ce que je n'ai pas fait droit à sa réquisition tout entière, je lui rappellerais que, sur ses vives instances, j'ai consenti sans difficulté à suivre aujourd'hui même, de ma personne, la grande procession instituée pour demander à la justice divine l'extinction de l'hérésie luthérienne, la dite procession suivie d'une audience ayant pour but d'ordonner la même extinction à la justice humaine. Ce que je vous ai promis, je suis prêt à le faire; et pourtant, c'est un grand sacrifice, car du diable si je n'ai pas plutôt envie d'aller en ce moment me coucher dans un lit bien chaud, que d'aller chanter des psaumes derrière une châsse, tout le long des rues de Paris.

Mais, de grâce, mes pères, je vous le répète, que tous ces gens-là, les graciés comme les condamnés, ne se dou-

---

(1) Il fallut en effet une décision spéciale du roi pour autoriser l'impression du *Miroir de l'âme pécheresse*, ouvrage en vers de Marguerite de Navarre. Le crédit de Guillaume Parvi put seul venir à bout des scrupules de François; encore ce livre, malgré l'autorisation royale, excita-t-il la colère des docteurs de la Sorbonne, qui prodiguèrent les outrages à la sœur du roi.

tent point que le magicien de la place Maubert était François I*er* ! Il n'y a que trois hommes qui doivent le savoir : le lieutenant-criminel Morin, dont j'ai acheté la discrétion, le cardinal de Lorraine et Guillaume Parvi. Des deux derniers, l'un aurait dû l'apprendre tôt ou tard, puisqu'il est mon confesseur; et peu m'importe que l'autre en soit instruit, car je ne tiens pas beaucoup à son estime. Soit dit sans vous offenser, mon cher cardinal. Je vous crois bien du bois dont on fait en ce temps-ci les papes, mais non pas encore de celui dont on fait les honnêtes gens ; ça viendra peut-être plus tard.

Sur ce, je vous prie de me laisser en repos jusqu'à l'heure de la procession, car je veux m'occuper à mettre au net une gentille chanson que j'ai faite hier de mémoire, en l'honneur de la duchesse Anne, et que j'ai chantée, je crois, dans cette maudite maison de ribaudes. Allez ; Dieu vous garde, mes pères !

Les prêtres sortirent, contents tous deux, l'un d'avoir sauvé quelques victimes, l'autre de pouvoir expédier à son ami le président une demi-douzaine de malheureux à condamner séance tenante.

XVII.

La procession dont il a été si souvent question dans le paragraphe qui précède était moins une affaire de culte qu'une affaire de politique. Le cardinal de Lorraine, mécontent de voir que l'influence de Marguerite de Navarre et de Guillaume Parvi enlevait un grand nombre de victimes aux persécutions haineuses de la papauté, avait résolu de frapper un grand coup, et de compromettre tellement le roi avec le parti catholique, que toutes relations fussent désormais rompues entre sa personne et le parti luthérien, c'est-à-dire entre François et Marguerite de Navarre, sa sœur, qui représentait ce parti à la cour de France et dans l'intimité de la famille royale.

Tel avait été, jusqu'à ce jour, le but constant des efforts des cardinaux Duprat, de Tournon et de Lorraine, agents dévoués de la cour de Rome. Pour arriver à ce but, ils avaient tous trois successivement fait proscrire les écrivains dont l'esprit éclairé et le jugement mûri par l'étude sympathisaient vivement avec les idées de la réforme nouvelle. Ils avaient été aussi les moteurs des ordonnances prohibitives contre l'imprimerie, qui, presque à son berceau, s'était faite l'instrument actif de la propagande protestante.

Mais ce n'était point encore là ce qu'il fallait au parti catholique et à la cour de Rome. Ils voulaient *en finir* avec les luthériens, comme plus tard Richelieu crut en finir avec eux par le siége de la Rochelle. Or, ces petites persécutions de détail ne servaient qu'à donner aux bûchers leur pâture quotidienne, sans avancer beaucoup les affaires du catholicisme romain. C'était une proscription en masse que le Vatican demandait; et, las de cette guerre d'escarmouche, qui ne tournait pas toujours à son profit, bien que lui seul fît des prisonniers, il voulait enfin livrer la bataille.

Par malheur, il était aussi difficile d'amener à cette extrémité François, dont le caractère faible et indécis répugnait aux résolutions énergiques et violentes, qu'il eût été facile de le fourvoyer dans une guerre extérieure, qui, après la vie oisive et fastueuse de la cour, était son meilleur, son plus vital élément. Un homme adroit et insinuant comme l'avait été Duprat et comme l'était le cardinal de Lorraine pouvait obtenir beaucoup de François ; mais une caresse fraternelle de Marguerite ou une austère admonestation de Parvi détruisait, au bout de quelques minutes, l'ouvrage du cardinal.

C'est dans cette situation que Jean de Guise avait imaginé d'organiser une procession solennelle, dont le but patent était de demander à Dieu l'extinction du protestantisme, mais dont le but réel était de mettre le roi dans la nécessité de se prononcer en présence des grands corps de l'État, qui tous avaient été convoqués pour la cérémonie.

Ce moyen était d'autant mieux choisi, que Marguerite, dont la tolérance était exemplaire, et Guillaume Parvi, qui était aussi bon catholique qu'honnête homme, ne pouvaient pas s'opposer à cette fête, toute religieuse en apparence. Quant au roi, il n'avait pas été difficile de le déterminer à paraître en personne à la procession, d'abord parce qu'il n'avait aucune raison de s'en méfier, ensuite parce qu'il était extrêmement friand de toutes les parades qui lui fournissaient l'occasion d'étaler en public sa majesté royale.

Nous saurons bientôt si Jean de Guise avait bien calculé (1).

XVIII.

Vous ne vous attendez pas sans doute à ce que je vous donne une description exacte de cette procession, à l'instar des historiens Théodore de Bèze et Félibien, à qui je vous

(1) Cette procession eut lieu réellement le 21 janvier 1535. L'exactitude historique ordonne donc de reporter tout le mérite de l'invention sur le chancelier Duprat.

renvoie, si vous désirez de minutieux détails. Qu'il vous suffise de savoir que jamais le clergé de Paris n'avait déployé plus de luxe, de pompe et de magnificence. C'était de bonne tactique. Le catholicisme romain se posait, ce jour-là au sein de Paris, sa plus importante succursale, dans toute sa puissance civile, politique et religieuse. Cet éclat avait un double but : en premier lieu celui d'agir sur l'esprit du monarque, qui se laissait facilement éblouir par ces vains étalages de magnificence extérieure ; en second lieu, celui de raviver l'énergie des catholiques par la contemplation de leurs forces, tout en imprimant aux luthériens ce qu'on appelait déjà, au XVIe siècle, une terreur salutaire.

Pendant que la procession défile sur les quais pour se rendre à Notre-Dame, où le prélat doit officier, nous allons devancer le cortège, et nous installer, pour l'attendre, dans une salle de l'évêché.

XIX.

Dans cette salle étaient réunies sept hommes, c'est-à-dire les six conjurés de la veille, dont François avait fait la part de l'indulgence, plus l'avocat Féron.

— Où diable vient-on de nous conduire? disait Clément Marot. Lorsqu'on est venu nous prendre dans cette infernale cave du Pilori, où la vermine nous aurait empêchés de dormir, pour peu que nous en eussions eu envie, nous avons cru qu'on allait nous conduire en prison ou devant le parlement. Point : on nous sépare, à la porte du Pilori, de nos cinq compagnons amenés hier par Calvin, et que Calvin demande vainement la permission de suivre. On leur fait prendre une rue, pendant que nous en prenons une autre. Ils arriveront, eux, je ne sais où ; et nous voici, nous, à l'évêché, où, Dieu me damne, nous sommes aussi déplacés qu'un chien à la messe. Qu'en dis-tu, Féron?

FÉRON.

Je ne sais pas ce qu'on peut vouloir faire de vous ici : je suppose, toutefois, qu'on vous destine un rôle dans la comédie politico-religieuse qui sera jouée en la grande salle de cet évêché, à l'issue de la procession, et au bénéfice des enragés catholiques.

MAROT.

C'est donc en vue de cette procession qu'on a couvert tous les murs de la place de magnifiques tentures de drap.

FÉRON.

Depuis le Louvre jusqu'à Notre-Dame, les rues sont ainsi tapissées.

CALVIN.

C'est peut-être avec le drap qu'ils ont pillé dans la boutique de notre compagnon Dubourg.

FRÉRON.

N'importe ! j'ai bon espoir pour vous, mes amis : car, si quelque danger menaçait votre vie, on ne vous aurait pas probablement conduits ici. De plus, une circonstance qui me fait bien augurer des intentions du roi à votre égard, c'est que l'escorte qui vous garde n'a fait aucune difficulté pour me laisser pénétrer jusqu'à vous.

MAROT.

Tant mieux : dans ce moment critique, c'est d'un avocat que nous avons le plus besoin. Mais j'y pense, peux-tu nous donner des nouvelles d'Ambroise Paré et du gros duc qu'on a laissés dans la cave du Pilori?

FÉRON.

Je n'ai rien appris; mais silence! voici la tête de la procession. Quoi qu'il arrive, conduisez-vous avec prudence; tâchez de sauver votre vie, ne fût-ce que pour jouir de la vengeance que je vous ai promise et que je vous prépare. Elle sera prompte : ne la manquez donc pas de quelques jours.

MAROT.

Ta vengeance, mon pauvre Féron, ne me paraît guère mieux assurée que nos têtes.

XX.

En ce moment, la procession débouchait sous les fenêtres de l'évêché.

— Pasque-Dieu! s'écria Marot, ils ont fait grandement les choses. Le clergé de toutes les églises de Paris! ce n'est pas souvent qu'il se rassemble pour une procession.

— Toutes les écoles y sont, dit à son tour Calvin; troupeau domestique que les maîtres conduisent là comme dans la salle d'étude. La procession est pour eux l'équivalent d'un pensum.

— Tous les officiers de la cour! dit Rabelais; quelles riches broderies! Ils font presque autant d'effet au milieu de cette procession, que la bannière d'étoffe d'or de l'abbaye Saint-Germain-des-Prés.

— Au tour du parlement, ajouta Féron! Voyez monseigneur Pierre de Lizet, dont un sergent porte la queue, et monseigneur le lieutenant-criminel Morin! Celui-là ne se fait pas porter la queue; mais, en revanche, il s'entend merveilleusement à tirer le diable par la sienne.

— Voici maintenant les évêques et cardinaux, dit Claude d'Espence. Mais que vois-je! le cardinal Chatillon est parmi eux! Jamais il n'a eu l'air d'un plus fervent catholique que depuis qu'il a cessé de l'être (1).

— Voici, dit Amyot, les deux châsses de saint Marcel et de sainte Geneviève : c'est la première fois qu'on les voit réunies. Il en est de même pour la couronne d'épines que j'aperçois dans son reliquaire entre les mains de ce gros diacre.

— Est-ce, demanda Marot en souriant, celle de Saint-Denis ou celle de la Sainte-Chapelle (2)?

— Il paraît, continua Claude d'Espence, que nous aurons abondance de reliques. Voici la *verge d'Aaron*, les *tables de Moïse*, le *sang de Jésus-Christ*, le *fer de la sainte lance*, le *lait de la Vierge*, etc., etc.

— Pouah! pouah! fit Calvin. Si ma conscience ne m'avait pas déjà fait bon protestant, il aurait suffi de toutes ces drogues pour me dégoûter à jamais du schisme papal. Mais voici le roi, et, par derrière, les gens du peuple, chacun avec une torche allumée en plein jour. Les imbéciles s'imaginent-ils voir plus clair pour cela?

Calvin finissait à peine cette phrase, que des centaines

---

(1) Odet de Coligny, cardinal de Chatillon, évêque de Beauvais, appartenait au parti de la réforme; ce qui ne l'empêcha pas d'assister à la procession du 21 janvier 1535. Rabelais lui a dédié l'un des chapitres de *Pentagruel*, et ce n'est pas le plus décent.

(2) Outre ces deux couronnes d'épines, il en était encore plusieurs en divers autres lieux. Cherchez la bonne, si vous pouvez.

Au reste tous les détails descriptifs de cette procession sont historiques. —Voir Félibien.

d'oiseaux, qu'on venait de lâcher au milieu du cortége, s'envolèrent dans toutes les directions. L'un d'eux s'abattit dans la salle où se trouvaient les prisonniers, qui le saisirent, et lurent sur un papier attaché à sa patte : *Ipsi peribunt, tu autem permanebis.*

— Ceci, dit Marot, n'exprime rien de bon pour nous, et ces oiseaux m'ont tout l'air de greffiers au parlement qui viennent nous signifier notre arrêt de mort (1)...

Quelques instants après, le chef de l'escorte vint avertir les prisonniers qu'il leur était permis de passer dans la grande salle, où le roi se disposait à recevoir les évêques et le parlement.

XXI.

Lorsqu'ils entrèrent dans la salle, encombrée déjà de courtisans et d'hommes du peuple, François était assis sur un fauteuil surmonté d'un dais. Il avait à sa droite le cardinal de Lorraine, et Guillaume Parvi à sa gauche. Dans les groupes disposés autour du trône, on remarquait le duc d'Etampes et Ambroise Paré.

Sur un signe du roi, l'abbé de Saint-Germain-des-Prés s'avança jusqu'au pied du trône, s'inclina, puis lut debout les phrases qui suivent :

« Sire, le clergé de France me charge de vous remercier de vos bons et religieux efforts pour l'extirpation de l'hérésie. Ils ont assuré la gloire de votre règne, et, ce qui vaut mieux encore, votre participation future à la gloire éternelle que Dieu dispense à ses élus.

---

(1) Cette circonstance est relatée dans les *Registres du parlement*, au 21 janvier 1734-1735.

« Mais, sire, ces efforts tourneraient à votre confusion, comme à celle de l'Eglise, s'ils ne devaient pas être couronnés d'un succès prompt et immédiat. Or, c'est ce qui ne paraît pas près d'arriver. L'hérésie fait chaque jour des progrès nouveaux. Elle traduit en langue profane les saintes Ecritures, que Dieu avait bien ses raisons sans doute pour dicter en langue ancienne. Elle insulte à nos cérémonies sacrées, et elle outrage publiquement jusqu'aux images de nos saints. Dernièrement, la statue de pierre, représentant la Vierge Marie, située au coin des rues des Rosiers et des Juifs, a été mutilée; et, dans ce carnaval, les divins mystères ont été l'objet d'une mascarade impie. Ce sont autant de bravades contre votre autorité, sire, contre cette autorité qu'un roi ne laisse jamais impunément avilir.

« Pourquoi poursuivez-vous les protestants? c'est pour anéantir le protestantisme. Mais si le protestantisme, au lieu d'être anéanti, devient plus florissant que jamais, il sera évident que vous êtes un monarque sans puissance, que vous vous êtes attaqué à plus fort que vous; et vous serez déconsidéré dans le premier élément du pouvoir royal, la force.

« Ou, si votre puissance est tellement patente qu'il soit impossible de la nier, on dira ce que disent partout vos ennemis : François Ier pourrait bien abattre le luthéranisme; mais il ne le veut pas, ou il ne l'ose pas. Il est lui-même un peu infecté d'hérésie, à telle enseigne que la personne de sa famille qu'il affectionne le plus, c'est sa sœur, qui est luthérienne. D'ailleurs, en frappant avec énergie, il craindrait d'indisposer les princes luthériens d'Allemagne, dont il tient, et pour cause, à conserver les bonnes grâces..... »

François Ier se leva brusquement. Lorsqu'il était entré dans la grande salle, les cérémonies de la journée avaient déjà placé son âme sous l'influence catholique. Aussi ce discours, habilement rédigé dans le but de piquer son amour-propre, n'eut-il pas de peine à produire l'effet que ses auteurs s'en étaient promis.

— Par mon âme! dit le roi avec un accent de vive colère, ceux qui prétendent cela sont des imposteurs, que je voudrais bien connaître, pour les châtier comme ils le méritent. Ah! ah! messieurs les luthériens disent que je suis des leurs, que François 1er n'a pas de puissance, et que le roi de France a peur de l'Allemagne! Ils en ont menti, les chiens, et je saurai bien le leur prouver. Approchez, monsieur le président, approchez : nous vous l'ordonnons.

Pierre Lizet s'approcha, et mit un genou en terre devant le trône.

— Avez-vous entendu ce que vient de dire ce digne prélat, que nous remercions, du reste, de nous avoir rapporté les mauvais propos tenus contre notre royale personne? Monsieur le président, il faut que cela ait une fin; il faut, pour l'honneur de notre règne, que nous venions à bout des protestants. C'est à vous et à l'illustre corps que vous présidez qu'il appartient de nous délivrer de ce fléau. Je vous recommande la plus grande énergie dans l'exercice de vos fonctions.

— Sire, répondit le président Lizet, le parlement n'a jamais oublié ce qu'il doit à l'intérêt de votre trône, et à celui de la sainte religion catholique, apostolique et romaine. Depuis la promulgation de vos décrets et ordonnances, il ne s'est point passé de jour sans qu'il ait condamné pour le moins un luthérien, ou un homme de lettres; et, au moment où je vous parle, sa commission, siégeant en permanence, vient d'en condamner cinq à la fois. Pendant que le parlement de Paris fait ainsi son devoir, il reçoit les meilleurs rapports des parlements de province. Celui d'Aix, entre autres, a fait raser les deux villages de Cabrières et de Mérindol, et passer par les armes les habitants de tout sexe et de tout âge (1). La Chambre ardente de Meaux a aussi condamné, le même jour, à divers supplices, cinquante habitants, dont quatorze ont été brûlés vifs (2). Votre majesté voit donc qu'on ne saurait adresser des reproches aux parlements, et qu'ils frapperont toujours l'hérésie, sans crainte ni relâche. Plaise à Dieu que les influences irréligieuses qui travaillent en certain lieu ne viennent pas entraver leur bon et patriotique dessein !

— Foi de gentilhomme, répondit François, toujours en proie à l'exaspération la plus violente, agissez avec vigueur, et ne vous inquiétez pas du reste. Le protestantisme sera détruit, dût ma sœur en mourir de chagrin ! Si mon bras était infecté de ce poison, je me le couperais moi-même tout de suite; et si mes propres enfants s'écartaient de la voie catholique, je serais le premier à les immoler (3). Maintenant, Dieu vous garde ! Nous voulons être seuls.

La salle fut aussitôt évacuée, et il n'y resta plus que le roi; le cardinal de Lorraine, dont le visage était rayonnant; Guillaume Parvi, morne et silencieux, et les six prisonniers, avec Féron, et Ambroise Paré, qui, pendant les

---

(1) L'épouvantable dévastation des villages de Cabrières et de Mérindol est une des taches les plus ineffaçables du règne de François Ier. Cette atroce expédition *d'ordre religieux* ne trouve pas de pendant dans l'histoire de France, pas même au milieu des massacres de la Saint-Barthélemy : *l'ordre public* du 9 août s'est chargé, toute proportion gardée, de suppléer à cette lacune.

(2) Historique. — Voir les registres manuscrits de la Tournelle criminelle.

(3) François Ier, selon Théodore de Bèze, prononça textuellement ces paroles dans l'audience qui suivit la procession du 21 janvier 1535.

discours de l'audience, avait trouvé moyen de se rapprocher de ses amis.

XXII.

A l'issue de cette scène, dont la signification n'était rien moins que rassurante pour eux, les conjurés s'attendaient à se voir immédiatement livrés à la Chambre ardente, et ils ne pouvaient s'expliquer dans quel but on les laissait ainsi en présence de François et de ses deux conseillers. Toutefois ils envisageaient sans crainte la triste perspective qui se présentait devant eux, et ne paraissaient point abattus à l'idée du supplice qui, dans leurs prévisions, ne pouvait manquer de les attendre. Leur contenance était ferme, leur regard assuré. Féron seul paraissait inquiet et tremblant.

Pendant qu'on dressait dans la salle, auprès de la fenêtre, une table pour François, le roi s'approcha vivement d'eux, et Féron eut à peine le temps de leur dire tout bas : — Pas d'imprudence, je vous en supplie : songez que la vengeance vous est promise !

— Hélas ! lui répondit d'Espence, que pouvons-nous craindre désormais ?

François les regarda quelque temps d'un air plus calme qu'on n'aurait pu le supposer après la scène violente qui venait d'avoir lieu. Enfin il rompit le silence.

— Eh bien, messieurs, leur dit-il, croyez-vous que les luthériens puissent se jouer du roi de France ?

— Il est de fait, répondit Calvin, que nos co-religionnaires ne pourraient, sans présomption, se flatter de le jouer aussi complétement et surtout aussi adroitement que viennent de le faire monseigneur le président et monseigneur l'abbé de Saint-Germain-des-Prés.

François fronça le sourcil, et Jean de Guise fit un geste de colère.

— Prétendrez-vous toujours, continua le roi, que François a peur de l'Allemagne?

— A Dieu ne plaise! Nous dirions plutôt qu'il a peur de Rome.

Cette seconde réponse de Calvin produisit sur le monarque et sur le cardinal un effet plus marqué que la première.

— Savez-vous bien, messieurs, ajouta François en s'asseyant à table, que je puis vous faire payer cher les mauvais desseins que vous avez complotés hier contre ma personne? Savez-vous que, si vous êtes maintenant auprès de la table du roi au lieu d'être dans un cachot, vous ne le devez qu'à ma commisération?

— Sire, répondit encore Jean Calvin, nous ne savons trop s'il faut vous remercier de cette commisération. Il eût été certes bien moins affligeant pour nous d'être enchaînés sur la pierre de vos prisons que d'entendre les effroyables paroles qui viennent d'être prononcées dans cette salle. Vous dites que nous paierons cher nos prétendus complots contre votre personne : soyez bien assuré, sire, que vous et les vôtres paierez encore plus cher les horribles exécutions de Meaux, Cabrières et Mérindol. Pourquoi vos juges et vos bourreaux ont-ils porté le fer et la flamme dans ces malheureuses cités? C'est, dites-vous, pour défendre la religion papale et votre royale autorité contre les atteintes des hérétiques. Eh bien! nous, si nous conspirons, à supposer que nous conspirions, c'est aussi pour défendre nos croyances et nos personnes contre les persécutions de vos bourreaux et de vos juges. L'homme n'a-t-il pas le droit de défendre sa vie aussi bien que le roi son autorité, ou le prêtre sa religion?

Et d'ailleurs, toujours en supposant l'accusation vraie, nous nous défendions, nous nous vengions noblement : car c'est au fort que nous nous attaquions, nous, faibles ; mais vous, fort, vous vous défendez et vous vengez en abusant de votre force contre le faible. Au pis-aller, que fût-il résulté de nos prétendus complots ? Votre mort, sire, ou celle du cardinal de Lorraine, qui se tord en ce moment de rage et de fureur. Eh bien ! je vous le demande, qu'est-ce que la vie de deux hommes, ces deux hommes fussent-ils un roi et un cardinal, en présence de celle de plusieurs centaines de malheureux que vous venez de sacrifier à votre vengeance ?

Non, sire, ce n'est pas vous qui devez nous demander compte de la conspiration de la place Maubert. C'est nous qui sommes en droit de vous demander compte du sang versé à Meaux, Cabrières et Mérindol !

Il serait difficile de décrire l'impression que ces paroles produisirent sur François Ier. C'était de la stupéfaction plutôt que de la colère. A le voir immobile et muet devant Calvin, on eût dit que la rude franchise et la brûlante énergie du jeune homme, que cette vive apostrophe, prononcée avec un accent de conviction et de dignité, l'avaient soumis à quelque fascination irrésistible. Le cardinal rugissait et se démenait comme un furieux ; Parvi baissait les yeux, et Féron secouait la tête d'un air qui semblait dire : « Tout est perdu ! »

Quand cette cette agitation se fut un peu calmée, le cardinal se pencha vers l'oreille droite de François, et lui dit :

— Eh bien ! sire, vous voyez si l'insolence de ces marauds mérite votre indulgence royale. Êtes-vous toujours disposé à leur faire grâce ?

— Sire, dit à son tour Parvi en se penchant vers son oreille gauche, excusez leur manque de respect en faveur de leur courageuse franchise. D'ailleurs vous avez juré ce matin qu'ils auraient la vie sauve : souvenez-vous de votre serment.

Féron n'avait pas entendu ce double à-parte ; mais le jeu des physionomies ne lui avait pas échappé. Il lui sembla que François hésitait ; et il comprit bien vite que de l'impression d'un moment dépendait le sort de ses amis.

— Sire, dit-il brusquement et d'un ton de badinage, me permettrez-vous de faire observer à ces messieurs, en ma qualité d'avocat choisi par eux, que le langage qu'ils tiennent n'est guère propre à égayer le dessert de votre majesté ! Ne vaudrait-il pas mieux s'occuper de toute autre chose, et par exemple me laisser le temps de vous faire, sire, mes compliments humbles et sincères ?

— Que voulez-vous dire, Féron ?

— J'assistais ce matin au lever de madame la duchesse d'Etampes, lequel a eu lieu, par parenthèse, beaucoup plus tard que de coutume...

François sourit.

— Lorsqu'on est venu lui porter de votre part un petit billet cacheté. Elle en a pris connaissance et nous en a fait part immédiatement. Cette chanson est charmante, sire ; les vers en sont délicieusement tournés, et tels que votre majesté sait les faire.

— Je suis charmé, Féron, que ma chanson nouvelle ait votre suffrage. Vous êtes connaisseur. Mais vous, Clément Marot, qui vous y connaissez mieux que nous tous, que dites-vous du couplet que vous avez entendu ?

— Comment puis-je avoir entendu, sire ?...

François rougit, et ajouta en balbutiant :

— Mais oui, Clément : un de mes pages qui vous a rencontré hier chez les ribaudes avec sa dame, m'a dit l'avoir chanté devant vous.

— Qu'avez-vous besoin de le lui demander? reprit Féron. J'ai entendu Marot dire ce matin... (excusez sa franchise, mais il ne savait pas que ces mots viendraient à vos oreilles); je l'ai entendu dire, en parlant de vous, à propos de ce même couplet : J'aime mieux le poëte que le roi.

— Vraiment ! il a dit cela? j'en suis fâché pour le roi; mais merci pour le poëte.

François riait en prononçant ces mots, et remerciait Marot d'un signe de tête. Il était facile de lire sur son visage épanoui toute la satisfaction que lui donnaient ces adroits éloges, et Féron s'applaudissait intérieurement d'en avoir appelé de la colère du monarque à l'amour-propre du poëte.

Mais le cardinal de Lorraine, à qui cet épisode avait causé un dépit qu'il essayait vainement de dissimuler, revint bientôt à la charge, et força l'adroit avocat de tenter une nouvelle diversion.

— Sire, dit-il avec une hésitation affectée, votre majesté me permettra-t-elle de jouer un moment le rôle de solliciteur ?

— Qu'avez-vous donc à nous demander, Féron ?

— Je n'en sais rien moi-même, sire; mais voici comment je me trouve dans le cas d'avoir recours à vos gracieuses bontés. Ce matin, en sortant de chez la duchesse d'Etampes, et avant de me rendre ici pour assister à votre réception, j'ai voulu monter chez moi, et suis entré dans la chambre de ma femme.....

François fit un mouvement et sembla prêter au récit de Féron une oreille plus attentive.

— Mme Féron était en ce moment occupée à presser le

cachet sur une lettre dont elle venait de mettre l'adresse.

— Qu'est-ce, ma mie? lui ai-je demandé.

— Ce n'est rien, a-t-elle répondu.

Et comme machinalement je prenais l'enveloppe, sur laquelle était écrit le nom de votre majesté, Mme Féron s'est empressée d'ajouter :

— C'est une supplique que j'adresse au roi de France; c'est pour une bonne œuvre, mon ami; et partant vous me permettrez de ne vous en rien dire.

J'ai respecté ses scrupules, et j'ai donné ordre à mon clerc de porter sur-le-champ la missive au palais. C'est pour cette supplique, quelle qu'elle soit, que j'ose solliciter la bienveillance de votre majesté.

François laissa échapper un éclat de rire, qu'il comprima bien vite pour répondre à l'avocat. — Soyez tranquille, Féron; vous pouvez être sûr qu'en pareil cas, nous aurons toujours égard à votre recommandation.

XXIII.

Dès cet instant, François ne fut plus le même homme. Cette pensée d'amour que Féron avait su réveiller avec adresse, et dont le charme se mêlait à celui des éloges que ses vers venaient de recevoir, avait chassé bien loin toutes les idées de fanatisme et d'orgueil royal que le cardinal avait fait naître avec tant de peine en son âme. Aussi Jean de Guise vit-il bien que c'était une partie perdue, et demanda-t-il au roi, avec brusquerie et d'un air résigné, ce qu'il décidait relativement aux conjurés.

— Eh quoi! répondit François, tout n'est-il pas décidé? Dès le moment que nous ne les avons point livrés au parlement, c'est que nous n'entendions pas qu'il fût attenté à leurs jours. Ces messieurs sont condamnés, pour toute peine, à s'éloigner de Paris d'un rayon de plus de vingt lieues, et il n'y pourront jamais rentrer sans notre permission. Qu'ils se retirent, car je veux en faire autant : voici la nuit, et il me tarde de rentrer au palais.

— Sire, dit le cardinal, la fête n'est pas encore terminée, et ces messieurs désirent peut-être ainsi que vous rester ici jusqu'à sa conclusion.

— Allons, tâchez, monsieur le cardinal, que ce soit vite terminé. En attendant, je vais donner des ordres pour le palais.

François fit appeler un page, et lui dit à l'oreille quelques mots que Féron n'entendit pas, mais qu'il traduisit ainsi à part lui : « Allez chercher au palais et apportez-moi vite, ici même, une lettre qui a dû arriver cet après-midi. »

Quand le cardinal fut sorti, François, de plus en plus joyeux, car il sentait à la fois satisfaits son orgueil de poëte, son espoir d'amant, et son estomac de gourmet, François s'approcha des conjurés, et leur dit d'un ton badin :

— Vous saurez maintenant ce qu'il en coûte à des gens comme vous d'aller dans une maison de ribaudes.

— Sire, répondit Marot sur le même ton, où peut-on être mieux placé? Depuis votre glorieux règne, c'est là qu'on est sûr de rencontrer meilleure compagnie.

— Vous avez raison, messieurs, ajouta François, non sans rougir un peu : la maison de la place Maubert où se trouvaient réunis à la fois un de mes pages, une des dames de la reine sans doute, le duc d'Etampes, Marot, Amyot, Rabelais, d'Espence, Paré, Gringoire et Calvin, était à la fois une cour et une académie. Mais n'y pensons plus. Je vous souhaite à tous bon voyage, messieurs; et n'oubliez pas, quand vous écrirez pour la postérité que, si François Ier eut des torts (et qui n'en a pas ici-bas?), ce ne fut pas dû moins un méchant homme.

Le cardinal rentra, prit le roi par la main, et le conduisit vers la fenêtre qui venait de s'ouvrir. Les autres se rangèrent derrière.

XXIV.

La place était tout entière illuminée. Au milieu de la foule qui l'encombrait, on voyait s'élever un immense bûcher, et sur ce bûcher cinq poteaux.

A un signal donné par un orchestre placé sous le balcon royal, le greffier du parlement monta sur une estrade, et lut à haute voix les noms des cinq condamnés, que des gens d'armes attachaient aux poteaux au fur et à mesure.

Les conjurés de la grande salle reconnurent avec horreur ces cinq noms et ces cinq condamnés.

C'étaient :

    1° Barthélemy Milon,
    2° Nicolas Valeton,
    3° Jean Dubourg,
    4° Etienne Delaforge,
    5° Antoine Poile,

tous cinq condamnés, ce jourd'hui même, par la Chambre ardente, pour crime d'hérésie et de conspiration contre la personne du roi.

A un second signal de l'orchestre, le feu fut mis au bûcher ; et bientôt sa lueur, mêlée à celle des illuminations, éclaira le plus épouvantable spectacle.

Une machine nouvelle, appelée *estrapade*, dont on n'avait jamais fait usage, et dont on réservait l'inauguration pour cette cérémonie, enlevait, de seconde en seconde, les patients à une fort grande hauteur, puis les replongeait dans les flammes à plusieurs reprises, afin d'augmenter et de prolonger leurs souffrances (1).

La foule atroce et stupide applaudissait de tous ses pieds et de toutes ses mains. François baissait tristement la tête ; les traits des autres assistants de la grande salle exprimaient une indicible horreur.

Calvin, plus horrifié que tous les autres, s'approcha vivement de la table, saisit un couteau, et revint auprès de la fenêtre..... Mais Féron arrêta son bras en lui disant :

— Imprudent ! que vas-tu faire ? La vengeance approche !

En ce moment, le page à qui le roi venait de donner un ordre entra et lui remit une lettre. Le roi rompit le cachet avec empressement, lut, et porta tout joyeux le papier à ses lèvres.

— Messieurs, dit-il aux conjurés, vous aurez vos saufs-conduits ce soir même, et vous vous éloignerez dès demain. Quant à nous, mes pères, nous partirons dès le point du jour, pour Rambouillet.

Il sortit en fredonnant son refrain :

> Quiconcque icy-bas veult joyeulsement s'esbattre,
> Doyt festoyer le vin, et la guerre et l'amour ;
> Pour ces quatre playsirs, cy luy fault tour à tour
> Se montrer ung vray diable à quatre.

Féron prit la main de ses amis, et leur dit à voix basse :

---

(1) Cette circonstance est encore historique. Ce fut à la suite de la procession du 21 janvier 1535 que, pour la première fois, on fit usage de l'estrapade.

— Maintenant, partez tranquilles; nous sommes tous vengés!

Puis, se tournant vers Ambroise Paré, il ajouta :

— La gageure tient toujours; au 31 mars, chez la ribaude, n'oublie pas!

CHAPITRE IV.

XXV.

A neuf jours de distance, le 31 mars 1547, un homme pâle, exténué, maladif, était assis, à trois heures du soir, sur la chaise-longue du petit cabinet où nous avons trouvé, au commencement de cette histoire, François Ier avec la belle duchesse d'Etampes.

A trois heures un quart, un autre homme entra, tout couvert de sueur et de poussière, et se jeta, sans mot dire, sur la chaise-longue à côté du premier.

— Bien, Ambroise Paré, dit celui-ci; tu es fidèle au rendez-vous : merci, mon ami. Eh bien! le roi?

— Le roi, mon pauvre Féron? le roi, c'est maintenant Henri II. François a rendu son âme à Dieu ou au diable. Je viens de le voir mourir entre mes mains et celles de Fernel et Lecoq (1), à Rambouillet, d'où j'arrive franc-étrier.

---

(1) Il ne peut s'élever aucun doute sur la nature de la maladie qui a conduit François Ier au tombeau. La part que la vengeance de Féron eut dans cet événement, bien qu'un peu moins avérée, est établie, entre autres autorités, par Louis Guyon et Mézeray.

Féron riait d'un rire sinistre.

Paré fixa ses regards sur lui, et s'écria tout surpris :

— Mais que t'est-il donc arrivé ? comme te voilà fait !

— N'est-ce pas que je ressemble à François au moment où tu l'as vu mourir ?

— D'honneur ! je ne sais trop qu'en dire.

— Veux-tu que je te dise pourquoi, moi ? C'est que je me suis vengé.

Paré tressaillit, et son ami continua :

— Tu te souviens de la visite que je vous ai faite, ici même, il y a dix jours ? de la jeune malade du second étage, qui est allée hier, la pauvrette, où François est allé aujourd'hui ? de cette lettre où il ne manquait qu'un OUI, et que François Ier envoya chercher le jour de la procession, qu'il baisa en la recevant, et qui le décida à partir dès le lendemain pour Rambouillet, où il trouva ma femme ? Tu t'en souviens, Paré ? Eh bien ! tout cela c'était ma vengeance ! Tu devines le reste. Comprends-tu maintenant pourquoi je suis pâle et amaigri ? pourquoi mes traits offrent les mêmes symptômes de mal que ceux de François Ier ? comprends-tu, en un mot, comment je suis vengé ?

Ambroise saisit avec un frémissement d'effroi et de pitié la main convulsive de son ami mourant, dont la voix, s'éteignant par degrés, eut tout juste assez de force pour articuler ces dernières paroles :

— Tu me dois le prix de ma gageure ; le voici : je te lègue ma veuve. Et maintenant, mande à nos amis que je les ai vengés. Dis-leur : « François et son règne étaient un fléau pour la France et pour Féron ; c'est un fléau que Féron a chargé de délivrer le pays de François. » Peste contre peste... Adieu ! ! !

Féron avait gagné son pari; mais la France, elle, ne gagna rien : car, après François Ier, vinrent Henri II, François II, Charles IX et Henri III; après le cardinal de Lorraine, Guise le Balafré; après les bûchers, la Saint-Barthélemy.

A. ALTAROCHE.

5 ET 6 OCTOBRE 1789,

ÉPISODES RÉVOLUTIONNAIRES.

Quand vous passez les grilles et l'octroi de Versailles pour entrer dans la ville, et que déjà vous pouvez contempler en face le magnifique palais de cette royauté déchue, sérieusement ne croyez-vous pas entrer dans un de ces grands salons de Van-Dyck, devenu désert après le pillage, dont on aurait enlevé les glaces, les festons, les tentures, et les meubles sculptés en bois de chêne, tous les vieux ornements, si ce n'est quelques fragments de soie déjaunie qui pendraient encore des lambris dédorés? Aujourd'hui, depuis le large boulevart, à l'entrée, jusqu'à l'autre barrière de la ville, vous ne rencontrez que militaires flâneurs, que pantalons rouges et qu'amourettes de garnison. Des militaires sur la place, des militaires dans le château, dans les cafés, dans les jardins, à toutes les fenêtres, à tous les étages, même dans les plus belles et les plus sombres solitudes du bois ; des militaires à Trianon. C'est une ville de l'empire, vous dis-je, retrouvée tout entière avec ses trompettes jolis-cœurs, ses épauletiers galants, ses sociétés secrètes et sa face de vice. Autrefois, qui le dirait ? il se passa là des choses qui firent bien du bruit dans le monde. Louis XIV effrayait l'Europe à cette place ; Louis XV y fit son orgie de soixante ans ; et sous Louis XVI, au mois de septembre de l'année 1789, elle brillait encore d'un reste de splendeur, qui la faisait envier des plus belles capitales du monde.

Pourtant, depuis quelques mois, elle marchait vite vers la fin de sa gloire, et déjà l'émigration laissait un grand deuil dans ses promenades devenues presque désertes, hier inondées d'élégantes promeneuses. La reine restait bien ; mais le comte d'Artois était malade à Namur. Tous ces ducs courtisans, toutes ces duchesses courtisanes, tous ces marquis, tous ces comtes gentilshommes, dont les vices, suivant le dire des écrivains de la ville, auraient dépassé la honteuse légende de Suétone ; toutes ces comédiennes maîtresses de princes du sang royal, tous ces abbés en dentelle, tous ces laquais en panaches, tout ce scandale de luxe, de luxure, toute cette cour partait furtivement la nuit pour la frontière ; et la reine, désolée dans son palais vide, ne savait plus désormais où promener son délaissement et son ennui.

C'était d'Artois, le plus coupable de tous ceux que l'on maudissait, qui le premier avait donné le signal de la déroute après les événements de juillet et la punition exemplaire des aristocrates tués à la Grève ou dans leurs châteaux.[1] « Tout compté, dit *l'Observateur*, il y a dans Bruxelles cinquante-huit têtes aristocrates arrivées de France depuis la prise de la Bastille. De tous ces messieurs, c'est M. l'abbé de Vermont qui a le plus de vergogne, et l'abbé Sébastien qui en a le moins. » De Vauguyon venait d'être surpris au Havre avec son fils de Carenci, voyageant sous de faux noms. Le marquis de Serent, le comte de Choiseul-Meuse et le comte de Narbonne étaient partis pour Spa. Le prince de Lambesc s'était sauvé de la vengeance du peuple, qui n'avait pu saisir que ses voitures. De Broglie, de Crosne, de Vaudreuil, de Polignac; le prince d'Hénin, emmenant, dit-on, l'actrice Contat; du Cayla, et bien d'autres avec eux, avaient préféré volontairement la fuite à la lanterne; et la verve populaire, s'égayant à plaisir sur ces lâches, arrachait chaque jour une large piéce à ces décorations usurpées dont ils flattaient tant leur orgueil. Il n'est plus un secret de cour, plus une débauche sale, plus un adultère, plus un inceste, qui ne soit dans la confidence de toute la ville. On recule volontiers, comme devant quelque chose d'effrayant, quand on lit les feuilles de ce temps-là : car cette frénésie d'insolence passe les bornes connues.

Le *Petit journal du Palais-Royal* est la plus scandaleuse des légendes sur la vie que faisaient alors les gens du monde. Je rougirais d'en citer une seule ligne, maintenant que nous ne vivons plus parmi ces iniquités. Malheureuse cour de Louis Capet! il en paraît par mille de ces brochures. *Polichinel orateur à l'assemblée constituante; le Tableau de famille, l'an de la liberté 0; la Monarchie infernale; la Chronique du XVIII° siècle;* que sais-je?

C'était à n'y plus tenir, en vérité, pour une cour si chatouilleuse, si arrogante l'avant-veille; mais qu'y faire? La presse, qui s'est constituée libre, est pour le présent en verve de licence, comme vous voyez, et déjà il n'est plus temps de prendre garde à soi, quand on a si longtemps péché. — « Sauvez-nous! sauvez-vous! » s'écriaient les plus indulgents de leurs ennemis ; mais ils aimèrent mieux se sauver eux-mêmes par les deux seules issues qui leur restaient encore, la route d'Allemagne et la route d'Angleterre. Les citoyens chantèrent au théâtre : « Bon voyage ! » et ce fut toute leur oraison funèbre.

Au Palais-Royal il y avait chaque soir une émeute. Les lenteurs parlementaires de la constituante couvaient le feu sacré, au lieu de l'éteindre. Il y avait bien eu réellement un gouvernement fondé après le 14 juillet par la révolution elle-même, c'est-à-dire par les opposants de la bourgeoisie les plus compromis pendant la bataille ; mais ce n'était rien qu'un gouvernement de transition. Il se perdit en voulant s'immobiliser. Ainsi, à Versailles, les vaincus en fuite ; à Paris, les vainqueurs à l'Hôtel-de-Ville ; ici le tiers-état, le peuple, la foule immense des opprimés qui commence à dresser la tête.

Les bourgeois s'entendirent cette fois avec les nobles. Quelques-uns d'entre eux s'étaient trouvés effrayés de leur œuvre faite, le lendemain de la victoire ; les autres tremblaient de l'avenir ; presque tous croyaient encore à une fraternité possible des trois ordres, avec quelques concessions de la part des vaincus, et, par habitude de bassesse, ils s'étaient tournés humblement vers les anciens maîtres pour leur demander l'agrément d'une bienheureuse concorde, qui devrait ramener l'abondance et la sérénité dans le royaume. Ainsi les nouveaux venus étaient contents de posséder la place, et ne voulaient la céder à personne, ni à leurs seigneurs sur lesquels ils l'avaient conquise, ni à leurs inférieurs qui voulaient la conquérir.

L'union se fit entre les ordres, malgré les méfiances et les réserves. Le roi sembla sourire à Lafayette, et Lafayette, reconnaissant, fit appeler le roi *Restaurateur de la liberté !* C'est ainsi que se constitua pour la première fois dans l'histoire de notre France ce juste-milieu temporisateur qui fit depuis une guerre si constante aux volontés du peuple, afin de toujours tuer l'insurrection, s'il le pouvait.

La nouvelle commune, séante depuis le 25 juillet et représentée par le faible Bailly, son maire, entrait bien dans ces vues. Lafayette avait repris le commandement, malgré sa démission, et les districts qui relevaient de la commune, du moins en apparence, composés en partie de mauvais citoyens, servaient utilement par leurs désaccords les projets ambitieux des nouveaux régents. D'ailleurs, que pouvait-on attendre autre chose de cette division de Paris en soixante cantons libres, envoyant des députés délibérer à l'Hôtel-de-Ville, et pouvant après admettre ou rejeter, suivant leur caprice, les ordonnances votées en commun par leurs députés? Le libéral Prudhomme se plaint, je crois, quelque part de cette anarchie, et c'est au fond un de ses meilleurs raisonnements. On a beaucoup vanté l'utilité des capitales dans les derniers temps, et on a bien fait. La lutte de 93 est la plus noble page de leur histoire et le plus beau plaidoyer en leur faveur. Mais qu'est-ce donc qu'une capitale sans unité? et que peut-on attendre d'elle, dans la paix comme dans la guerre, si vous la livrez à la merci de toutes les intrigues, morcelée en petits districts constituant chacun son pouvoir, ses usages, ses coutumes et l'irresponsabilité de ses actes devant la nation?

L'insurrection était donc encore une fois paralysée dans son principe et ses résultats, et les intéressés pensèrent qu'en s'arrêtant là il n'y aurait peut-être rien encore de désespéré pour l'avenir. Ils se constituèrent, ignorant qu'un pouvoir inactif provoque le lendemain la violence, et que, bientôt impuissant dans les gênes qu'il s'est faites, il devra rouler par terre au premier choc, enserré par lui-même dans son étroite légalité. Aussitôt en effet l'impatience du peuple se constitue en guerre ouverte contre la direction mauvaise, et Paris, mécontent, reprend ses allures du 22 juillet.

La révolution s'est réfugiée dans les clubs.

De tous ceux qui se formèrent alors sous le patronage des diverses coteries de l'opposition, le plus hardi par ses motions et le plus populaire par ses hommes était sans contredit au Palais-Royal. Ou plutôt ce n'était pas un club : c'était, comme l'écrivait alors Camille, *le district favori de la lanterne,* un foyer d'insurrection toujours brûlant. Ce château marchand de la maison d'Orléans, qui devait plus tard devenir, sous le directoire, l'impudique repaire de la débauche et de l'agiot plus honteux que la débauche, n'en était pas encore à ses jours de scandale; et quoique le vice y habitât depuis longtemps, on l'avait dernièrement relégué aux entresols, et la foule qu'on voyait y descendre tous les soirs y venait plus fervente d'émeute que d'amour. Camille Desmoulins, avocat, connu par la *France libre* et son discours de *la Lanterne aux Parisiens,* remue fortement cette multitude, malgré les bégaiements de sa voix grêle. Danton y commence sa gloire de tribun. On lit les feuilles de Marat, *l'Ami du peuple,* de Gorsas, de Prudhomme, de Camille, et les discours de l'assemblée. La place est éclairée toute la nuit, et dans les jours turbulents on y reste jusqu'au matin. La commune de Paris voyait avec peine finir là toute la gravité de ses délibérations.

A Versailles, la constituante allait lentement. La nuit du 4 août, cette nuit si prodigue d'*exécrables décrets,* comme dit Mme Campan, n'avait pourtant fait que décider l'application des choses depuis longtemps adoptées et réclamées. L'assemblée cédait au mouvement, et ne le dirigeait pas.

Le peuple de la Bastille était plus exigeant que ses législateurs. L'insurrection, un instant lasse dans Paris, s'est éveillée dans les provinces. Les châteaux de l'aristocratie souffrent des représailles populaires qu'ils ont si longtemps comprimées ; l'assemblée s'inquiète et se lamente ; le roi menace de sévir, et le massacre de Belzunce répond quelques jours après à la proclamation royale. La révolution envahit la France avant de faire le tour du monde.

La question du véto royal, qui semblait devoir renouveler toutes les bases du pouvoir et de la liberté publique, a bientôt un grand et terrible retentissement dans cette capitale, et cette fois la colère du peuple entier répond aux motions violentes du Palais-Royal. Dans l'assemblée, les uns le voulaient *absolu*, les autres seulement *suspensif;* au Palais-Royal, on n'en veut d'aucune sorte :

> Quel est donc ce seigneur *Véto*,
> Qui plus bruyant que Figaro,
> Sans être du canton de Berne,
> Veut du peuple faire un zéro ?
> Sans redouter ce numéro,
> Menez-le vite à la lanterne.

Alors pour la première fois on proposa de marcher à Versailles, et beaucoup, las des déceptions et voulant tuer le mal dans sa source, sans ménagements, parlèrent d'envoyer en province *éclairer* les châteaux des nobles et des abbés conspirateurs.

« — Le véto est un sacrilége national ; point de véto, point de tyrans. »

Le président de l'assemblée nationale reçoit cette lettre anonyme :

« L'assemblée patriotique du Palais-Royal a l'honneur

de vous faire part que, si le parti de l'aristocratie, formé par une partie du clergé, par une partie de la noblesse et cent vingt membres des communes ignorants ou corrompus, continue de troubler l'harmonie et veut encore la sanction absolue, quinze mille hommes sont prêts à éclairer leurs châteaux et leurs maisons, et les vôtres particulièrement, Monsieur. »

Les secrétaires avaient reçu celle-ci :

« Vos maisons nous répondront de votre opinion, et nous espérons que les anciennes leçons recommenceront. Songez-y, et sauvez-vous. »

C'était menacer l'égoïsme dans ses plus chères affections : on sait que l'égoïsme préfère toujours sa fortune à sa vie. Le Palais-Royal avait encore envoyé la déclaration suivante :

« Nous sommes actuellement au moment décisif de la liberté française.

» Instruits que plusieurs membres s'appuient sur différents articles des cahiers, nous pensons qu'il est temps de les rappeler, de les révoquer; et puisque la personne d'un député est inviolable et sacrée, leur procès sera fait après leur révocation.

» Le véto n'appartient pas à un seul homme, mais à vint-cinq millions.

« Les citoyens réunis au Palais-Royal pensent que l'on doit révoquer les députés ignorants, corrompus et suspects.

« Il a été arrêté unanimement de partir sur-le-champ pour Versailles, tant pour y arrêter l'effervescence aristocratique, que pour y protéger les jours des dignes députés qui y sont en danger.

« Délibéré au Palais-Royal, ce 30 août. »

Les districts font aussi leurs adresses, plus calmes, il est vrai, mais non moins décidées. Voici l'arrêté du district de Saint-Nicolas-des-Champs :

« L'assemblée, délibérant sur la question importante de la sanction royale, déclare unanimement qu'elle regarde comme inconstitutionnel toute espèce de véto qui pourrait être accordé au pouvoir exécutif, attendu que la sanction du roi doit être purement honorifique et promulgatoire de la loi ; que, pour rendre public son vœu à cet égard, le présent arrêté sera imprimé et envoyé tant aux différents districts qu'aux représentants de la Commune et à l'Assemblée nationale.

« Signé TOURONNEAU, *secrétaire*. »

Les autres districts suivent ce bon exemple, presque tous.

Lafayette sévit ; mais l'impression des discours du Palais-Royal, et surtout les cris de Versailles, restèrent dans le peuple, même lorsque l'assemblée eut suspendu ses discussions sur le véto. Paris appartenait à la révolution, et les châteaux des provinces étaient les arsenaux de l'aristocratie de Versailles : il fallait anéantir Versailles et les provinces avant de fonder le siége de l'empire à Paris.

Cependant ce n'était pas la plus grave cause des troubles qui allaient bientôt remuer la population parisienne. Aux inquiétudes, aux soupçons, à la tumultueuse propagande, il est venu se joindre un mal plus réel et plus terrible :

la faim. On dit que c'est encore l'aristocratie qui en est coupable. On dit que, ne comptant plus désormais que sur sa richesse pour repousser l'invasion, elle a eu recours aux accaparements de blés pour faire une famine, et détruire ainsi l'armée insurrectionnelle sans périls et sans risques. A Saint-Denis le peuple affamé poursuit le maire dans le clocher où il fuit, et le tue. Les officiers municipaux, pour sauver leur vie, sont obligés de taxer le pain à deux sous la livre. Dès cinq heures du matin on peut voir des troupes de citoyens haves et déguenillés, qui viennent faire queue à la porte des boulangers, en ordre, en rang, silencieux dans les jours tranquilles, turbulents jusqu'au crime dans les jours de colère et d'emportement. Le 16 septembre on saisit sept voitures de blé que l'on faisait sortir de Paris pour de l'avoine ; quatre ou cinq cents femmes se disposent à marcher sur l'Hôtel-de-Ville pour demander du pain. « Il a fallu se battre tous ces jours-ci pour avoir du pain, dit *le Fouet national* du 17 septembre, malgré la *sagesse* des représentants de la commune. » Cette *sagesse* était tellement vénérée du peuple, que l'assemblée se trouva forcée d'établir une *chaîne civile* de Paris à Rouen pour protéger ses convois. Le 18 septembre, un boulanger est conduit par les mécontents à l'Hôtel-de-Ville ; un autre est traîné dans la boue et menacé du réverbère. Les gardes nationales font de la répression. Lafayette ne leur disait-il pas : « Vous êtes armées contre les ennemis de la France et les brigands ; or, les brigands sont ceux qui pillent et assassinent. » De son côté, le peuple impatient murmure, et les révolutionnaires s'agitent avec lui.

— « Pourquoi, à l'époque d'une récolte abondante, au moment où des magasins immenses de grains ont été découverts, Paris est-il sur le point d'en manquer ?

« Pourquoi le comité des subsistances (1) de la ville a-t-il été longtemps sans avoir et n'a peut-être pas encore des registres exactement tenus ?

« Pourquoi le comité ne rend-il pas public toutes les semaines l'état des blés et des farines qui entrent dans Paris, et celui de leur consommation ?

« Pourquoi la ville fait-elle revivre l'inquisition de la presse (2) ? »

— « Parisiens ! dit un journal, ouvrez enfin les yeux ; sortez, sortez de votre léthargie ! Les aristocrates vous environnent de toutes parts, ils veulent vous mettre dans les fers, et vous dormez ! Si vous ne vous hâtez de les anéantir, vous allez être en proie à la servitude, à la misère, à la désolation. Réveillez-vous ; encore une fois, réveillez-vous (3) ! »

Un autre : — « Depuis lundi les bons Parisiens ont toute la peine du monde à avoir du pain. Il n'y a que *monsieur le réverbère* qui puisse leur en donner, et ils dédaignent de recourir à ce bon patriote (4). »

---

(1) « Votre comité des subsistances, dit un journal, est un comité de diète, puisqu'il vous laisse périr de faim. Le peuple est en vérité bien patient de perdre une matinée entière pour trouver un morceau de pain qu'on lui dit être de deux livres, qu'il paie sur ce pied, et qu'il mange malgré que la poussière et les autres drogues que contient ce mauvais pain lui brûlent la gorge. »

(2) *Les Pourquoi du mois de septembre* 1789.

(3) *Le Fouet national*, n° I, 22 septembre 1789.

(4) QUAND AURONS-NOUS DU PAIN ? Avec cette épigraphe : *Vous dormez, Parisiens, et vous manquez de pain.*

Partez, vives expressions de ma juste douleur ; allez porter dans tous les cœurs la désolation et le désespoir, si les Parisiens n'ont pas le courage d'aller secouer le joug des tyrans, des monopoleurs qui les oppriment et qui les font mourir de faim !... etc.

Pourquoi, citoyens, Lafayette, Bailly et les chefs de la commune

Toute la presse est en rumeur, malgré les violences de l'Hôtel-de-Ville, malgré le décret de l'assemblée qui donne

vous laissent-ils manquer de pain? C'est pour s'engraisser aux dépens de votre substance.

Pourquoi ces scélérats font-ils venir des troupes, font-ils environner Paris, Versailles et les alentours de piques et de soldats, sous prétexte de garder le roi et l'assemblée nationale?... etc.

Ces scélérats croient que vous avez trop de vivres. C'est pourquoi ils font venir des troupes pour les consommer bien vite, et pour vous juguler ensuite. Et vous dormez? Quand aurons-nous du PAIN?

Au sein de l'abondance, nous n'avons point de pain; et les deux particuliers qui ont signé le dernier mémoire des boulangers sont en prison par ordre de Lafayette, de Bailly et de vos comités. Dites-moi à présent quels sont vos bourreaux? Ce ne sont certainement pas les boulangers... etc.

Les chefs de vos comités font tout; ils méprisent les observations et les règlements de l'assemblée générale de chaque district, comme l'observe judicieusement l'estimable auteur des *Révolutions de Paris*, n°II. Et vous dormez, et vous n'avez pas de PAIN!... etc.

Vous voulez donner des ministres au roi, vous voulez nommer les généraux, vous voulez qu'ils rendent compte à la nation; mais vous vous jetez dans les bras de Lafayette. Vous lui donnez un empire despotique sur vous, vous le rendez maître de tout. Votre vie est donc plus en sûreté dans les mains du traître Lafayette que dans celle de votre bon roi. Avouez que vous êtes bien sots : car vous n'avez pas de pain!

Combien vaut le pain? disait dernièrement un étranger à une femme d'ouvrier. — Trois livres douze sous les quatre livres, répondit-elle. — Comment, répliqua-t-il, c'est dix-huit sous la livre? — Oui, dit-elle, il est fixé à douze sous les quatre livres, mais on ne peut pas en avoir. Il faut que mon mari passe un jour entier à la porte d'un boulanger pour avoir un pauvre pain de quatre livres. Il gagne trois livres par jour; mais ne pouvant travailler, faute de pain, il perd sa journée de trois livres : le pain revient donc à trois livres douze sous les quatre livres. Hélas! quand aurons-nous du PAIN?

Plus d'un tiers des habitants de la capitale sont absents; le ciel l'ordre à la commune d'arrêter tous ceux qui crient des papiers publics autres que les décrets de l'assemblée nationale, les lettres-patentes ou ordonnances du roi, les arrêts ou jugements des cours et les arrêtés des assemblées légales. La famine augmente toujours, et le peuple gronde plus fort. Le marquis de Saint-Huruge, violent orateur du Palais-Royal, est en prison pour avoir voulu mener une députation à Versailles devant le roi ; et Besenval, dont le procès devait être fait après vingt-quatre heures, est bercé d'espérances par l'Hôtel-de-Ville et l'Assemblée, qui diffèrent son procès jusqu'aux temps de calme, pour l'absoudre alors sans crainte. Le *patrouillotisme* (car ce mot et cette chose datent de cette époque) tente vainement, sous les ordres de Lafayette, d'arrêter la colère plébéienne par des compressions arbitraires. On se querelle, on se bat tous les soirs au café de Foy. L'anarchie tourmente les assemblées législatives, exécutives et communales, autant que les clubs populaires. Le pain est rare et noir ; les travaux cessent. Ajoutez à cela l'ignorance d'un peuple libre d'hier, qui veut tout ce qu'il veut avec rage ; l'inaction d'une commune entêtée, conduite par des lâches, des fourbes et des niais ; et par-dessus tout peut-être une haine profonde de Versailles dans le sang du peuple : voilà Paris au com-

---

a versé avec profusion ses bienfaits sur notre sol ; la moisson a été très-abondante ; nous devrions regorger de farine, et nous n'avons pas de pain ! Le comité des subsistances nous promet des vivres dans ses placards ; il sue, dit-il, sang et eau pour nous aller chercher de la farine éloignée. Mais la faim nous presse, nous commençons à nous apercevoir que ces promesses non exécutées ne sont faites qu'à dessein de nous tromper : on ne nous donne du pain qu'en écriture, quand en aurons-nous en essence ?... etc.

...... Cela durera-t-il toujours, et quand aurons-nous du PAIN ?... etc.

8.

mencement d'octobre 1789. — « Il faut, disent les journalistes, un second accès de révolution. »

La royauté, qui l'avait prévu, s'était fortifiée. Le régiment de Flandre, sous les ordres du royaliste Lusignan, vient d'être appelé à Versailles pour soutenir les fidèles gardes-du-corps ; la municipalité de Paris y a consenti.

Louis régnait encore la nuit du samedi (1). Le matin du dimanche 4 octobre, des habitants de Versailles arrivent à Paris, apportant au peuple d'étranges nouvelles sur lesquelles les magistrats de la ville gardaient le silence depuis deux jours.

La cour venait de fêter ses défenseurs par de splendides orgies. Elle voulait s'assurer l'armée, disait-on dans le peuple, pour appuyer la fuite du roi, qui devait se sauver à Metz, à l'occasion d'une émeute payée, dont on aurait troublé quelque matin les corridors de Versailles. Le projet devait être ensuite de massacrer les ennemis du véto dans l'assemblée nationale et de reprendre Paris. Depuis quelque temps les gens de Versailles avaient remarqué l'insolence des soldats, et surtout des jeunes officiers, qu'ils ne voyaient pas quitter la caserne, malgré la fin de leur temps. Leur nombre avait encore été grossi par une foule de surnuméraires, et les congés de semestre multipliés dans tous les autres régiments de la province. Mille ou douze cents officiers se trouvaient alors à Versailles.

Cette cour aimable et gracieuse entreprit alors de tenter sur eux toutes les séductions de la galanterie. Les femmes furent mises en usage pour le service du roi, et leur dévoûment à l'Autrichienne s'estima par le nombre de leurs conquêtes. Les dames Taboureau et de Villepatour distri-

---

(1) *Parisiade* par un Hottentot.

buent des cocardes blanches dans l'OEil-de-Bœuf. « Conservez-les bien, disent-elles : ce sont les seules bonnes, les seules triomphantes; » et puis elles présentent leur main à baiser. On essaie la garde nationale de Versailles par des caresses, des flatteries, des honneurs, des drapeaux. C'est toujours la reine qui fait les frais, *véto femelle : véto le mâle* se contente de sourire à ses folles entreprises. C'est vers la reine que se dirige la députation de la garde nationale de Versailles, et c'est la reine qui lui répond : « La nation et l'armée doivent être attachées au roi, comme nous les aimons nous-mêmes. »

Mais rien jusque-là n'avait égalé le repas du jeudi, ou plutôt l'orgie, car, suivant un pamphlet patriote : « On ne fait plus de repas depuis qu'Antoinette est à la cour. » On avait annoncé le banquet pour les officiers de Flandre, de Montmorenci, des cent-suisses, des gardes-du-corps, des gardes suisses, des chasseurs des trois évêchés, de la prévôté et de la milice bourgeoise de Versailles. Louis XVI leur avait cédé sa belle salle de l'Opéra, et, voulant sans doute les laisser plus libres dans son château, il était parti pour la chasse. Le rendez-vous avait été donné dans le salon d'Hercule, et le repas commandé pour deux cents dix couverts, à 26 livres par tête, chez Harmes, le plus fameux traiteur de la ville. C'était une bien belle fête ! Le goût exquis de Marie-Antoinette s'y retrouvait partout, dans les fleurs, dans les festons, dans la musique, dans la délicieuse composition du repas, dans le choix de la salle, dans les atours des loges et dans la bonté des vins. Aussi la joie fut-elle complète, et l'ivresse gagna bientôt tous les buveurs. Les dames, dans leurs loges, applaudissaient agréablement de leurs éventails les belles marquises du café Turc ou de Trianon, dont chacune a mérité plus d'une ariette galante et plus d'un bouquet de la Fanchon.

Les grenadiers de Flandre s'étant montrés à l'amphithéâtre, le duc de Villeroi les fit venir sur la scène, où la table était dressée en fer à cheval ; après eux, les grenadiers suisses et les chasseurs des trois évêchés. Un capucin a été aperçu : ils l'amènent sur leurs bras et le font boire en abondance ; puis ils lui font une quête, et le renvoient avec deux cents francs (1). On porte déjà les toasts, et les santés royales sont reçues avec acclamation par toute la salle. Ils oubliaient la santé de la nation, quand la milice nationale de Versailles la proposa ; mais ils la refusèrent. C'était charmant, en vérité : il ne manquait plus, pour rendre cette fête complète, que la présence de Louis, d'Antoinette et du dauphin. Une dame de cour se charge d'aller les convier. La reine avait le cœur plein de tristesse, et le roi revenait de la chasse : ils se décidèrent à consentir.

Leur entrée fut saluée par les plus bruyantes acclamations. Leurs majestés firent un gracieux sourire et descendirent dans le fer à cheval, le roi seul, la reine tenant le dauphin dans ses bras. Les gardes-du-corps, et, à leur exemple, les officiers et les soldats des autres régiments, se levèrent et tirèrent l'épée, portant une nouvelle santé au roi, à la reine et au dauphin. Les gardes nationaux de Versailles se retirent. L'orchestre, composé de la musique des gardes-du-corps et du régiment de Flandre, jouait pendant le temps cet air du *Déserteur : Peut-on affliger ce qu'on aime ?* et le fameux couplet royaliste :

O Richard ! ô mon roi !
L'univers t'abandonne ;

(1) On a vendu, quelques jours après, dans Paris, une caricature représentant ce scandale.

> Sur la terre il n'est que moi
> Qui s'intéresse à ta personne (1) !

Leurs majestés parties, le scandale recommence avec plus de verve. L'ivresse de la joie et du vin fait parler le cœur plus à l'aise, et chacun s'abandonne à ses caprices. La cocarde tricolore est foulée aux pieds. « Vive la cocarde blanche ! » Ceux qui n'en ont pas coupent les serviettes de table ou des papiers blancs, et les attachent à leurs chapeaux. Les femmes, les charmantes femmes de la cour de Louis XVI, battent des mains et rient aux éclats. Voici la musique qui bat la charge des *Houllans* dans *Iphigénie :* les gardes-du-corps montent à l'assaut, et l'orgie se termine dans les loges. D'autres allèrent dans les cours, criant : « A bas l'assemblée ! vive le roi ! vive la reine ! vive le dauphin ! » Un aide-de-camp du comte d'Estaing, nommé de Perceval, escalade le balcon de l'appartement du roi avec un de ses grenadiers, et s'écrie : « Ils sont à nous ! qu'on nous appelle désormais gardes royales ! » Le roi lui avait donné la main pour monter, et quelques pamphlets disent que la reine détacha la croix d'or qu'elle portait à son cou, pour en parer le féal grenadier. Bientôt toute la foule accourt sous le balcon. Les dames qui ne sont pas restées à la salle de l'Opéra

---

(1) Parodie de ces vers :

> O Louis ! ô mon roi !
> L'univers t'abandonne ;
> Je ne donnerais pas, ma foi !
> Un sou pour ta personne !

C'est Necker qui chante ainsi, dans la *Naissance de très-haute, très-puissante et très-désirée madame Constitution.*

jettent des rubans et des fleurs aux officiers, qui se battent sous le balcon et se parent de ces faveurs en criant toujours : « A bas l'assemblée nationale! vive la reine! vive le roi! » Les plus folles arrachèrent même les rubans de leurs bonnets pour les lancer à cette tourbe effrénée.

Le peuple mourait toujours de faim à Paris. Quand il apprend la scène de Versailles, renouvelée encore par l'effronterie d'Antoinette, pendant la nuit du samedi, et sans doute bien amplifiée par la colère des braves citoyens de Versailles, il reprend la pique et crie vengeance. Des cocardes noires avaient été vues au Palais-Royal, la veille, sans qu'on en connût bien justement la cause ; aujourd'hui qu'on sait tout, on les arrache de force, quelques-unes au Champ-de-Mars, cinq au Luxembourg, deux plus audacieuses au Palais-Royal (1). Le district des cordeliers, légalement et extraordinairement convoqué, ordonne que :

« Tout citoyen de Paris et même étranger y séjournant sera invité à conserver ou prendre sans délai la cocarde nationale, exclusive à toute autre, portée à la ganse extérieure du chapeau ou à la boutonnière de l'habit.

« Signé Danton, *président*; Paré, *vice-président;*
Guittard, Dumesnil, *secrétaires.* »

On veut faire justice de toutes ces insultes envers l'assemblée nationale qui n'ose pas elle-même se charger de sa défense. On va partir. Ainsi, royauté, barricade ton château de Versailles, enivre ta troupe et achète ce soir

(1) Divers journaux, même modérés, attestent tous ces faits. Ils sont acceptés partout où la plume a été sincère : il n'y a de variantes que pour les détails.

bien des dévoûments, car Paris se met en branle, et l'on accourt au Palais-Royal. C'est une émeute qui commence, avec ses groupes, ses rixes, ses cris accoutumés ; non plus cet universel enthousiasme du 14 juillet, qui sait où il va et ce qu'il veut ; non plus cette belle foule qui se précipite d'un seul bond, glorieuse, sur un rempart pour l'abattre et briser des fers : on ne dirait plus les mêmes hommes. Aujourd'hui, voyez comme leurs joues sont amaigries par le jeûne et comme leurs dos semblent voûtés ! Leur présent est si triste qu'ils veulent seulement s'en défaire, sans songer d'aucune façon à ce qu'il en adviendra ; et, quoiqu'ils soient les plus forts, ce n'est pas la victoire qui les occupent maintenant, c'est la vengeance. Hélas ! ils croyaient s'être faits libres en tuant Flesselles leur prévôt, Berthier leur intendant, et Foulon leur ministre ; et le lendemain ils se sont trouvés esclaves d'un conseil de bourgeois : ils voulaient du bonheur, et ils n'ont gagné que la famine jusqu'à présent !

Au Palais-Royal, une femme fait la motion de courir à Versailles ; une autre annonce que dix mille femmes sont déjà prêtes, et partiront le lendemain matin. Un jeune homme lui demande comment elles se défendront en cas d'attaque. Elle répond qu'en guerre comme en amour toute ruse est permise, et cite à ce sujet plusieurs exemples d'histoire romaine. La foule s'émerveille de son savoir et de son bon raisonnement. Des hommes arrivent : « *A la ville ! à la ville ! la ville* veut nous faire mourir de faim ! » Le tumulte et les cris continuent ; les boutiques se ferment. On danse au Cirque, et par instant la musique et les fanfares du bal se font entendre. Puis l'émeute recommence et domine les chansons.

Les amis de la commune, qui prévoient des choses sinistres, prennent les armes à l'instant, d'après les ordres du général en chef, et viennent sur la place pour tempérer ou reprimer l'émeute, s'ils peuvent, tandis que la commune assemblée prend toutes ses mesures et donne l'ordre à tous les commandants de bataillons de tenir sous les armes les compagnies soldées.

Un boulanger vient dire qu'il n'y a pas de farine à la halle. On l'entraîne au Palais-Royal; la patrouille disperse le peuple. Tumulte; patrouille repoussée; quelques rixes. « A bas les bleus! » Les bleus chargent. Rue de l'Arbre-Sec, un commandant de garde nationale est saisi au collet par un homme du peuple. On se bat : le peuple est vainqueur.

Les municipaux se séparent enfin, en prêtant tous serment de se réunir le lendemain matin, et se dispersent pour aller colporter dans les corps-de-garde et dans les districts quelques propos mensongers sur un prétendu projet fait par le peuple de tuer les gardes nationaux et d'incendier l'Hôtel-de-Ville pendant la nuit.

Cette nuit fut assez tranquille; mais le lendemain matin, quand le peuple à jeun se leva pour songer aux affaires de la veille, le pain manquait. Vers dix heures, un boulanger du quartier Saint-Eustache est arrêté par les femmes comme vendant à faux poids. On court en foule à sa porte pour le pendre : car on est bien convaincu que les nobles de Versailles on fait couper les blés en vert, et que les boulangers trafiquent de ce qui reste avec les accapareurs. Les cris commencent : « A Versailles! à Versailles! »

Une jeune fille entre dans un corps-de garde, saisit un tambour, et bat le rappel en criant : « Aux armes! » Les autres femmes la suivent, en traînant leur prisonnier. Déjà les halles sont pleines de la foule qui s'éveille; les femmes ont des bâtons, les hommes quelques piques.

« Aux armes! aux armes! à Versailles! » Le rappel bat toujours, et les cris augmentent avec l'armée. C'est une autre valeureuse croisade qui aura la cocarde tricolore pour emblème, et pour mot d'ordre : « Du pain. »

Une partie de cette première troupe monte la rue Saint-Denis et se répand pour ameuter; l'autre mène en criant le boulanger à la Grève, et chantant la fameuse ronde : *Ah! ça ira* (1).

A huit heures tout Paris est insurgé. On s'assemble aux portes Saint-Antoine et Saint-Martin, aux halles, rue Saint-Honoré, rue Saint-Denis, et surtout à la Grève. Les femmes sont plus nombreuses, mais beaucoup d'hommes accourent pour les aider. On rencontre quelques gardes nationaux de la troupe soldée, et plus encore de la troupe non soldée, qui se distinguent dans la foule par leurs armes brillantes et leurs revers rouges. Bientôt de partout les groupes se mettent en marche vers l'Hôtel-de-Ville, criant toujours : « A Versailles! à Versailles! » — La volonté du peuple soit faite!

Les femmes jouèrent un beau rôle dans toute l'histoire de la révolution française, même ces femmes girondines, avec leurs dévoûments de filles et d'amantes. Les femmes du peuple se trouvèrent toujours au premier rang, chaque fois qu'il y eut bataille, conduisant bravement leurs maris à l'attaque, et frappant souvent à leur place quand il le fallait. Qui ne leur pardonnerait pas l'indécence et quelquefois même la barbarie de leurs colères, en faveur de leur dévoûment héroïque? Il ne faut jamais voir que le

---

(1) Ah! ça ira, ça ira, ça ira!
Les aristocrates à la lanterne;
Ah! ça ira, ça ira, ça ira!
Malgré leurs projets, tout réussira.

sentiment dans les actes populaires; la forme appartient à l'éducation. Et quelle éducation avait reçue le peuple avant 1789?

Au reste, cette fois, les femmes de toutes les classes ont compris l'émeute. Tant qu'on se battait pour des droits et des libertés, elles se contentèrent de panser les victimes; aujourd'hui que c'est pour du pain, elles sont du combat. On voit arriver à la Grève quelques dames de la bourgeoisie, en riches costumes (1), vêtues de blanc, coiffées et poudrées, criant avec les autres. Dans ces jours malheureux, où le seul désespoir de la souffrance entraîne subitement le peuple à la révolte contre de coupables administrateurs, il semble que l'enthousiasme appartienne plutôt à la sympathie de tempérament qu'à cette fermeté résolue qui prépare et médite les événements : c'est pourquoi les femmes sont d'abord plus nombreuses que les hommes sur la place de Grève.

M. de Gouvion, major général qui commandait la place, envoie au plus tôt chercher des renforts dans les districts.

Il se passe chez nous en ces moments des choses qui semblent étranges à ceux qui ne connaissent pas bien l'allure de nos révolutions. Ces femmes attroupées, qu'on laisse faire un instant du tumulte à leur guise, et qui tout à l'heure peut-être eussent voulu du sang, incapables par leur nature de conserver longtemps une émotion qui n'est pas contrariée, deviennent par degrés plus calmes et plus douces, et bientôt toute leur colère s'apaise. Voici qu'elles dansent maintenant! On avait ri d'abord d'un homme petit déguisé, car il y en eut, dit-on (2), qui ne

---

(1) *Procédure du Châtelet.*

(2) Je me suis conformé ici à la tradition et aux témoignages les

savait comment renouer une guimpe flottante; puis on avait chanté : puis la ronde, on ne sait pourquoi, s'était tout à coup mise en branle; on dansait en chantant.

Cependant, chez quelques autres, la colère est plus constante. Celles-ci montent au beffroi, sonnent le tocsin, brisent les portes aux prisonniers, pénètrent dans les bureaux, à l'Arsenal, à la geôle, partout. Sept à huit cents fusils sont pillés. Il est dix heures et demie ; les soldats accourent, et la garde à cheval est à la barrière de l'Hôtel-de-Ville. Les femmes alors se portent sur la troupe et la repoussent jusqu'à la rue du Mouton. « A Versailles! à Versailles! » L'insurrection gronde partout dans Paris, et les faubouriens arrivent.

Des femmes vont acheter des hardes pour les prisonniers, qu'elles habillent et qu'elles emmènent avec elles pour aller à Versailles. « A Versailles, du pain! du pain! » On pend et on dépend l'abbé Lefebvre, qui se sauve chez lui tout tremblant. Mais un grand bruit se fait entendre sous l'arcade Saint-Jean! Les portes sont forcées, et les commis de la Ville en fuite, dont un pendu.

Bientôt les femmes occupent les issues de l'Hôtel-de-Ville, et n'en permettent l'entrée qu'à des femmes. Et les représentants de la commune! Voilà déjà cinq heures environ qu'on leur demande avec impatience l'ordre de partir, et ils n'ont encore répondu qu'en envoyant chercher leurs districts fidèles, pour faire taire le peuple. Depuis le 15 juillet, ils résistent toujours (1). « L'Hôtel-

plus nombreux, quoique ce déguisement ait toujours été nié par des hommes très-croyables, entre autres par Loustalot. (*Procédure du Châtelet*, t. II, p. 56).

(1) Ne voulant pas faire de cet article un recueil de scènes suivant ma fantaisie, je ne mettrai jamais dans la bouche des acteurs que des mots historiques, certifiés par des témoignages ou des historiens.

de-Ville, crie un homme du peuple, est composé de tous aristocrates qui conspirent avec le roi. » — « Au feu la maison commune ! » murmurent quelques femmes ; et les torches sont déjà prêtes. On les éteint. « Où est le commissaire Sarreau, qu'on le pende ?—Des armes !—A Versailles ! à Versailles ! — Nous mettrons tous ces calottins à la lanterne ! — Moi, je veux tuer la reine et lui manger le cœur ! — A bas les *bleuets* (1) ! — Au feu ! au feu ! »

Sur la place un chef est nommé : Maillard, volontaire de la Bastille. Maillard prend un tambour. Les femmes, chassées de la commune par trois bataillons de grenadiers, accourent aussitôt auprès de lui. Soudain il se fait un mouvement dans cette foule turbulente, et l'on se tourne vers les quais : c'était par là Versailles. « A Versailles ! » On va partir. Des troupes se forment pour aller faire des recrues. Maillard donne pour lieu de rendez-vous la place Louis XV.

Quelques minutes après, la grande armée s'ébranlait tumultueusement sous la conduite de Maillard et de Hulin. Paris, affamé, ne songe plus aux arrivages et à sa faim, tant il lui tarde d'aller chercher une vengeance à Versailles ; et nul en partant ne s'est demandé d'avance où il pourra souper. Voyez ces femmes : ce ne sont pas seulement des femmes du peuple ou des halles, vous dis-je tout à l'heure ; on rencontre dans le nombre d'élégantes bourgeoises attelées à deux canons qu'on vient d'amener et qu'elles roulent. Ceux qui les connaissent dans les temps de calme, si coquettes, si flâneuses et généralement si peu dignes des hommes, se demandent d'où leur vient en ce moment cette singulière audace et ce courage d'affronter la mort.

---

(1) Gardes nationaux.

Une femme vient de chasser un bourgeois des rangs en lui disant qu'elle veut marcher seule et que les hommes sont des lâches. Celles-ci arrêtent les voitures et les visitent ; celles-là portent la poudre, les boulets, les fusils, les cartouches ; une autre est montée sur l'affût d'un canon, tenant d'une main la mèche allumée, et conduisant les chevaux de l'autre main. C'est une affaire sérieuse pour elles que d'aller se battre. « Allez, mesdames amazones, allez recueillir des lauriers. Par une femme, Rome acquit la liberté ; par une femme les plébéiens obtinrent le consulat ; par une femme finit la tyrannie des décemvirs ; par une femme Rome assiégée fut sauvée des mains d'un proscrit ; par vous, peut-être, braves Parisiennes, l'aristocratie va être terrassée, la France va sortir tout à fait de l'esclavage (1). »

Elles ne sont pas seules pourtant : un grand nombre d'hommes les accompagnent, mais avec le rôle secondaire ; des hommes du peuple, des volontaires de la Bastille, quelques bourgeois, même des *bleus* insubordonnés, qui préfèrent aller avec le peuple plutôt que de délibérer dans leurs districts. La foule du Palais-Royal entraîna ce matin les nègres du duc d'Orléans, qui suivent avec leur livrée rouge. Un marin, en veste ronde, marchait à la tête, portant un drapeau blanc de ceux conquis à la Bastille : comme il parlait trop vivement à la multitude pour l'exciter à des vengeances encore plus cruelles que celles qu'elle voulait, Maillard le fit taire, et les citoyennes lui arrachèrent son drapeau. Sur les quais les boutiques se ferment. Ici des cris de joie, là presque des murmures accueillent leur passage. Les indifférents ont peur de l'émeute. Le tambour bat partout, le tocsin sonne à toutes les églises. La milice

---

(1) *Le Fouet national*, n° IV.

bourgeoise se réunit, et les femmes vont toujours. On n'entend plus partout que : « *Du pain !* et *Versailles !* »

Il pleut. Deux tambours viennent se joindre bientôt aux premiers, et cette milice bruyante se précipite en chantant le long des quais de la Ferraille et de l'École. Au dernier guichet du Louvre, elles arrêtent une voiture dans laquelle se trouvait une dame avec son mari. Il faut absolument que la dame vienne à Versailles avec elles. En effet, pourquoi non? Celle-ci pleure ; le mari supplie Maillard ; Maillard s'adresse aux femmes et parvient enfin à faire échapper la belle dame avec son mari.

A l'Hôtel-de-Ville l'émeute continue toujours. Les femmes parties, les hommes restent ou arrivent : D'abord les gens de la multitude, le peuple ; puis, après le peuple, les timides soldats de la dictature pacifique de Lafayette, les bleuets se présentent en uniforme, non pour sévir, comme ces jours derniers, car il n'en est plus temps, mais pour modérer, s'ils peuvent ; car la discorde est aussi dans leurs rangs. Les députés des districts, renvoyés ce matin, peuvent enfin approcher de la ville.

Lafayette arrive. Son sourire d'habitude est sur ses lèvres, et son œil vacillant se baisse à terre affectueusement. Il monte les marches du perron, et va délibérer, dans la salle du comité de police, sur les mesures à prendre pour informer les ministres et l'assemblée nationale des troubles arrivés dans la capitale. On envoie chercher le maire Bailly encore absent, et, dit-on, tremblant de frayeur dans son hôtel de la rue des Capucines. Bailly, bon et faible, ne dut sa place et sa gloire qu'au hasard qui le fit trouver doyen d'âge dans la réunion des députés des communes, au mois de juin, et le transporta tout à coup, sans son consentement, au milieu d'une si turbulente révolution. Il eut bien tort de quitter la science et les études sévères pour venir habiter l'hôtel de l'ancien lieutenant de police Lenoir, et se faire maladroitement l'héritier des sanglantes dépouilles de Flesselles.

Quand Bailly vint enfin à la Greve, une partie du peuple applaudit encore, et voulut bien écouter sans menaces les exhortations pacifiques que son maire lui adressait par la portière droite de sa voiture, tandis que le secrétaire du roi, Poursin de Beauchamp, haranguait à la gauche. Cependant les cris : « Du pain ! à Versailles ! » se font entendre toujours avec plus de force, et la garde nationale elle-même va décidément marcher avec le peuple.

Quand le maire arriva sur la place, il vit des gardes nationaux en très-grand nombre auprès de leurs canons, s'exerçant d'avance à la manœuvre, comme s'ils allaient faire le siége du château royal. Les volontaires de la Bastille et les gardes-françaises partagent toute la colère du peuple.

Le maire arrive dans la salle du comité de police, où six membres au plus avaient osé se réunir, et commençaient leurs délibérations. A l'instant, on frappe violemment à la porte : un grenadier de la milice nationale, suivi par vingt de ses camarades, se présente à l'entrée, disant qu'il vient parler au général. « Mon général, s'écrie-t-il, le peuple manque de pain, vous m'entendez? La misère est au comble dans Paris; le comité de subsistance est trompé, ou vous trompe. Nous ne pouvons pas tirer le sabre contre ces braves gens, qui sont nos pères et nos amis, et nous voulons, après tout, ce qu'ils veulent. Ainsi, mon général, à Versailles ! Si vous voulez, nous irons avec vous ; sinon nous irons seuls. On dit que le roi est un imbécille, eh bien ! nous placerons la couronne sur la tête de son fils; on nommera un conseil de régence, et tout ira mieux. » Il était désormais impossible à Lafayette de résister. Déjà bien compromis auprès du peuple par ses attaques à la liberté de la presse et ses exploits du Palais-Royal, il se voyait maintenant abandonné de ses bourgeois s'il ne cédait pas à leurs prières. L'assemblée arrêta donc que, « vu les circonstances et le désir du peuple, et sur la représentation faite par M. le commandant général qu'il était impossible de s'y refuser, elle autorise M. le commandant général et même lui ordonne de se transporter à Versailles. » Il était temps : les soldats de garde, mêlés à la foule, criaient avec elle. Déjà les vestibules s'emplissaient de clameurs et déjà l'on entendait menacer non plus seulement le gouvernement de Versailles, mais bien encore le gouvernement de Paris, quand Lafayette parut au balcon. Quelques-uns applaudirent au *blanc chevalier de la liberté;* mais le plus grand nombre lui fit entendre par ses murmures qu'il arrivait bien tard. Il fit un petit discours, sans dire qu'il envoyait en poste un député pour prévenir Louis XVI. L'ordre à peine donné, l'on partit. Dans ce moment la constituante discutait quelques articles de la constitution. Les femmes étaient en route, et les hommes les suivaient.

Le cortége de Maillard allait vite; mais des haltes fréquentes interrompaient sa marche. Les femmes arrêtaient les voitures tout à l'heure; maintenant elles veulent traverser le beau jardin des Tuileries, par dérision de la propriété royale. Maillard veut les arrêter, et cette fois on murmure contre lui. Il avait vu les Suisses se retirer des fenêtres à leur approche, et pensant qu'ils allaient à leurs armes, il voulut éviter à ces femmes une lutte sérieuse et inégale au commencement de l'entreprise. Sa voix est couverte par les cris et les menaces. Au moins, reprit Maillard, allez dire au Suisse qui garde la porte que vous ne venez pas faire un siége, et que vous demandez seulement passage. » Les femmes, ayant consenti, envoyèrent vers le Suisse une nommée Lavarenne, portière, rue Bailleul, petit hôtel d'Aligre. Cette femme partit, les autres attendirent. Elle arrivait à peine à la maison du Suisse, qu'aussitôt on le vit s'élancer l'épée nue sur la députation parlementaire, qui s'enfuyait au plus vite en se défendant avec un bâton. Maillard accourt, tire l'épée, et pousse le Suisse en arrière. Ils se battent quelque temps; mais la femme Lavarenne, ayant frappé de son bâton l'épée du gardien, qui se brisa, le fougueux combattant, mis hors de lice, tomba soudain frappé d'un coup que l'on crut mortel, et les femmes passèrent sans autre obstacle, car les soldats n'osèrent pas se présenter.

A la place Louis XV, on les attendait. Les recrues avaient été nombreuses des deux côtés de la Seine. Elles arrivent avec de nouveaux tambours et de nouvelles armes; des broches, des lances, des fourches, des pistolets, des canons. Elles s'arrêtèrent pour se reconnaître et s'embrasser. Le fameux modèle Nicolas, dit *Jourdan coupe-tête*, était avec elles et gardait presque seul le silence dans cette bruyante foule. Cet homme était superbe, et terrible comme le dieu d'Homère, pour lequel il avait sans doute posé bien souvent dans cette époque de classiques souvenirs. Sa longue barbe descendait sur sa poitrine velue; ses yeux noirs et vifs, sa physionomie sombre et sa démarche grave, tout en lui semblait commander le respect en même temps que la terreur.

Cette femme en robe rouge, sur son cheval, suivie d'un jockey pareillement en rouge, c'est Thérouenne de Méricourt. Cette brave demoiselle a renié la noblesse de sa race pour descendre avec le peuple, et c'est une des plus courageuses d'entre les insurgées. Elle leur dit les noms des femmes célèbres de la cour, et leur conte leurs vices, surtout ceux de la reine abhorrée, et les faiblesses du roi.

Celle-ci, c'est la jolie marchande d'huîtres de la rue Richelieu; cette autre, c'est Louise Chabry, âgée de dix-sept ans, élève en sculpture; des femmes de toute condition, de toute couleur; les unes élégantes, avec leurs robes à la *Camille française* et leurs blondes flottantes; les autres, les poissardes, *mesdames de la halle*, dont l'allure est joyeuse et franche, et dont les souliers sont ferrés.

Aux Champs-Élysées, elles demandèrent des cartouches à Maillard. Celui-ci, feignant d'abord de consentir, les décida bientôt à quitter leurs armes. C'était l'avis de la plupart. « Éloignons les hommes, se dirent-elles, et laissons nos armes; nous ne voulons qu'être écoutées, et nous arriverons à Versailles, parce que l'on n'osera pas tirer sur nous. » Deux vivandières voulurent faire résistance et garder leurs fusils; quelques femmes se précipitèrent aussitôt sur elles et les désarmèrent, en protestant de leur dévouement aux ordres de Maillard, leur chef : les autres forcèrent les hommes à se mettre aux derniers rangs.

Elles étaient six ou sept mille environ, quand elles arrivèrent au bas de Chaillot, conduites par dix tambours battant la charge, toujours bien décidées, frappant aux portes fermées, brisant quelques enseignes de bourgeois peureux, arrêtant les courriers et les voitures qui s'en allaient à Versailles, dans la crainte qu'on ne leur fermât le passage du pont de Sèvres. Quand elles y furent arrivées, Maillard ordonna quelques instants de halte.

Cependant des nouvelles étaient venues à Sèvres de l'émeute parisienne, et cette petite ville, ordinaire séjour de tout le domestique royal, s'était subitement remplie de consternation à l'approche de l'armée qui venait par la grande route. Maillard interroge les femmes s'il se trouve encore dans leurs rangs quelques hommes venus de Paris.

Elles répondent qu'oui, et vont en chercher huit, dont un en veste d'ordonnance, qui obtint le permission de Maillard de commander les autres. Maillard leur donne pour consigne d'aller à Sèvres découvrir où se trouvaient les boutiques des boulangers et leur demander du pain pour ces dames. Tout était fermé. Les femmes entrèrent dans Sèvres. Enfin les boulangers apportèrent seulement huit pains qu'ils coupèrent en morceaux pour la troupe, disant que c'était là tout leur avoir. Les murmures allaient recommencer : c'était bien juste. Déjà quelques-uns frappaient aux portes et détachaient les enseignes, lorsque Maillard fit battre le rappel, et l'on apporta douze brocs de vin. Les unes payèrent ; les autres ne payèrent pas. Maillard donne un bon au vendeur sur l'Hôtel-de-Ville.

On se remet en marche. Quelques femmes en tête ont des hallebarbes pour maintenir l'ordre. Près de la manufacture de porcelaine, elles rencontrent deux messieurs, l'un ayant le cordon noir, l'autre vêtu d'un habit vert, qui leur demandèrent où elles allaient. Elles répondirent : « Nous allons à Versailles, demander au roi du pain pour nous, pour nos maris et nos enfants, et pour l'approvisionnement de la capitale. — Allez, mes amies, dirent les hommes, comportez-vous bien, et la paix soit avec vous. » — « Oui ! oui ! nous allons à Versailles, s'écriait une des mieux vêtues de la foule, armée d'une vieille épée rouillée ; nous allons chercher la tête de la reine pour vous la porter à Paris. » Les autres dames la tancèrent vivement de cette parole, disent les procès-verbaux, et une autre femme reprit : « Nous ne voulons que voir Marie-Antoinette entre les deux yeux, avec sa commère la Polignac. »

La croisade continua sa route par Viroflay. Les courriers passaient et repassaient ; mais les femmes les arrêtaient, sans excepter ceux de monseigneur d'Orléans. Un des courriers royaux, surpris avec des dépêches sans doute très-graves, avait préféré les lancer dans la Seine plutôt que de les livrer. Quelques seigneurs qui revenaient de Versailles à cheval, ayant au chapeau la cocarde noire proscrite, les rencontrèrent sur le chemin : aussitôt ils furent arrêtés. Ces lâches insolents furent battus par des femmes, qui d'abord s'assirent sur leurs montures, et se contentèrent ensuite de les faire marcher à pied derrière elles jusqu'au village prochain, où l'on devait leur attacher sur le dos un écriteau signifiant leur outrage envers la cocarde nationale. Une femme partit alors sur un de ces chevaux pour aller avertir les citoyennes versaillaises de l'arrivée de leurs amies parisiennes. Environ quelques minutes après, dans une avenue qui faisait fourche au grand chemin, elles virent accourir au galop deux autres bourgeois à cheval, aussi parés de noir. Quelques-unes sortirent des rangs, leur fermèrent passage, et, s'étant emparées des chapeaux ronds, des chevaux et des hommes, elles montèrent encore sur ces chevaux, et placèrent ces hommes près des autres.

On n'était plus loin de Versailles. Maillard fit mettre les femmes sur trois rangs, et, leur ayant dit qu'il convenait mieux à leurs intentions pacifiques de placer les canons sur le derrière, on roula les canons plus loin, et l'émeute entra triomphante dans la grande avenue, en chantant : « Vive Henri IV ! vive ce roi vaillant ! » Les dames de Versailles descendirent sur la promenade et les saluèrent en criant : « Vivent nos Parisiennes ! » à quoi celles-ci répondirent : « Vive l'assemblée nationale ! vive le roi ! à bas les gardes du roi ! »

Cependant on avait appris à l'assemblée nationale les troubles du matin et l'approche des femmes. On s'occupait alors de l'acceptation conditionnelle donnée par le roi à quelques articles de la constitution, et la dispute devenait vive entre les orateurs de la cour et ceux du peuple. Mirabeau s'avance vers le président Mounier, et lui dit à voix basse : « Monsieur le président, quarante mille hommes armés arrivent de Paris : pressez la délibération ; levez la séance ; feignez de vous trouver mal, et courez donner avis au roi du danger qui le menace. » Mounier ne se hâta pas et voulut paraître ferme. Le roi chassait à Meudon.

La cour était désespérée, les souvenirs du 14 juillet la troublaient encore, et déjà le comte d'Estaing, au lieu de fortifier Versailles, avait fait tous ses préparatifs pour assurer à son roi une sûre évasion à Rambouillet. M. de Saint-Priest l'envoie chercher à la chasse par un de ses écuyers cavalcadours, M. de Cubières. « Allons les trouver, » avait dit le roi. Et comme on lui proposait la fuite, il répondit : « Eh quoi ! messieurs, fuirions-nous devant des femmes ? » Un vieux chevalier de Saint-Louis le rassure sur les bonnes dispositions des femmes et lui dit de ne pas avoir peur. Le monarque, profitant de cet à propos, reprit : « Peur ? monsieur, jamais je n'ai eu peur. » Il arrivait à Versailles un quart d'heure avant Maillard.

Les femmes s'avancent au milieu de deux haies de dragons. « Ne craignez rien, leur disent-elles, nous ne vous ferons aucun mal ; c'est pour les gardes-du-corps que nous sommes venues. » — « En avant, les dragons ! criaient d'autres, en avant ! et mort aux gardes du roi ! »

Les piques et les fusils brillaient dans la foule ; un grand nombre s'étaient armés depuis la place Louis XV, et beaucoup d'hommes avaient préféré rejoindre la première troupe dans des charrettes, plutôt que de rester avec l'armée des bleus. Maillard les conduit d'abord vers l'assemblée et demande l'entrée. On l'accorde à la majorité, et Mounier demande que ces dames n'entrent que douze à la fois. Personne ne prit au sérieux cette façon parlementaire; la salle fut à l'instant envahie, et les cris : « Du pain! du pain! » retentirent partout. Maillard est à la barre; à ses côtés sont deux femmes, l'une portant au bout d'une perche une sorte de tambour de basque; l'autre tenant à la main l'épée brisée du Suisse des Tuileries, que Maillard vient de lui remettre. « Nous venons, dit ce brave jeune homme, nous venons de Paris demander du pain à l'assemblée, parce qu'à Paris nous mourons de faim. Le peuple a levé le bras pour menacer les traîtres; il attend qu'on lui fasse justice. Il demande à l'assemblée permission de fouiller dans toutes les maisons soupçonnées de recéler des grains et de cacher des accapareurs. Entendez-vous? il le demande avec instance et désire l'obtenir. Si vous craignez l'effusion du sang et les excès, accordez cela d'abord. Représentants de la nation, il n'est plus temps de faire des délais et d'amuser notre bonne foi. Nous savons très-bien qu'il existe des traîtres qui donnent de l'argent et des billets de la caisse aux meuniers pour les empêcher de moudre : ces traîtres, messieurs, où sont-ils donc? ici. Le peuple a la preuve de ces faits, et moi aussi; je sais les noms des coupables, mais je les tairai parce que je ne suis pas délateur.

— Etes-vous bien sûr de ce que vous avancez? lui demanda Mounier.

— Oui, répondit Maillard. — Oui! oui! crièrent les femmes qui remplissaient la barre et les tribunes. Une d'elles crie : « C'est M. de Juigné, l'archevêque! » Robespierre appuie la dénonciation. Grand tumulte. Les députés se disputent à voix haute; les femmes applaudissent Maillard.

Il continue. « Nous venons encore vous prier d'autre

chose : c'est d'envoyer une députation aux gardes du roi pour les engager à prendre cette cocarde nationale, qu'ils ont si lâchement outragée. Le peuple ne veut pas qu'on outrage les insignes de sa liberté; il ne veut pas que deux cents militaires portent une cocarde noire, en signe de deuil, quand il se réjouit.

— C'est faux! crièrent quelques députés, c'est faux! »
Maillard tire trois rubans noirs de sa poche.

« En voici que nous leur avons nous-mêmes arrachés : est-ce encore faux? Je veux avoir le plaisir de les déchirer devant vous. » Il les déchire. « Messieurs, il faut que tout citoyen prenne aujourd'hui la cocarde nationale. » Le président, faisant injonction à Maillard de se contenir, ajoute que tous ceux qui veulent être citoyens peuvent l'être de plein gré, mais qu'on n'a droit de forcer personne.—Comment! reprend Maillard, s'il était dans cette diète auguste un membre qui se crût déshonoré de ce titre, eh bien! qu'il en soit chassé sur le champ! — Nous saurons bien les y forcer, » dit un garde française. Applaudissements et murmures.

Les gardes-du-corps tremblants venaient d'envoyer une cocarde tricolore à l'assemblée; Maillard la montre aux femmes comme un signe de leur soumission. « Vive le roi! vivent les gardes du roi! » répondirent les femmes. Toute leur colère s'était calmée devant cette concession de la crainte; elles avaient cru volontiers à la franchise des plus fidèles soldats du trône. Ce peuple de Paris est toujours crédule!

« Nous demandons encore, s'écrie Maillard, nous demandons le renvoi du régiment de Flandres, qu'on a fait venir à Versailles pour attaquer quelque jour la révolution »

M. Mounier répondit qu'il en instruirait le roi, le soir, à son retour de la chasse. Le roi était revenu.

« D'ailleurs, répliquait Maillard, ce sont toujours mille bouches à nourrir de plus, et nous n'avons pas trop de pain pour nous. Laissons-en la charge aux villes de provinces, qui conspirent contre Paris et interceptent nos arrivages. »

Mounier répondit encore qu'on ferait une députation vers sa majesté pour lui faire agréer ce que le peuple venait de demander; mais que sa majesté arrivait de la chasse dans l'instant, et qu'il n'était pas convenable d'aller au château avant le soir.

« De suite, dit Maillard. Ne voyez-vous pas que vous fatiguez la patience du peuple, qui murmure à la porte. De suite, messieurs, ou nous y allons sans vous. »

« Du pain ! du pain ! » crièrent les femmes.

Le président répondit que l'assemblée ne concevait pas qu'après tant de décrets il y eût si peu de grains ; *qu'on allait encore en faire d'autres*, et que les citoyennes n'avaient qu'à s'en aller en paix (1). Etait-ce une moquerie ? La colère commençait à devenir violente, et déjà quelques femmes sortaient sur la place en jurant contre l'assemblée, lorsque les députés se décidèrent à partir en députation chez le roi. Des dames partirent avec eux. La jolie marchande d'huîtres est de ce nombre. On les reçoit d'abord dans l'OEil-de-Bœuf. M. de Saint-Priest ou un autre ministre leur demande la raison de leur visite. « Nous venons, disent-elles, demander du pain à sa majesté. » Ce ministre répondit : « Mesdames, du vivant de M. Berthier et de M. de Flesselles, vous aviez du pain. Leurs têtes ont été mises au bout d'une pique, et le pain vous a manqué. A qui la faute ? » Le roi les reçut mieux, et leur promit tout ce qu'elles voulurent. Louise Chabry, ouvrière en

---

(1) *Journal politique national des états-généraux*, t. II, p. 229.

sculpture, s'évanouit d'émotion devant sa majesté.

Cependant les murmures continuent dans l'assemblée. Maillard déclare que c'est au clergé surtout qu'on en veut à Paris, et notamment à l'archevêque. Dans ce moment, un abbé portant une croix s'avançait vers une femme du peuple, et lui présentait sa main à baiser en l'exhortant à la patience. Celle-ci frappa dessus du revers de la main. « Me crois-tu faite pour baiser la patte d'un chien? — A bas la calotte! continuèrent ses voisines, à bas la calotte! C'est le clergé qui fait tout notre mal. »

Robespierre a la parole dans le tumulte, et défend énergiquement les femmes accusées par Mirabeau. On entend du bruit à la porte d'entrée et des cris de soldats. Les femmes veulent toutes entrer. Des bruits ont couru dans la foule que Maillard a été empoisonné; elles veulent le voir. Maillard sort, et se montre, en les exhortant au calme. A peine est-il rentré qu'un garde-française se précipite dans la salle. « Avez-vous entendu? Vous n'avez pas entendu les gardes-du-corps? » Puis, se tournant vers Maillard : « Monsieur, j'attends vos ordres. Les gardes-du-corps tirent sur nous, et nous allons marcher sur leur caserne; nous ne les craignons pas. » Maillard conseille encore une fois la paix, et montre la cocarde nationale qui vient de lui être envoyée par les gardes du roi. A l'instant d'autres coups de feu se font entendre. Des femmes se précipitent au dehors; d'autres au dedans. — Une décharge de mousqueterie. — L'assemblée est dans la consternation, et Maillard sort avec les femmes. On se battait.

Tout à l'heure les soldats du régiment de Flandres, envahi par les femmes, leur promettaient de ne pas tirer sur elles, et faisaient sonner leurs fusils pour prouver qu'ils n'étaient pas chargées. « Nous avons bu le vin des gardes-du corps, disaient-ils, mais cela n'engage à rien.— Vive la cocarde nationale! Vive la nation! » Les femmes, ayant pénétré leurs rangs, s'avancent près de la grille, que les gardes-du-corps gardaient en dedans. Comme elles ignoraient ce qui se passait ailleurs, elles voulurent aller porter leur supplique au roi, et marchèrent à la rencontre des gardes-du-corps, ayant à leur tête un garde national de Paris, nommé Bunout. M. de Savonnières et deux autres gardes-du-corps se précipitent sur Bunout, et repoussent la foule des femmes, qui s'enfuit par la rue des Récollets. Bunout, frappé plusieurs fois et se voyant sans secours, tirent son épée et se défend. Les gardes-du-corps le poursuivent au galop et le battent de leurs sabres. « Fort! fort! criaient leurs camarades : c'est un parement blanc de Paris (1)! » Bunout, qui courait devant les chevaux, se réfugie dans une échoppe au moment où le sabre de Savonnières menaçait sa tête. Un coup de fusil partit de la garde de Versailles, et Savonnières tomba de cheval. La balle du milicien lui avait fracassé le bras. Aussitôt des clameurs partent de la foule et la lutte s'engage. Les gardes-du-corps se sauvent; les gardes nationaux de Versailles font avancer leurs canons. Il pleut à torrent, et les mèches s'éteignent. On court avec des pierres et des piques. Lecointe, chef de la milice de Versailles, commande le feu. Les gardes royaux sont tous à cheval, et se réfugient sans blessés dans l'intérieur des cours. A minuit, le roi les fit partir pour Rambouillet.

Les escarmouches continuèrent sur plusieurs points encore quelque temps, mais sans ordre et sans suite. La place d'armes était au pouvoir du peuple et de la garde nationale versaillaise, et l'on y bivouaqua toute la nuit, autour des feux de paille, malgré la boue. D'autres cher-

(1) *L'Observateur.*

chèrent un logis dans les hôtels de Versailles ou chez leurs amis. Une partie de l'émeute passa la nuit à l'assemblée.

On avait faim pourtant. Lecointe, commandant la garde nationale de Versailles, en l'absence de ses supérieurs, qui s'étaient tous cachés, se présente au premier groupe des citoyens et citoyennes de Paris. Il se fait annoncer par deux officiers. On l'amène près des canons, et douze hommes armés l'entourent. Il faisait noir, et la pluie cessait un peu; de sorte que la lueur des torches éclairait d'une teinte livide les visages hâves et les habits mouillés. « Que désirez-vous ? » demanda Lecointe. Ils répondirent : « Du pain, et la fin des affaires. — Combien êtes-vous ? — Six cents. — Autant de livres de pain vous suffisent-elles ? — Oui. » Lecointe partit pour aller chercher du pain. On le prenait d'abord pour un traître qui voulait savoir leur nombre; mais un des citoyens le reconnut. La municipalité de Versailles, à la pluralité de neuf voix contre sept, eut l'audace de n'offrir à Lecointe que deux tonnes de riz pour ces affamés. On épuisa forcément les boulangers, et plusieurs tonnes de vin furent apportées. Vers onze heures, les gardes-du-corps firent une légère attaque. On braqua les canons, et ils prirent la fuite.

Cependant Lafayette arrive avec l'armée parisienne. A Montreuil, il a fait prêter serment à sa troupe de respecter la demeure et la personne du roi. Deux représentants de la commune, MM. Lefebvre et de La Grey, l'accompagnent. Il est onze heures et demie. L'armée demande passage à la première grille du château. On ouvre. Le commandant général et les membres de la commune sont introduits dans le cabinet du roi, où tenaient conseil Monsieur, frère du roi, le comte d'Estaing, le maréchal de Beauveau, Necker, les principaux officiers de la garde, le garde-des-sceaux, et quelques autres courtisans. « M. de Lafayette, s'adressant au roi, lui a dit qu'il venait devers lui, avec deux députés de la commune de Paris, pour lui témoigner de leur amour pour sa personne sacrée et pour l'assurer qu'ils verseraient tout leur sang pour sa sûreté; que 20,000 hommes armés étaient dans l'avenue de Versailles; que la volonté d'un peuple immense avait commandé aux forces, et qu'il n'y avait eu aucun moyen de les empêcher de se porter à Versailles; mais qu'il leur avait fait prêter serment de se maintenir dans la discipline la plus exacte et la plus sévère, ce qu'ils avaient promis (1). » Sa majesté répondit aussi sur ce ton, et le commandant général, les députés de la commune, et Mounier, qui les avait accompagnés, rentrèrent à minuit dans l'assemblée, pendant que les gardes nationaux de Paris allaient se reposer jusqu'au matin dans les écuries du roi.

La salle de l'assemblée était pleine. Le peuple, venu de Paris pour agir à la place de ses tièdes représentants, conversait avec eux, assis sur leurs banquettes. L'arrivée de Mounier fit recommencer les délibérations. Dans un moment aussi grave et devant une actualité si pressante, quelques députés eurent la folie de mettre en discussion les lois criminelles de la constitution. « Assez! Assez! disait le peuple, nous ne sommes pas venus pour écouter tous vos longs discours! — Du pain! » Le *général Morphée*, Lafayette, sortit pour aller dire à la cour de se mettre au lit, que tout était calme. La fuite de la famille royale avait été tentée, même de l'aveu des feuilles royalistes; les voitures étaient parties et s'étaient échappées jusqu'à la rue de l'Orangerie, mais on les arrêta (2). La-

(1) Procès-verbal de la commune (*mardi, 6 octobre*).
(2) On voulut effectivement faire évader le monarque avec la

fayette revint prier Mounier de clore la séance, et chacun s'en alla. Les seuls députés patriotes restèrent. Lafayette dormit jusqu'au jour. Les gardes royaux étaient sous les armes dans les cours; les gardes nationaux veillaient aux postes conquis; on faisait des patrouilles. On n'entendit que quelques coups de fusil durant le reste de la nuit.

Maintenant nous sommes au mardi 6 octobre; cinq heures viennent de sonner à l'horloge de la chapelle, et tout semble encore dormir profondément dans le château du roi. Le peuple entre par une grille entr'ouverte qui donne sur la cour des princes, et se trouve bientôt dans le jardin. On monte un escalier : c'est celui qui conduit à l'appartement d'Antoinette, de cette reine dont tous les Français, même les plus calmes, maudissaient la race autrichienne et l'impudicité devenue proverbe. Quelle rage devait être dans le cœur des femmes parisiennes! Deux gardes-du-corps étaient en faction au pied de l'escalier. L'un des deux s'est sauvé; l'autre a été traîné par le peuple dans la cour de marbre. « Où est la reine; criait le peuple; où est la reine, qu'on l'égorge? Vive le roi ! » Un ouvrier tué par les gardes-du-corps, disent-ils, est porté par le peuple en haut de l'escalier; les fenêtres sont ouvertes, et ses pieds pendent sur la cour. « Vengeance! vengeance! En voici un! » On l'amène près du cadavre encore chaud. La garde nationale en faction dans la cour, toujours sage et modérée, arrive assez tôt pour chasser le peuple à coup de baïonnette. Les cent-suisses sont forcés. Deux nobles gardes-du-corps, atteints par le peuple, sont tués sur place, l'un à la grille, l'autre sous la voûte.

famille royale; mais la milice de Versailles arrêta et ramena les voitures. (*Relation très-exacte des événements*, p. 26.)

Nicolas coupe leurs têtes avec sa hache, et d'autres les élèvent au bout d'une pique toute sanglante. « A la lanterne les gardes-du-corps ! » Cette plèbe hargneuse de Paris, toujours si violente dans ses colères, longtemps paisible, ne connaît plus de bornes dans la bataille : malheur un jour à qui s'est longtemps moqué d'elle ! Un troisième garde-du-corps est blessé. La garde nationale reste immobile, et Lafayette dort encore. « Où est-elle, la reine ? — C'est une Messaline ; elle a trahi l'État ; elle a juré la perte des Français ; il faut la pendre ! il faut la pendre ! » Le peuple veut la trouver. Il entre. L'odeur des parfums et l'élégance des décors indiquent la route des antichambres d'Antoinette. Avertie par ses dames, elle s'est sauvée en chemise dans l'œil-de-Bœuf : la porte est fermée. Elle frappe, elle frappe, et crie : on lui ouvre enfin, et le roi la reçoit dans ses bras. Le peuple aimait encore le roi, parce que partout on le disait trompé par la reine et les princes, et les malédictions du peuple contre les crimes de la cour s'adressaient toutes à ces coupables : on n'avait pas encore appris à désespérer de la royauté.

Lafayette arrivait : il conjure les gardes françaises de venir avec lui pour délivrer la famille royale. Ceux-ci le suivent et montent les escaliers à la hâte. La colère du peuple s'apaisait : il était vainqueur ! le château fut repris facilement par Lafayette et les gardes, et le peuple emmena ses prisonniers dans la cour. Alors le commandant général ordonna de charger contre la foule ameutée : les grenadiers refusèrent ; mais le peuple leur abandonna ses victimes.

Le roi se présente au balcon. — « Vive le roi ! » Les gardes-du-corps jettent leurs bandoulières par les fenêtres, en criant : « Vive la nation ! Vivent les gardes-du-corps ! » répond à la fois toute la multitude qui remplissait la place d'armes. Quel peuple que le nôtre! il a tout oublié, ses rancunes de la veille, sa bataille de tout à l'heure, ses cris de mort, ses menaces, ses vengeances, et l'orgueil et les crimes de ses maîtres; il a tout pardonné! On chante maintenant sur la place; on s'embrasse. — « Le bon roi! » disent-ils. Les gardes-du-corps dépouillés sont fêtés, serrés dans tous les bras, baisés par toutes les bouches. Ceux qui restaient encore au balcon près du roi sont vivement priés de descendre, qu'on les embrasse; les gardes nationaux changent d'habit avec eux; on danse. « Et la reine? demanda-t-on. La reine était avec madame Élisabeth et les enfants dans les petits appartements, et pleurait. Lafayette va la chercher, et l'amène. On cria : « Pas d'enfants! » Et, les enfants partis, des applaudissements unanimes se firent entendre dans toute la cour.

Un homme de la foule dit alors : « Sire, à Paris! c'est le seul moyen de procurer du pain à nos enfants. » On se rappelle en effet qu'on est venu chercher le roi pour le ramener dans la capitale. « A Paris! à Paris! » répète la foule. Le roi donna sa parole qu'il partirait à midi, et les ministres jetèrent par les fenêtres un grand nombre de papiers, sur lesquels ils avaient écrit la promesse royale. Bientôt une décharge de mousqueterie annonce le départ.

Le roi revenait donc encore à Paris, cette fois pour y rester toujours, jusqu'au dénoûment du long drame des rois. Son chemin, de Paris à Versailles, fut une entrée de vrai triomphe. D'abord c'était le peuple chantant avec les gardes-du-corps, les gardes nationaux, et les femmes qui portaient du pain au bout des baïonnettes, ou des branches d'arbres ornées de rubans tricolores; les deux têtes sur leurs piques; les canons; des chariots de blé; puis des femmes et des hommes qui se tenaient par le bras devant le carrosse de la famille royale, disant aux passants de la route : « Nous ne manquerons plus de pain maintenant : nous amenons le *boulanger*, la *boulangère* et le *petit mitron;* » ensuite la famille royale, entourée des dragons, des soldats de Flandres et des cent-suisses ; puis encore la foule des soldats, des hommes et des femmes chantant, dansant, criant. Quelques-uns se demandèrent où était Necker dans cette journée, d'autres où était le duc d'Orléans. On n'avait pas vu le *ministre adoré*, et *monseigneur* ne s'était montré qu'à peine, après le danger, avec son chapeau gris et sa badine.

Enfin, sur les sept heures, la famille royale arrive à l'Hôtel-de-Ville à travers les rues illuminées. Moreau de Saint-Méry fit un discours au roi, et Bailly lui en fit deux, en lui offrant pour la seconde fois les clés de Paris. Leurs majestés allèrent coucher aux Tuileries ; *Monsieur* et *Madame* au Luxembourg. Les têtes des gardes-du-corps furent promenées dans Paris. Plusieurs fois on entendit le porteur crier aux passants : « *Gare ! c'est la justice du peuple qui passe* (1) ! » Ensuite le peuple alla les déposer à leur autel, au pied de la fameuse lanterne en fer de la rue de la Vannerie. Le lendemain, on portait dix-sept bières au cimetière de Versailles : sept gardes-du-corps, deux femmes et huit bourgeois.

Barthélemy HAUREAU.

(1) *L'Observateur.*

UNE SÉANCE

DU

COMITÉ DE SURVEILLANCE DE LA COMMUNE (1).

Sept siéges étaient placés autour d'une table ; deux hommes se promenaient dans l'appartement : c'étaient Marat et Panis.

— Nous sommes venus avant l'heure, dit Marat.

— Danton n'aura pas pu se débarrasser de ses imbécilles collègues, reprit Panis. En ce moment peut-être ils sont là près de lui qui tremblent et qui pleurent.

— Au reste, nous n'avons pas besoin de lui pour ouvrir la séance.

— Non ; mais nous avons besoin de Sergent, Jourdain, Duplain, Lefort, L'Enfant, nos très-honorés confrères du

(1) Fragment d'un livre intitulé *Danton*.

comité de surveillance, et les paresseux ne se pressent pas d'arriver.

— Ils font leur digestion, je parie, dans les galeries du Palais-Royal. Je suis tenté, sur ma parole, de dresser les listes sans eux. Pour ma part, j'ai assez de noms à y mettre.

— Sais-tu pourquoi Danton nous a demandé ces listes, Marat?

— C'est sans doute quelque nouvelle mesure révolutionnaire nécessitée par l'audace toujours croissante de la cour.

— Elle est incorrigible : on croirait vraiment qu'elle ne se souvient déjà plus du 10 août. Où veut-elle donc que nous allions ?

— A propos du 10 août, étais-tu aux dernières séances de la Convention ?

— Non.

— C'est dommage : tu aurais entendu les plus éloquents discours, les plus touchantes homélies, sur la violation sacrilége du palais du roi ; des anathèmes jetés à ce pauvre peuple, qui s'est permis de répondre par des balles à la mitraille des Suisses. Danton, Robespierre, Saint-Just, ont été fort maltraités. Quant à moi, on m'a voué à la haine de la France et à l'exécration de la postérité.

— Est-ce que la postérité t'occupe, Marat?

— La postérité est une sotte, qui décide à tort et à travers, par passion, par caprice ou par pruderie. Le siècle qui s'écoule n'est jamais apprécié par le siècle qui le suit, selon ses besoins, ses mœurs, ses exigences, ses nécessités. Au milieu des haines qui fermentent, des partis qui se choquent, qu'y a-t-il de bien, qu'y a-t-il de mal? Débrouillez ce chaos, si vous l'osez. La postérité, d'ailleurs, où est-elle? Une idée domine une époque ; toutes les forces vitales de cette époque tendent à la réalisation de cette idée, la couvent, la fécondent, la développent. Une autre époque amène une autre idée. Que devient la première ? une erreur ou un crime ; et ainsi, toujours ainsi, à chaque variation du système social. Pour une monarchie qui succombe, les pieds dans la fange, la tête au trou de la guillotine, la postérité c'est nous, républicains, qui la tuons; pour nous, républicains, si un jour se détraque et se brise, le vaste édifice que nous voulons élever, la postérité sera cette même monarchie. Avec cela, écrivez l'histoire. Est-ce que la victime est compétente pour juger le bourreau ?.... Et que celui-là me rendrait service, continua Marat en souriant amèrement, qui m'assignerait la date précise où commencera la postérité.

Puis il tourna brusquement le dos à Panis, se plaça à la table et prit une plume.

Sergent, Jourdain, Duplain, Lefort et L'Enfant entrèrent. Les sept siéges vides furent occupés.

— Voici notre contingent, dirent-ils. Si nous avons oublié des noms, nous tâcherons de nous les rappeler, et nous les inscrirons ici sur nos listes.

— C'est ce que je fais, dit Marat.... Contiennent-elles beaucoup de noms, vos listes ?

— Trois cent cinquante.

— Deux cents.

— Trois cents.

— Quatre-vingts, mais tous archevêques, évêques ou vicaires.

— Quarante, mais tous princes ou ducs. C'est du choix.

— Bien ! bien ! s'écria Marat, avec un mouvement de fureur convulsive, et jetant sa plume à terre ; bien, c'est là qu'il faudrait frapper, ce sont ces hauts sommets qu'il faudrait que la foudre populaire atteignît. Ces chênes orgueilleux et forts, qui n'ont jamais voulu que le pauvre allât s'abriter sous son ombrage, et qui lui interceptaient les rayons du soleil, lui feraient la place en tombant.

Le ministre de la justice, Danton, entra. Il tenait à la main une lettre ouverte : une vive émotion semblait l'agiter.

— Bonjour, citoyens ! Vos listes sont-elles prêtes ?

Un signe de tête affirmatif fut la seule réponse que Marat et ses collègues osèrent faire à sa brusque interpellation, tant sa voix avait quelque chose de solennel et de terrible, tant sa physionomie impressionnable était effrayante d'énergie.

Il se promena quelques instants de long et de large, une main dans la poche de sa culotte de satin noir, à boucles d'or, l'autre sous sa chemise à dentelle de Malines, froissant et déchirant avec les ongles sa poitrine, serrant les dents comme une bête fauve qui mâche sa proie. Puis ces mots s'échappèrent de ses lèvres pâles et tremblantes :

— Verdun est pris ; Beaurepaire s'est brûlé la cervelle plutôt que de se rendre. Les Prussiens sont à quatre marches de la capitale.

Une exclamation de stupeur accueillit ces foudroyantes paroles.

— Nous touchons à une crise décisive, reprit Danton ; le vieux levain monarchique fermente et bouillonne autour de nous. Aux efforts de Brunswick vont se joindre ceux de nos ennemis de l'intérieur. Depuis quelque temps, Paris regorge de nobles dévoués au roi, de prêtres fanatiques. La Vendée et la Bretagne nous ont envoyé leurs plus intrépides enfants ; les prisonniers des Carmes, du Châtelet, de la Conciergerie, ont reçu secrètement des armes ; enfin il s'agit en ce moment du salut ou de la ruine de la sainte cause que nous défendons.

— Paris est-il instruit de la fatale nouvelle que tu nous as apprise? demanda Marat à Danton.

— Non, pas encore.

— Et tes collègues du ministère ?

— Je le leur ai dit ; je leur ai annoncé même que j'étais prêt à appliquer au mal les énergiques remèdes qu'il exigeait ; que je ne reculerais devant aucune mesure, quelque terrible qu'elle fût, si elle sauvait la patrie. Ils m'ont deviné, je crois, et ils ont pâli, et ils ont gardé le silence. Lâches ou traîtres ! l'un des deux.... Ignorent-ils donc qu'au jeu des révolutions, on doit laisser sa tête sur le tapis ou prendre celle des autres. Perte ou gain.... Singuliers hommes, qui n'assignent de but aux choses que celui qu'ils leur ont assigné eux-mêmes dans leurs cerveaux plus ou moins étroits ; qui ne poussent jamais un système jusqu'à ses dernières conséquences, parce qu'ils n'ont pas la force de le regarder en face. Ils ont été des états-généraux à la Constituante, de la Constituante au Jeu de paume, du Jeu de paume au 10 août ; du 10 août ils iront à la déchéance de Louis, de la déchéance à la mort, de la monarchie à la république, et chaque fois ils se sont arrêtés ou s'arrêteront, effrayés, criant : « C'est assez ! » Eh non, ce n'est pas assez, tant que la société pourrie, avec laquelle vous avez engagé la lutte n'est pas décimée et anéantie, tant que la fange royale et aristocratique n'est pas balayée du sol ; tant qu'il reste encore une tête qui ne se courbe point sous la loi. Vous avez voulu marcher, marchez. Un système est de fer ; il ne ploie pas, lui, il ne transige pas. Les hommes qui l'exploitent se succèdent par couches nombreuses ; il faut des générations pour le comprendre et l'exécuter tout entier. L'une fait halte là, parce qu'il ne lui a été donné d'aller que jusque-là ; l'autre suit l'œuvre pour sa part aussi ; et ainsi, de pas en pas, de triomphe en triomphe, de gradation en gradation, le système arrive à son but, tenacement, à petit bruit ; et un temps vient où il est debout, l'immense édifice, après que des millions d'ouvriers, qui ont aidé à sa construction, dorment sous le sol et ne sont plus que poussière.

— C'est vrai, dirent-ils tous.

Voyez où nous sommes, continua Danton en donnant à sa voix une expression d'énergie extraordinaire. La France est sur le bord de sa ruine. Les partis la travaillent, la minent, lui enfoncent le couteau au sein, la saignent par tous les membres. A nos frontières, au cœur même du pays, les baïonnettes étrangères reluisent, le canon coalisé gronde, le cheval du cosaque hennit, le hurra prussien éclate comme un long cri de conquête. Savez-vous ce que viennent chercher les rois à Paris ? la révolution, de quelque forme qu'elle se pare, monarchique ou républicaine, pure ou souillée, avec un souverain constitutionnel, un président ou un consul ! la révolution, vaste traînée de poudre, qui les fera sauter eux et leurs trônes, s'ils nous laissent le temps de l'étendre et d'y mettre le feu. Qu'ils la prennent, et ils la tueront ! C'est leur mission : la nôtre, à nous, qui sommes ses enfants, qui vivons de sa vie et qui mourrions de sa mort, c'est de les empêcher de la tuer.

— En les tuant, eux et ceux qui les aiment, ajouta Marat.

— Jusqu'au dernier, s'écrièrent en se levant les six membres du comité de surveillance.

Danton saisit alors les listes qui étaient éparses sur la table.

Puis il sonna.

La porte de son cabinet particulier s'ouvrit ; et, s'adressant à son secrétaire, qui semblait attendre là ses ordres :

— Portez ces listes au procureur syndic de la commune. Il a déjà mes instructions. Que les nouveaux coupables que je lui signale soient arrêtés cette nuit même. Allez !

Il se retourna alors vers les membres du comité.

— Citoyens, en dressant ces listes d'arrestation, vous venez de rendre des jugements révolutionnaires. Demain le peuple les exécutera.

. . . .

Le lendemain, les journées de septembre commencèrent.

L.-M. FONTAN.

LES PROSCRITS

DE

LA RESTAURATION.

> Convaincus seulement du crime détesté
> D'avoir aimé, servi, chanté la liberté!...
> M. J. CHÉNIER.

Jetés sur une terre étrangère, au milieu de populations dont ils ignoraient le langage, sans protecteurs, sans amis, les proscrits de la restauration eurent à supporter de longs jours de détresse et de souffrance. Accoutumés à l'aisance, la misère les poursuivait ; habitués aux soins d'une mère ou d'une amie, ils étaient seuls, seuls avec leurs malheurs, ou seuls avec leurs compagnons d'infortune.

Les plus nombreux étaient des débris échappés aux conspirations du 19 août et de Saumur, de vertueux complices de Bories et de Berton. Les plus jeunes appartenaient aux écoles de droit et de médecine de Paris, membres des *ventes de carbonari*. Ils s'étaient arrachés, au commencement de 1823, à leurs études, pour aller défendre la constitution espagnole contre les serviles de l'armée de la Foi. La plupart d'entre eux étaient de fervents et sincères amis de la liberté. Pour elle, ils s'étaient arrachés aux douceurs de la vie domestique ; ils avaient voué leur existence aux troubles, aux agitations, aux périls ; ils venaient d'affronter les dangers des combats, et n'avaient pas même reculé devant la honte d'un échafaud.

S'ils eussent réussi !.... Mais le despotisme avait vaincu. Fugitifs, ce n'est qu'à grande peine que les volontaires français parviennent à se sauver d'Espagne, et encore tous n'en sortirent pas. Couverts de haillons, on n'ose presque les approcher, on ne les voit qu'avec peine, on ne leur parle qu'avec pitié. Dénoncés par toutes les aristocraties européennes, parce qu'ils ont dévoilé leurs projets liberticides ; calomniés par les prêtres, dont ils ont signalé l'intolérance ; poursuivis par les rois, dont ils ont voulu borner le despotisme, ils voient les épithètes les plus flétrissantes noircir toutes leurs actions. S'ils parlent des devoirs du prince, ce sont des démagogues; des droits du peuple, ce sont des jacobins ; des abus de la noblesse, ce sont des anarchistes; des excès du clergé, ce sont des athées. Leur patriotisme, disent leurs ennemis, n'était qu'ambition ; leur persévérance, entêtement ; leur courage, férocité ; leur ardeur du bien public, égoïsme et soif de vengeance. Beaucoup de ces proscrits ont sacrifié leur fortune pour la délivrance de la patrie, et on les traite d'aventuriers. Tous ont exposé leur vie pour la cause de la justice et de la liberté, et on les abreuve de mépris, et ils manquent d'asile et souvent de pain.

Sauvés d'Espagne, beaucoup de proscrits avaient cherché un refuge en Portugal, en Italie et en Suisse; mais ils furent bientôt obligés d'en repartir. Ce ne fut que par miracle, ou plutôt grâce à la hardiesse d'un de ses compagnons d'infortune, que celui qui écrit ces lignes échappa, à Lisbonne, aux fureurs de la contre-révolution. Il n'y a que l'Angleterre qui reçoit les proscrits, et encore, avec la suspension de l'*alien-bill*, ils n'y sont pas en complète sûreté. Un jeune peintre, chassé d'Italie et de Suisse, était aussi venu chercher un asile à Londres. Il y arrive au moment où le parlement votait la suspension de l'*alien-bill*, sauve-garde des étrangers. Il croyait recevoir l'hospitalité et vivre en travaillant : artiste, il est repoussé par les artistes, et manque de pain. Il pensait rencontrer le repos et la paix : demain il peut être livré à ses bourreaux. L'*alien-bill* l'épouvante ; la misère du présent, la crainte de l'avenir, lui donnent la vie en dégoût. Il fuit.... Huit jours après, on retrouve, aux environs de Londres, dans le plus épais d'un taillis, son corps percé d'une balle et déjà à moitié dévoré par les corbeaux.

C'était, je crois, un an après ce triste événement, au milieu de l'hiver de 1824, que, chaque soir, se réunissaient dans une chétive maison de *Denemark street, Soho square*, une vingtaine de proscrits de la restauration. Ils y venaient de tous les coins de Londres pour y parler de la patrie absente, pour s'y conter leurs peines et se repaître de menteuses illusions. Le lieu de réunion était la chambre d'un de leurs compagnons d'exil, nommé Défossé, ex-lieutenant des chasseurs à cheval de la vieille garde, l'un des plus braves et des plus beaux officiers de l'ancienne armée. Quand il arrivait que l'un des proscrits avait reçu, dans la journée, le prix d'une leçon de français, d'équitation ou d'escrime, ou bien un secours d'argent de sa famille ou d'un ami, il remettait quelques schellings à la gentille irlandaise Mary, servante de la maison, pour acheter le charbon de la soirée et les quelques pots d'*half-and-half* (bière mêlée) destinés à réjouir la compagnie, dont la moitié n'avait souvent pas dîné.

C'était là qu'on rencontrait chaque soir les proscrits de la restauration, ou, comme ils s'appelaient eux-mêmes dans leurs courts instants de bonne humeur, les *troubadours de la jeune France*. C'était là que venait le bon et obligeant Pompas, alors sous le poids d'une condamnation à mort, comme complice de Berton, aujourd'hui capitaine de gendarmerie dans la Vendée ; le capitaine Michelet, qui courait le cachet en donnant des leçons d'armes ; l'encyclopédiste Nantil, principal acteur dans la conspiration du 19 août, homme de talent et d'honneur, devenu à Londres maître de langues, de dessin, de mathématiques, de musique, enseignant la gymnastique et les fortifications, faisant le médecin et le ventriloque, et toujours pauvre, grâce à sa générosité ; ses deux complices de conspiration, Ray, de Grenoble, que la cour d'Angers compte aujourd'hui au nombre de ses plus savants et de ses plus intègres magistrats ; et Gaspard Lavocat, que nous appelions *Gaspard l'Avisé*, et qui ne fut en effet pas trop mal avisé quand, depuis la révolution de juillet, il se fit nommer député, lieutenant-colonel de la 12e légion de la garde nationale de Paris, officier de la Légion-d'Honneur et directeur de la manufacture des Gobelins.

C'est là, chez l'infirme Défossé, que se rendaient encore le colonel Caron, complice de Vallé dans l'affaire de Toulon ; le négociant Puel, qui fit trois fois depuis le voyage d'Amérique, et s'enrichit à Buénos-Ayres et à la Colombie ; le brave Thomas, Pylade qui a perdu son Oreste, et dont dernièrement la royauté du 9 août demandait la tête ; le colonel Marbot, comblé d'honneurs par cette même royauté ; le mathématicien Lepage ; l'ex-garde-du-corps Delacombe, complice de Peuguet dans la conspiration de Béfort; le grammairien Chauvet, que Montalivet a fait principal du collége de Riom ; Poulin, condamné à mort, comme Pombas et Chauvet ; enfin l'adjudant général Zénowitz, descendant de l'empereur Zénon, et qui, sans le sou, occupait maison entière dans le plus beau quartier de Londres, où souvent venait chercher gîte l'étudiant en droit Gauja, gérant du *National* en juillet 1830, aujourd'hui préfet de Maine-et-Loire ; le cosmopolite Martin Maillefer, que l'Ordre de choses a trouvé moyen d'englober dans la dernière conspiration de Lyon, et moi, qui commençais alors le pénible métier de journaliste dans les recueils périodiques anglais.

Il venait encore quelques autres proscrits à nos réunions de *Denemark street*, mais ceux-ci s'y montraient plus rarement. J'y vis le colonel Fabvier et le général Lallemand, le premier élevé au grade de général, le second fait pair de France, depuis la révolution de juillet; l'un et l'autre n'étaient alors guère plus riches que nous. Il y venait aussi de loin en loin quelques débarqués de France, nos amis ou les amis de nos amis. M. Beni de Nanci y vint demander des nouvelles d'un frère qu'une balle française avait tué sur les bords de la Bidassoa ; plus heureux, Jean Degeorge, de Béthune, put y embrasser le sien. Le spirituel éditeur de *l'Artiste*, Ricourt, nous y désopila plus d'une fois la rate en faisant Mayeux, et en singeant Damas, Baptiste ou mademoiselle Duchesnois ; et un habile joueur d'échecs du café de la Régence y fit régner quinze jours l'abondance, avec l'argent qu'il était venu gagner aux Anglais.

Mais au nombre des proscrits français réfugiés à Londres, que je n'aille pas oublier Persat; car sa présence au milieu de nous fournira un épisode à ce récit.

Persat était un capitaine de lanciers de notre vieille armée, ayant taille à la Kléber, figure belle et martiale, portant des moustaches épaisses et noires comme le jais. Impatient, inquiet, aventureux, Persat avait quitté la France après nos désastres de Waterloo, et était allé prêter l'appui de son sabre à tous les peuples qui, depuis dix ans, s'étaient soulevés contre la tyrannie. Bolivar l'avait vu, en Amérique, combattre à ses côtés; l'Italie et l'Espagne l'avaient eu pour défenseur de leur constitution. En Grèce, son sabre avait abattu plus de vingt têtes d'infidèles, et une jeune fille turque qu'il avait sauvée de la mort dans les champs d'Athènes prouvait qu'il était aussi humain que courageux. Amenée en France par Persat, et convertie à la foi chrétienne, Adèle attendait, dans un couvent de Marseille, le retour de son sauveur, du père de son enfant.

Pendant que le plus grand nombre des proscrits calculaient les chances qu'ils avaient de rentrer bientôt au sein de la patrie, lui Persat songeait à se rendre à Marseille et à passer de là en Egypte, prévoyant, disait-il, que le vice-roi secouerait bientôt le joug du sultan.

Un soir, nous étions tristes, car les nouvelles de France n'étaient pas bonnes, et le limpide *half-and-half* n'avait pas été apporté par l'Irlandaise Mary; un soir donc, le capitaine Michelet entre, un journal anglais à la main.

— Encore un Louis XVII, dit-il : les Mathurins Bruneau ne tariront donc pas?

— Donne, crie aussitôt le *french teacher* Chauvet, donne, que je vous apprenne ce que *the Times* raconte de ce nouveau roi.

Chauvet commence alors, mais sans que l'assemblée prête d'abord beaucoup d'attention à sa lecture.

« Ce nouveau Louis XVII prétend n'avoir échappé aux

vengeances de ses ennemis que grâce à une famille d'Auvergne qui le reçut au temps de la terreur, l'adopta, et lui fit prendre le nom d'un enfant qu'elle venait de perdre, et qui s'appelait Victor Persat. Il compte.... »

— Victor Persat! s'écrie à ces derniers mots le capitaine des lanciers; Victor Persat! mais c'est mon frère, mon frère dont je n'avais pas entendu parler depuis dix ans. Mon frère.... Louis XVII.... Est-ce bien possible.... Oui, je....

Un éclat de rire, parti à la fois de toutes les bouches, arrêta court notre ami.

— Eh bien! prince royal, tu me feras donner une bonne place dans les Invalides, dit en ricanant Desfossé; car, avec l'atout que j'ai reçu à la jambe, je ne suis plus guère bon qu'à aller manger la soupe à la grande marmite des vieux troupiers.

C'est encore un échappé des petites-maisons, dit l'un; un intrigant, dit l'autre; qui, comme ses prédécesseurs, ajoute un troisième, finira par aller rêver le trône au fond de quelque bonne prison; et puis tous en cœur chantaient le refrain de Béranger :

> Croyez-nous, prince de Navarre,
> Prince, faites-nous..... du mortier.

Le capitaine Persat, assiégé de questions ironiques ou plaisantes, était dans la stupéfaction.

— Mais écoutez la fin, reprit Chauvet :

« Victor Persat quitte New-York. Il vient au Havre réclamer de son oncle, devant toute la France, sa qualité de roi. »

— Louis XVII ne serait-il donc pas réellement mort? interrompt le Polonais Zenowitz... Un fait certain, c'est que tous les trônes ne sont pas occupés par leurs légitimes héritiers.

— Voyons, Persat, ce dauphin ressuscité est-il bien ton frère? reprend Michelet.

— Mes amis, Victor Persat a toujours passé pour mon frère, mais je croirais bien qu'il ne l'était pas, que c'est le vrai dauphin. A la maison, mes parents avaient plus de soins, plus d'égards pour lui que pour moi et mes autres frères. Il se faisait appeler *Monsieur* par nous tous, et parlait souvent d'avenir et de grandeur. Ma mère, qui avait dansé autrefois avec Louis XVI ou le comte d'Artois, était une grande royaliste, et je ne serais pas étonné qu'elle eût accueilli chez elle le dauphin, et que mon frère et elle l'eussent fait passer pour leur fils.

— Oui, mais il fallait qu'il pût s'échapper du Temple, où il était bien et dûment gardé, fit observer Maillefer.

— Laissez-moi donc achever ma lecture, et vous saurez comment tout cela advint, reprit Chauvet.

« Renfermé au Temple, un joueur d'orgue l'enleva dans la caisse de son instrument, au mois de février 1793, et substitua au prince un enfant du même âge. Le joueur d'orgue le remit à un colporteur qui le porta, dans sa boîte, à un château à trois lieues de Riom.

— C'est chez mon père, interrompit Persat.

— Tais-toi donc, laisse continuer Chauvet, reprit Desfossé.

« ... A un château à trois lieues de Riom. Là on lui fit prendre un breuvage destiné à le rendre muet, et on le substitua à un enfant nommé Victor Persat, dont il usurpa le nom et la place. A dix ans, la parole lui fut rendue, parce qu'on cessa de lui administrer le breuvage qui lui donnait ce mutisme artificiel. A dix-sept ans, il s'engagea au 25ᵉ régiment de chasseurs à cheval, sous le nom et l'acte de naissance de Victor Persat ; de là, il passa au 29ᵉ régiment de la même arme, et, en 1811, aux chasseurs de la vieille garde. Blessé à la retraite de Moscou, il obtint une pension sous le nom de Victor Persat, dans la famille duquel il revint... »

— Et où il empocha bel et bien sa part dans la succession que nous laissa mon père, reprit le capitaine. Aussitôt après il partit pour l'Amérique, et jusqu'à ce jour je n'avais plus entendu parler de lui.

« Il y fut maçon, entrepreneur en bâtiment, capitaine de corsaire, etc. Ce ne fut qu'en 1822, lors de son séjour à la Havanne, que ses libérateurs... »

— Le joueur d'orgue et le colporteur ? demanda Desfossé.

« Que ses libérateurs lui prouvèrent qu'il n'était pas Victor Persat, mais le fils de Louis XVI ; que son oncle, Louis XVIII, était un usurpateur. C'est alors qu'il quitta la Havane, et alla à Washington, où il se présenta au congrès, qui, dit Chauvet en passant le journal à Maillefer, le reçut fort bien. »

— Ils ne sont donc pas sans fondement les droits de mon frère..., du nouveau dauphin, dit en se reprenant le capitaine Persat, puisque le congrès accueillit favorablement ce prétendant.

— Nous rentrerons donc en France. — Que serai-je à la nouvelle cour ? — Je veux être aide de camp du nouveau roi. — Moi, je veux être son ministre des finances. — Nous mettrons Rey à la justice. — Le général Lallemand à la guerre. — Je réclame mon grade des cent-jours. Vive Louis XVII ! Vive Persat !

Ce fut, pendant une demi-heure, un bruit à ne pas s'entendre. On sautait, on criait, on riait, à étourdir toute la maison. On appela Mary : elle vint tout ébahie de ce vacarme. On se cotisa pour boire un verre de vin du Cap en l'honneur de ce grand événement, et l'on recommença à discourir et à gambader.

Durant cette scène divertissante, Persat seul était sérieux ; seul peut-être il n'était pas convaincu de la bâtardise de la nouvelle royauté. Il ne pouvait s'empêcher, malgré nos rires d'incrédulité, de parler du bonheur dont jouirait la France sous un roi de la trempe de son frère, qui, nous disait-il, vrai chenapan, ne convoiterait jamais le pouvoir absolu, pourvu que le gouvernement représentatif lui donnât de quoi boire du schnique à son aise, et le laissât même mourir de la maladie de François Ier ou de Louis XV, si telle était sa fantaisie.

Si le capitaine Persat rêva un instant la fortune, le rêve ne fut pas de longue durée. Louis XVII arriva, il est vrai, au Havre ; mais, au lieu de l'accueil auquel devait s'attendre un prince si miraculeusement échappé à tant de dangers, il fut jeté en prison, puis envoyé à Bicêtre, dans l'hospice des aliénés.

Le trait distinctif des amis de la liberté est de ne jamais perdre l'espérance, et, au comble même de l'infortune, de croire encore au succès d'une cause qui, pour le vulgaire, est irrévocablement perdue. C'était cette croyance en un meilleur avenir qui animait les proscrits de la restauration. Ils se disaient que les semences de liberté avaient été trop répandues, trop profondément enracinées au sein des nations, pour que les efforts des rois, des nobles et des prêtres, puissent jamais les stériliser. Aussi accueillaient-ils avec confiance tous les projets qui avaient pour but de combattre le despotisme et d'appeler les peuples à la liberté.

C'est ainsi que, traqués dans les ventes de carbonari,

ayant vu le sang des Bories, des Berton, des Sirejean, des Vallé, des Caron, rougir l'échafaud, les étudiants des écoles de droit et de médecine de Paris qui partaient pour l'Espagne croyaient fermement à la possibilité d'insurger le cordon sanitaire et de renverser par lui les Bourbons. C'est ainsi qu'après le passage de la Bidassoa, abandonnant l'Espagne, pour ne pas imiter les émigrés de Coblentz et combattre des Français, ils projetaient sur les côtes de Bretagne un débarquement que le prince d'Orange devait seconder. C'est encore ainsi que, déçus dans cette espérance, le colonel Fabvier alla en Grèce et le général Lallemand en Amérique concerter d'autres plans d'attaque qui ne devaient pas obtenir une meilleure exécution. C'est dans le malheur, au sein même des mauvais succès, que certaines âmes se trempent d'une nouvelle énergie. Pour la plupart des proscrits, les entreprises hardies, quoique malheureuses, qu'ils avaient tentées, au lieu d'abaisser leur courage, avaient augmenté leur audace. Ils étaient poussés par la conviction de bien faire; et, trahis une fois par la fortune, ils disaient comme Frédéric : « Je ne suis pas étonné qu'elle me soit contraire aujourd'hui, car elle est femme; j'aurai ma revanche demain. »

Mais ce demain si impatiemment attendu n'arrivait jamais. Le colonel Fabvier, parti pour la Grèce avec le lieutenant Robert et l'ex-commandant de l'école de cavalerie de Saumur, l'héroïque Dulong, n'appelait à lui aucun autre proscrit; et le général Lallemand n'amenait pas des Etats-Unis les deux frégates avec lesquelles, nouveaux Argonautes, nous devions aller conquérir une patrie.

Il y avait deux ans que les proscrits de la restauration étaient en Angleterre. Les dix mille francs que leur avait envoyés Laffitte, les vingt mille francs que Lafayette leur avait adressés pendant le cours de son voyage triomphal aux Etats-Unis, n'avaient pu éloigner d'eux la misère, j'allais dire la faim, car la moitié du temps ils ne possédaient pas le schelling indispensable pour s'asseoir à la table de la gargotte de *Princes street*, restaurant des proscrits.

Il fallait posséder quelque énergie pour supporter les privations, les souffrances d'un pareil exil. Plus d'un y succomba; des pensées de suicide se logèrent dans plus d'un cerveau. C'est à cette époque, au commencement de 1825, à cette époque la plus difficile de notre proscription, qu'on vit comment une âme vigoureuse sait relever le corps qu'elle anime, et comment une âme faible perd celui qui lui est confié. Tandis que le plus grand nombre des réfugiés à Londres s'efforçaient de détourner fièrement les yeux de ce qui est, pour ne voir que ce qui doit être, d'autres se concentraient lâchement dans les douleurs du présent, ne sachant même pas apercevoir une seule consolation, une lueur d'espérance dans le champ de l'avenir. Je ne dirai pas les noms des quelques proscrits qui se déshonorèrent en mendiant leur grâce des Bourbons. Il est un spectacle plus beau à offrir à l'exemple des patriotes : c'est l'homme de cœur en prise avec l'adversité, se parant de son courage pour s'en faire un bouclier contre les traits du destin.

Ce spectacle, beaucoup de proscrits le donnèrent. Au sein de la misère, ils surent conserver leur dignité d'homme; couverts de haillons, ils savaient faire respecter en leur personne la qualité de Français. Plusieurs parvinrent, à la longue, à se créer des ressources dont profitaient leurs camarades de proscription. Ceux qui avaient suivi la carrière militaire donnaient des leçons d'escrime et d'équitation; le capitaine Michelet obtint même la vogue en peu de temps. Les savants de la troupe, Nantil, qui sortait de l'Ecole polytechnique; Hervieu, élève de Girodet; Chauvet, André,

Pégulu, etc., entraient comme maîtres de mathématiques, de dessin, de français, dans les pensionnats et les écoles; Rey, Maillefer, Benjamin Laroche et celui qui écrit cet article faisaient de la propagande républicaine dans les journaux. Tous ou presque tous cherchaient par le travail à combattre la misère. Le colonel Duverger, qu'un boulet miguéliste tua plus tard au service de don Pedro, mettait son industrie en société des guinées anglaises pour élever une fabrique d'eau-de-vie dans un faubourg de Londres. Le colonel Marbot et Thomas s'occupaient à créer une agence de correspondance et d'affaires. Puel voguait à pleines voiles dans les grandes opérations d'exportation et de banque; Brunet et Mathieu devenaient des commissionnaires en vins français; le capitaine Georges s'intitulait médecin et traitait ses malades en artiste vétérinaire; Pompas vendait des journaux.... San-Miguel, l'ex-ministre des affaires étrangères d'Espagne, les imprimait bien.

C'est éloigné de sa patrie qu'on a surtout besoin de s'entretenir d'elle; de savoir comment on y existe, ce qu'on y pense et ce qu'on y fait. Plus d'un proscrit risqua sa tête pour aller embrasser une mère, chercher des nouvelles d'une famille absente, concerter quelque plan en faveur de la liberté. Le colonel Caron se rendit deux fois à Paris pour revoir un fils qu'on prétendait disputer à sa tendresse de père. Lavocat y alla pour réclamer de la foi d'une amante l'exécution d'une promesse donnée. J'y fus aussi, et c'est Armand Carel qui me donna asyle, au mépris des cinq années de prison prononcées par le Code pénal contre celui qui recèle un proscrit.

C'est dans la proscription et l'infortune, lorsque chacun se retire devant vous comme le malheur ou vous fuit comme le crime lui-même; lorsqu'un pouvoir inique vous oblige à l'isolement et défend à la société de vous prêter appui, c'est alors que l'hospitalité d'un ami vous est chère, que l'affection de vos semblables vous est douce : car c'est dans l'infortune que l'homme a le plus besoin de l'homme, et que l'humanité devient précieuse et nécessaire. Cette consolation ne manqua pas entièrement aux proscrits de la restauration. Que d'amis en France je pourrais citer qui leur restèrent fidèles! Et sur la terre d'exil, les noms du général sir Thomas Dyer, de l'alderman Wood, du colonel Jones, des docteurs Bowring et Gilchrist, du poète Thomas Campbell, de Robert Willoughby, de James Buckingham, de John Sterling, de John Thelwall, de l'avocat Troloppe, ne leur rappellent-ils pas de nobles et généreuses amitiés. Aux femmes surtout l'allégement de nos souffrances. C'est que les femmes ne s'intéressent pas seulement au malheur qui commence, parce qu'il s'y mêle toujours quelque espoir de le voir finir, mais qu'elles s'y intéressent encore quand le malheur est opiniâtre et qu'il se prolonge sur un long avenir. La nature, qui forma les femmes pour aimer, ne fit jamais chez elles un sentiment stérile de la pitié ; car rien ne les lie autant que les larmes qu'elles répandent sur de glorieuses infortunes, rien comme le malheur n'obtient leur divine amitié.

Il en est des hommes énergiques comme des peuples courageux. Ils se créent des ressources, et souvent ils se relèvent au sein de l'affliction. C'est ce qui finit par arriver aux proscrits de la restauration. Plusieurs, qu'aucune condamnation n'était venue atteindre, rentrèrent successivement en France. Le baron Quinette, aujourd'hui maire de Soissons, Barthélemy, président du tribunal civil de Montmorillon, Meynier, conseiller à la cour suprême de la Guadeloupe, Hennequin, fils du peintre, auteur du tableau d'Oreste, Rozé, receveur aux octrois de Paris, Caussin de Nantes, Tessier-Delamotte, maire des Rosiers, le colonel

Marbot, Thomas, Gauja, Maillefer, Lepage, Brunet et plusieurs autres de nos compagnons d'Espagne, avaient revu le sol de la patrie. L'amnistie du 28 mai 1825 en rappela cent trente autres, en tête desquels figuraient les généraux de Vaudoncourt et d'Erlon. Le reste, au nombre d'une trentaine, refusant la clémence des Bourbons, attendirent que l'heure de la justice ou de la délivrance eût sonné pour eux et pour la nation.

Cette heure sonna enfin. Après trois jours d'héroïsme et de combats, le drapeau tricolore, arboré le 29 juillet au faîte des Tuileries par Thomas, Gauja, Joubert et Guinart, vint annoncer que le peuple avait vaincu et que les portes de la France allaient être rouvertes à tous les proscrits.

Quelques jours après, les derniers débris de l'émigration patriote se réunissaient, à Paris, à leurs anciens compagnons d'exil. Plusieurs manquaient : Dulong était mort dans les champs de la Grèce ; le capitaine Georges avait fini misérablement, à Londres, une vie brillamment commencée, et le brave Desfossé, embarqué pour les Etats-Unis, avait péri avec le navire qui le portait, en vue du rivage américain, quand il allait demander aux frères Peugnet, proscrits aussi par les Bourbons, mais proscrits moins malheureux que lui, du repos, un asyle et du pain.

L'amitié formée dans l'exil est un lien à jamais indissoluble ; car, s'il est vrai que celle contractée au milieu des plaisirs dont le souvenir s'efface ressemble au désert de sable qui avale avec avidité toute la pluie qui tombe et l'ensevelit sans retour, celle née au sein du malheur, qui rapproche et attache les hommes, semblable à la branche d'arbre qui rend sa sève à la racine d'où elle vient, conserve la mémoire des services qu'elle a reçus. Aussi on peut se figurer quelle fraternelle rencontre fut celle des proscrits ; quelle allégresse ils eurent à se retrouver, à se parler de leurs misères passées, de leur bonheur présent, à se conter leurs rêves d'avenir. Ceux qui arrivaient de l'étranger disaient l'enthousiasme des peuples pour notre révolution, témoignaient leurs regrets de n'avoir pu assister à cette dernière lutte pour la liberté ; ils racontaient les tressaillements de joie et d'espérance que la première nouvelle de la victoire parisienne leur avait donnés. Ceux qui s'étaient trouvés à Paris pendant le combat du peuple en racontaient les prodiges (1). Tous, voyant le général Lafayette placé à la tête de la force publique, voyant les emblèmes de la royauté effacés des palais, couverts de balles et de boue ou traînés dans les ruisseaux ; voyant les députations de toute la France accourir à Paris pour y fêter l'héroïsme de la grande cité ; voyant les vœux formés par les nations pour le succès de la sainte cause qui venait de triompher aux barricades ; tous, dans la réapparition du drapeau tricolore, revoyaient un signal de délivrance pour les peuples; un signal de terreur pour les despotes ; tous, se sentant émus d'un sentiment irrésistible d'espérance et de liberté, se confiaient dans le républicanisme du général Lafayette, et attendaient la promulgation de ce gouvernement *du pays par le pays*, pour la conquête duquel ils avaient conspiré et affronté la mort dans les *ventes de carbonari*.

On sait, de tous ces beaux rêves, ce qui est advenu. Louis-Philippe est roi, et les proscrits de la restauration sont presque partout aujourd'hui suspects aux hommes du 9 août.

Frédéric DEGEORGE.

---

(1) Bastide, Brunet, Degeorge, Delacombe, Dufresne, Fabvier, Gauja, Lavocat, Lepage, Maillefer, Quinette, Rey, Rozé, Thomas, Tessier-Delamotte, ex-proscrits de Londres, ont reçu la croix de juillet.

UNE NUIT D'ÉTUDIANT

SOUS LA RESTAURATION

(DU 19 AU 20 AOUT 1820).

Cette nuit pouvait être la dernière pour beaucoup d'entre nous. Elle fut notre début dans une carrière de dévoûment et de périls, où de nobles victimes nous ont légué de glorieux souvenirs, de civiques devoirs et de généreux exemples.

Avant de retracer cette nuit si longue, si anxieuse pour un grand nombre de jeunes patriotes des Écoles et du Commerce de Paris, il me paraît utile de remonter au mois de septembre 1818, c'est-à-dire à la fondation de la respectable loge des AMIS DE LA VÉRITÉ.

Le hasard fit se rencontrer dans les bureaux d'une administration secondaire de la capitale quatre modestes commis : le plus âgé avait vingt-quatre ans ; les trois autres n'avaient pas, à eux trois, la soixantaine.

Ces quatre commis n'avaient point donné leur consentement aux béatitudes de la restauration : trois avaient combattu les deux invasions sous les murs de Paris ; le quatrième était ce qu'on appelait alors un brigand de la Loire ; tous gardaient rancune à ces singuliers alliés de la France, venus des quatre coins de l'Europe tout exprès pour réintrôniser des princes proscrits oubliés depuis un quart de siècle, et inconnus à l'immense majorité de la nation.

Ils poussaient l'ingratitude jusqu'à méconnaître les douceurs des cours prévôtales et des assassinats télégraphiques du ministère Decaze.

Leur bureau devint un foyer de mauvaises pensées (style Jean de Broé, Bellart, Marchangy et autres *Gens du roi* de ce temps-là.)

Ils suivaient les cours du quartier latin, et conciliaient de leurs mieux leurs devoirs bureaucratiques avec le désir de perfectionner leur instruction lycéenne.

Mêlés aux étudiants en droit et en médecine, ils remarquèrent que la jeunesse studieuse de Paris manquait d'un lien commun.

Ils savaient que Dieu lui-même a dit : *Il n'est pas bon que l'homme soit seul;* et avaient lu sur une monnaie républicaine cette belle maxime : *L'union fait la force.*

Ils comprirent que le patriotisme de la jeunesse pourrait s'attiédir et demeurer stérile en restant individuel.

Ils résolurent de faire cesser cet isolement, et conçurent de prime-abord la pensée de rallier aux deux grandes masses des disciples de Cujas et d'Esculape les élèves de l'école Polytechnique, des écoles de Pharmacie, des Mines, des Beaux-Arts; les clercs d'avoués et du notariat; en un mot les jeunes gens appliqués aux études spéciales.

A cette première idée, qui ne venait pas de lui, Bazard, leur doyen d'âge, ajouta celle de rallier aux étudiants proprement dits cette masse bien plus considérable de jeunes hommes qui, de toute les parties de la France, viennent à Paris se former aux habitudes commerciales.

« Les élèves du commerce, disait Bazard, vivent plus
« isolément encore que les étudiants; la nature même de
« leurs occupations doit tendre à affaiblir plus prompte-
« ment en eux les inspirations juvéniles du patriotisme.
« Les mettre en contact avec les étudiants, ce serait leur
« faire naître le désir de cultiver davantage leur intelli-
« gence et les dérober à l'influence de l'égoïsme mercantile
« dont leurs patrons ne leur donnent que trop l'exemple
« et le précepte. »

Telles furent les idées qui présidèrent à la fondation de la loge des *Amis de la vérité*, sorte de séminaire patriotique où les quatre commis résolurent de convier la jeunesse parisienne.

Trois étaient francs-maçons de bon aloi, c'est-à-dire qu'ils avaient reçu la lumière au milieu des niaiseries sacramentelles prescrites par le Grand-Orient. Le quatrième devint leur frère avec un peu moins de cérémonie.

Un mois après, dix étudiants en droit, dix étudiants en médecine et dix commis négociants devinrent francs-maçons d'une manière, il faut l'avouer, peu orthodoxe, et raisonnablement contraire aux us et coutumes de la grande famille de maître Hiram.

Cette colonie naissante fut pendant un mois exercée aux pratiques du cérémonial maçonnique, et mise en état de figurer, sans trop de gaucherie, parmi les plus scrupuleux observateurs du rite écossais.

Quatre honnêtes francs-maçons, pourvus de brevets réguliers et zélés propagateurs de la vraie lumière, se joignirent aux trois commis, leurs frères légitimes; et, sur la demande de ces sept enfants de la Veuve, le Grand-Orient permit l'établissement d'une loge nouvelle, à l'orient de Paris, sous le titre distinctif des AMIS DE LA VÉRITÉ.

En moins d'un an, cette loge se composa de plus de mille membres.

Aux pratiques surannées et depuis longtemps insignifiantes des épreuves matérielles et mystico-morales elle substitua des examens et des discussions où chaque néophyte put s'éclairer sur ses droits et ses devoirs civiques.

Ses séances offrirent souvent le spectacle, peut-être unique en France à cette époque, d'une réunion où les questions philosophiques et politiques les plus hardies étaient traitées avec une indépendance qu'on pouvait appeler audacieuse.

J'ai peine à croire que la majorité de ceux qui devinrent nos frères dans les cinq premières années de l'existence de notre loge n'ait pas gardé souvenir des discussions animées dans lesquelles beaucoup de nous puisèrent des convictions morales et politiques dont ils auraient vainement cherché ailleurs l'enseignement.

Pour donner une juste idée de cet enseignement mutuel, je me bornerai à reproduire ici quelques extraits d'un projet de déclaration de principes, rédigé par une commission spéciale, pour servir de base à nos discussions dans le sein de la loge.

Cette pièce fut imprimée et distribuée à tous les membres de notre atelier; elle contenait les propositions suivantes :

« ..... Le caractère des vérités est d'être immuables.
« Les principes de la vraie morale doivent donc reposer,
« non sur des opinions dont les formes varient suivant les
« individus, mais sur des basses fixes et inattaquables.

« Les idées métaphysiques sont des opinions explica-
« tives des phénomènes de la nature; aucune n'est sans
« contradictions. Les religions sont des idées métaphysi-
« ques formulées par des dogmes et un culte; elles chan-
« gent par nations et par siècles.

« La morale, au contraire, ne tient ni aux temps, ni
« aux lieux, ni aux individus. Elle tient à l'espèce
« humaine tout entière : car, supposez un homme seul
« dans le monde, il n'y a plus d'actes moraux ou immo-
« raux.

« La morale est la loi des rapports entre les hommes,
« et la seule chose, dans tout ce qui est humain, qui ne
« change pas, étant l'homme lui-même, autrement dit son
« organisation, cette organisation doit être la base de la
« morale.

« De l'organisation, soit physique, soit morale, résultent
« des facultés, qui, toutes voulant être satisfaites, se
« résolvent en besoins.

« Les besoins sont invariables dans leur essence; ils
« sont absolus; ils ne varient que dans l'application.

« Chaque homme, à l'égard des autres, a droit à satis-
« faire ses besoins : ainsi, vivre, exercer une industrie,
« prendre domicile, se marier, voyager, posséder, com-
« muniquer sa pensée, s'instruire, se défendre, sont des
« droits naturels.

« De ce que chacun possède les mêmes droits il résulte
« que nul n'a droit à empêcher son semblable, et que tous
« sont absolument égaux. Sans l'égalité, les droits seraient
« comme s'ils n'existaient pas.

« L'égalité entière, pour chaque individu, commence,
« à l'égard de la société, au moment où il a atteint sa par-
« faite organisation.

« Nul n'a droit de nuire aux aptitudes d'un autre, au-
« trement d'attenter à son organisation, pour détruire les
« facultés qui se développeront en lui.

« On est juste toutes les fois qu'on respecte l'égalité ;
« on est libre quand on jouit du plein exercice de tous
« ses droits.

« La société est le résultat de l'impulsion des facultés
« naturelles ; et, pour tous, elle est le moyen d'exercer
« leurs droits.

« Chacun a droit à gouverner, et par suite à déléguer.

« Les lois positives ne peuvent être que des moyens de
« garantie.

« Toute pénalité consiste dans la privation d'un ou
« de plusieurs droits ; elle n'est utile que comme moyen
« préventif.

« Le devoir découle du droit.

« Tout homme, dans l'intérêt de l'espèce humaine,
« dans l'intérêt de la société, dans celui de son bonheur,
« de sa vie tout entière et de sa gloire, doit respecter les
« droits des ses semblables, concourir aux efforts com-
« muns de défense, n'oublier jamais qu'il y a quelque
« chose entre lui et un autre homme, et poursuivre de
« son mépris et de sa haine toute immoralité, de quelque
« part qu'elle vienne... »

Les AMIS DE LA VÉRITÉ s'imburent de ces principes et les répandirent au dehors ; ils eurent une doctrine commune, élaborée par eux-mêmes, devenue en quelque sorte leur évangile moral et politique.

Au bout de deux années, toute cette masse de jeunes gens qui, auparavant, seconnaissaient à peine, fut unie par les liens d'une amitié réelle et d'une confiance absolue.

Elle mit en commun ses sentiments, ses espérances et ses efforts patriotiques.

Si, en reproduisant ces souvenirs de notre jeunesse, nous ne nous étions point interdit toute révélation qui fût de nature à blesser la modestie de beaucoup de nos amis, nous pourrions citer les noms de ceux dont le talent et le civisme, mûris et fortifiés par les années, leur ont valu l'estime de leurs concitoyens. Le peuple, en juillet 1830, les a trouvés fidèles à sa cause, et le Panthéon de l'histoire conservera les noms de ces premiers champions de la liberté, qui, à Colmar, à Poitiers, à Saumur, à Thouars, à Toulon, à La Rochelle, à Paris, et sur les rives de la Bidassoa, glorifièrent le titre de membre de la loge des AMIS DE LA VÉRITÉ. Le brave Bény, qui, le premier, sous la restauration, se fit un linceul du drapeau tricolore ; l'immortel Bories et ses compagnons, furent de dignes adeptes de cette loge.

Nous ne pourrions signaler honorablement leurs survivants restés fidèles à leur mémoire sans stigmatiser de notre mépris le petit nombre de nos anciens frères que l'ambition a détachés de la cause du peuple. Tel n'est point aujourd'hui notre projet.

Ce que nous venons de rappeler nous paraît suffire pour bien faire comprendre quelles furent les pensées des membres de la *Compagnie Franche des Écoles*, dans la nuit du 19 au 20 août 1820.

Il était sept heures du soir. La loge des AMIS DE LA VÉRITÉ devait se réunir à son local ordinaire, rue Saint-Honoré, n° 219 bis. Six des nôtres s'y rendirent, avec ordre de dire à chaque arrivant : *La loge n'a point de séance ce soir; rends-toi sur-le-champ chez un tel, telle rue, tel numéro.*

— Qu'y ferai-je?

— *On te le dira. Va vite, et ne parle à personne en chemin.*

Et chaque arrivant de se hâter, sans plus s'enquérir. On se connaissait bien alors à la loge des AMIS DE LA VÉRITÉ. Si, depuis, quelques-uns de ses adeptes ont failli au devoir et au serment civiques, la faute en est au temps, qui corrompt les jeunes en les faisant plus sages, c'est-à-dire moins prompts au dévoûment ; plus prudents, c'est-à-dire plus timides ; plus modérés, c'est-à-dire plus égoïstes.

Ce jour-là, le plus vieux de nous tous avait 26 ans : c'était Bazard, commis à l'octroi, capitaine de gardes nationaux, faubourien de la rue de Charonne, légionnaire pour avoir, au 30 mars 1814, repris à l'ennemi les pièces de l'école Polytechnique à l'extrémité de la chaussée de Vincennes, et Vénérable de notre loge. Il ne songeait guère alors à sa future papauté saint-simonienne. Dix ans de plus sur la tête d'un homme changent singulièrement ses allures.

Tous alors nous allions bien et rondement en affaire.

A huit heures nos six cents conjurés étaient au gîte, et folâtraient en attendant mieux, c'est à savoir le combat.

En arrivant chez un tel, telle rue, tel numéro, quelques-uns furent un peu surpris d'y trouver le punch flambant et des paquets de cartouches en guise de macarons.

On nous rapporta plus tard que deux ou trois (nous ne savons plus leurs noms) prétendirent avoir besoin d'aller chez eux, qui pour prendre de l'argent, qui un mouchoir, qui autre chose. L'hôte pourvoyait à tout, réparait tous les oublis ; nul, une fois entré, ne sortit.

On vida le premier verre ; puis vinrent les grands secrets, qui n'en furent plus.

« Nous nous insurgeons à minuit ; tels et tels sont nos

« officiers ; voilà ton sergent d'escouade ; tu es nommé ca-
« poral. Cette serge de laine rouge est notre signe de ral-
« liement : nos officiers la porteront en écharpe, passée de
« droite à gauche ; elle servira aux autres de ceinture
« porte-cartouches. A dix heures, on nous apportera le
« mot d'ordre de la garnison. Nous entrerons cette nuit à
« Vincennes ; des officiers de la garde royale sont des nô-
« tres. C'est à nous que l'on confie la garde de la famille
« royale prisonnière, etc., etc., etc. »

Et tous se promettent de bien rire le lendemain.

A neuf heures, chacun était au courant des affaires, les chambrées complètes, les armes et les cartouches distribuées, les fusils chargés. Tous avaient placé et garni leurs ceintures de combat. On buvait, fumait, riait et devisait ; le tout à bas bruit. De telles heures sont longues, on a beau dire : la preuve, c'est que tous regardaient à leur montre. Tous, je me trompe : plusieurs, dans la journée et la veille, avaient vendu leurs chronomètres pour acheter le fusil ou les pistolets de rigueur.

A dix heures, les officiers allaient de chambrée en chambrée visiter leurs subdivisions. Ils avaient, depuis deux mois, exercé au maniement des armes et aux premières leçons de l'école de peloton deux cents des conjurés. Chacun de ces deux cents avait dû, pendant cet intervalle, jeter les yeux sur deux camarades, étudier leur caractère, s'assurer de la fermeté de leurs principes, en un mot se mettre à même de bien juger s'ils étaient capables de se joindre à lui au jour de l'insurrection. Telle était alors la disposition des esprits parmi la jeunesse parisienne, indignée par la loi du double vote, par les violences exercées contre les députés de l'opposition, et surtout par le meurtre du jeune Lallemand (c'était alors quelque chose de grave qu'un coup de fusil tiré par un soldat dans les rues de Paris), qu'au lieu de deux camarades disposés à le suivre au premier signal, chaque volontaire de la *Compagnie Franche* en eût facilement amené dix. L'avant-veille, des députés d'une autre loge, dite *de l'Armorique*, composée exclusivement de jeunes Bretons, nous avaient offert de s'incorporer en masse dans notre compagnie. Nos deux cents premiers volontaires nous avaient fourni des sergents et des caporaux, et à ces titres ils étaient chefs et sous-chefs de chambrée. Ils se distinguaient des autres par un vêtement d'uniforme, consistant en un béret ou casquette basque de drap bleu, une veste de chasse bleue, ayant sur la poitrine deux poches transversales, garnies de petits pistolets, pantalon d'été, gris ou blanc. Telle était la tenue d'exercice et de combat adoptée par les volontaires des écoles. Ils n'en savaient pas plus que les autres sur le but réel et sur les moyens généraux du complot. Ils avaient sur leurs recrues de la veille et de la soirée l'avantage d'avoir su depuis deux mois ce que les autres ne savaient que depuis deux heures, c'est-à-dire qu'ils conspiraient. Dans leurs colloques avec les officiers de ronde, ils affectaient cette insouciance de nos anciens *grognards* aux premiers coups de feu d'un jour de bataille.

Après quelques minutes employées à compter les hommes, les fusils et les paquets de cartouches présents, l'officier prenait un verre de punch, en recommandant aux sergents et caporaux de veiller à ce qu'on n'en bût pas trop, mais assez cependant; puis faisant former le cercle, il donnait le mot d'ordre à l'oreille du sergent placé à sa droite, attendait que ce mot, circulant dans toute l'escouade rangée en cercle, lui revînt à l'oreille gauche, et disait gravement : « *Le mot est juste!* Au revoir, mes-
« sieurs. Le sergent sait où vous conduire quand l'heure
« sera venue. Silence et patience d'ici là. »

Puis, sa redingote bien boutonnée, ses pistolets de ceinture bien cachés, la poignée de son sabre court bien remontée sous l'aisselle gauche, son poignard bien affilé et caché dans sa manche gauche, et prêt à sortir de sa gaîne, l'officier allait achever sa ronde, et se réunir à ses collègues, au Grand Quartier-Général de la Compagnie Franche.

Ce grand quartier était à l'extrémité supérieure d'une allée étroite, à côté du café de l'Ecole de droit, vis-à-vis le Panthéon. Peut-être plus d'un de nos Catilina de cette soirée se promit à part soi le bonheur de pourrir côte à côte de nos grands hommes, au cas où la balle d'un Suisse lui entrerait au front, ce qui n'empêcherait pas le triomphe de la liberté. A vingt ans, douter de ce qu'on désire n'est guère possible; et je parierais que, de nos six cents, dix tout au plus doutaient du succès. Donc l'espoir d'être panthéonisé pouvait sourire à plus d'un. Plusieurs de nous se rappellent un jeune *Carbonaro* qui, deux ans plus tard, nous disait si naïvement : « Je ne demande pas mieux que « de m'aller insurger à Béfort, mais à condition pourtant que, si j'y suis tué, vous ferez mettre une petite « toute petite colonne sur mon tombeau. » Brave garçon, qui depuis s'est occupé de banque, est devenu receveur particulier des finances, et un peu plus juste-milieu qu'il ne faudrait, et rougit quand on lui rappelle cela, comme si ce désir de laisser de soi quelque souvenir n'était pas chose permise à qui, jeune et pur de tout sentiment égoïste, va volontairement essayer de mourir pour son pays!

Revenons au quartier général.

C'était une mansarde au cinquième; d'antichambre point, à moins qu'il ne vous plaise d'appeler ainsi les cent trois marches de l'escalier, sur chacune desquelles deux étudiants armés faisaient de leur mieux silence, en attendant l'ordre d'en haut. En haut, six conjurés assis sur le lit du maître de céans, trois sur sa commode, quatre sur ses deux chaises, et lui sur sa table de deux pieds de long sur dix-huit pouces de large, vraie table d'apprenti avocat dans ses meubles ; le reste debout ; tous le fusil entre les jambes et attendant.

Figurez-vous le fourneau principal d'une mine de guerre, et cette ribambelle de conjurés, du cinquième au rez-de-chaussée, sera pour vous une longue traînée de poudre destinée à communiquer l'étincelle incendiaire, une sorte de chaîne électrique à l'aide de laquelle la commotion se fera sentir à cette masse de la population voisine, qui s'est endormie sujette des Bourbons, et demain peut-être va se réveiller affranchie et souveraine !

Le portier de la maison, ancien soldat de la république, invalide manchot, ne disait mot, car il comprenait, et ne voulait pas en avoir l'air. Il souriait en regardant son vieux sabre pendu à son chevet, près d'un rameau de buis béni et d'une image de Napoléon. Il est probable que le matois n'engageait si doucereusement sa femme à se taire et à dormir que pour être plus libre de prendre son arme et de se joindre à nous quand le moment serait venu.

Je ne sais si les locataires de cette maison, étudiants pour la plupart, dormaient profondément ou veillaient avec nous ; pas un ne sortit. Ils firent bien : nous leur eussions signifié les arrêts forcés, et cela eût pu nuire à eux et à nous.

Le café avait une porte dans l'allée. Le maître était-il d'accord avec nous ? je l'ignore ; mais ce que je sais bien, c'est qu'il ferma de très-bonne heure la devanture de sa boutique, n'invita personne à se retirer, et me parut se prêter de fort bonne grâce au rôle de notre cantinier nocturne. On but et mangea chez lui jusqu'à minuit ; et lui, sa dame de comptoir et ses garçons, furent très-aimables, point curieux ce soir-là, et depuis fort discrets.

La porte de l'allée était, comme on dit, poussée tout contre, et gardée à l'intérieur par deux sentinelles.

Devant cette allée, et le café y attenant, allait et venait une de nos escouades, commandée par un sergent et un caporal en uniformes de gardes nationaux, tous deux fils d'un professeur de médecine aussi grand révolutionnaire dans sa partie qu'en politique désiraient l'être ses deux fils.

Cette escouade s'était improvisée dans la soirée, et n'avait point cherché où se blottir ; son chef avait jugé que c'est souvent bonne précaution que n'en point prendre ; et, partant de cette idée, il avait pris la rue pour rendez-vous. Il vint s'y établir, dès huit heures du soir, avec ses gens armés de fusils de munition et la giberne au dos, comme l'eussent pu faire en toute sûreté de conscience de légitimes bisets de la garde citoyenne en patrouille. Cette idée n'était venue qu'au sergent de cette escouade ; et plus j'y ai réfléchi depuis, plus je l'ai trouvée ingénieuse. Elle a, dit-on, été plus d'une fois imitée depuis 1830 par la police, et notamment le 6 juin 1832, à la pointe du jour. Un de mes amis, qui ce jour-là se promenait de fort bonne heure aux environs du passage du Saumon, m'a dit avoir entendu dire tout haut autour de lui que les quinze premières files d'une prétendue compagnie de chasseurs, qui du reste n'avaient point de numéro de légion à leurs schakos, se composaient de sergents de ville *garde-nationalisés*, pour attirer et mettre en train les plus matineux soldats citoyens de bon aloi.

12

Mieux vaudrait au demeurant ce déguisement de sergents de ville en gardes nationaux que celui de Vidocq et de sa brigade en insurgés, comme cela eut lieu le 5 juin au soir, dans la Cité. En guerre civile on fait ce qu'on peut pour attaquer et se défendre, excepté pourtant le rôle de provocateur. Ce trait-là m'a toujours paru déshonorant, même pour la police, n'en déplaise à M. Gisquet.

Nos bisets de contrebande faisaient patrouille et bon guet. Aux curieux qui l'interrogeaient, le sergent intimait l'ordre de s'éloigner, avec une brusquerie digne d'un chef de patrouille légitime ; et les gens passaient leur chemin, les uns complétement dupes de l'effronterie du sergent postiche, les autres plus clairvoyants et se taisant. L'amour du peuple veillait si bien à la sûreté du trône des fils de Saint-Louis !

Un bourgeois seul, plus opiniâtre que tous les autres, passe et repasse deux ou trois fois, fumant tranquillement sa pipe, et se prélassant, pour ainsi dire, devant le café de l'École de droit. Le voilà suspect de mouchardise à notre patrouille. Le sergent va droit au fumeur.

— Qu'est-ce que vous f.... aites là, citoyen ?

— Moi, Monsieur ? Ah ! mon Dieu, rien du tout... : je me promène en fumant ma pipe, comme vous voyez.

— Voilà longtemps (il y avait cinq minutes) que je vous vois aller et venir ; cela m'est suspect : les honnêtes gens ne se promènent pas ainsi à l'heure qu'il est (il était onze heures). Où demeurez-vous ?

— Ici, à deux pas, rue des Grès, monsieur le sergent.

— Caporal ! prenez avec vous deux chasseurs, accompagnez cet homme jusqu'à sa porte, et, s'il ne demeure pas où il le dit, ramenez-le au poste.

Le caporal d'obéir. Le fumeur avait dit vrai ; on le fit rentrer chez lui. Bien lui en prit et à nous aussi ; car, s'il eût demeuré ailleurs, notre sergent apocryphe, pour ne pas se démentir, eût été obligé de le consigner au poste ; et, de bonne foi, ce poste ne pouvait guère être autre chose que l'allée du quartier-général, où l'on se proposait de lui faire passer la nuit en compagnie de gens assez disposés à lui faire digérer une baïonnette ou deux, pour peu qu'il lui eût pris envie d'élever la voix plus qu'il ne convenait à notre sûreté.

Une légion d'infanterie de ligne, celle du Bas-Rhin, je crois, était casernée rue du Foin, rue Saint-Jean-de-Beauvais, rue de l'Oursine et à l'Estrapade. Ses patrouilles circulèrent paraissant s'occuper fort peu de nous, et s'en occupant beaucoup. Nous y avions de nombreuses intelligences, et d'ailleurs nous possédions les mots d'ordre et de ralliement de la garnison, y compris le mot de sûreté de l'état-major divisionnaire, et nous étions en mesure de répondre juste à toutes les rondes et patrouilles imaginables. Cette légion devait suivre notre drapeau d'insurgents, drapeau tricolore, cela va sans dire. Il n'était pas, à cette époque, tombé aux mains de gens qui l'eussent déserté, et disait quelque chose au cœur des braves. Béranger le prophétisait comme un symbole de gloire et de liberté, et ses chants avaient de l'écho dans les casernes.

A onze heures et demie, notre capitaine Bazard arrive au quartier-général ; il y monte sans mot dire ; tous croient toucher au moment de combattre ; les cœurs palpitent de joie. Des cœurs de vingt ans !

Combattre !.... pas pour cette nuit, enfants.

Le capitaine s'enferme avec les officiers dans la mansarde.

On parle à voix basse et rapidement. Rien n'est décidé

au conseil des chefs ; Bazard n'a pu arriver jusqu'à eux ; on a faussé les promesses qu'on nous a constamment faites d'admettre l'un des nôtres à ce conseil lorsqu'il sera sérieusement question d'agir.

Quels pouvaient être ces chefs si peu résolus, si soigneux de se cacher ? Des généraux de l'empire, nous dit-on depuis, des affiliés à la reine Hortense, des épaulettiers bonapartistes ?

Nous ne trahirons point leur incognito : ils ne valent pas qu'on les nomme. A quoi bon d'ailleurs ? Plusieurs sont morts depuis, et les autres ne valent guère mieux aujourd'hui. Paix aux défunts, silence aux agonisants ?

Basard, pâle, épuisé de fatigue, conserve son imperturbable sang-froid. Il donne à voix basse aux officiers l'ordre d'aller dire aux chambrées de se dissoudre, aux chefs de chacune de faire disparaître les armes et munitions.

La garnison de l'escalier s'écoule silencieuse et croit aller au combat ; à mesure qu'elle gagne la rue, on lui dit de se disperser et de se tenir prête pour la nuit suivante. On promet à chacun de l'avertir à domicile.

Voyez-vous nos six cents conjurés regagnant leurs chambres garnies, les uns furieux du retard, les autres comptant sur le lendemain ; tous plus ou moins compromis, et ne sachant s'ils doivent jeter leurs armes et leurs cartouches pour paraître innocents, ou les garder pour se défendre jusqu'à ce qu'ils aient rejoint leur domicile !

Et au milieu de ces anxiétés, pas une plainte, pas un mot qui exprime un soupçon de trahison.

Jeunes et dévoués, ils n'imaginent pas qu'on puisse trahir ! Qu'ont-ils gagné à vieillir ?

Dans ce désarroi, l'un de nous, heureux Alsacien, nous fit rire ; son flegme nous donna à tous un peu de sang-froid.

— Ma foi ! dit-il en son patois au capitaine, puisque c'est comme ça, je ne vas pas me coucher : j'ai laissé ma bouteille de bière entamée à l'estaminet de la rue du Petit-Lion-Saint-Sulpice ; je vais y fumer une bonne pipe, et de là finir ma nuit au Colysée ; j'y trouverai Caroline, et puisqu'on ne se bat pas cette nuit, tant mieux pour elle, parce que c'est une bonne fille.

Et là-dessus l'Alsacien s'achemina tranquillement et l'arme au bras vers son estaminet.

Le lendemain, au petit jour, il arrive chez son cousin, chef d'escouade et de chambrée, rue de la Harpe, n°....

Le cousin avait eu chez lui vingt conjurés un peu bruyants. Il avait mal fait observer la consigne qui défendait de boire plus qu'assez. Son portier avait eu des soupçons. Il était royaliste ; il avait longtemps porté la fleur-de-lis à sa boutonnière, et la portait encore tous les dimanches en allant à la messe. Il avait devancé l'Alsacien chez le cousin de celui-ci, et aperçu un assez grand nombre de fusils dépouillés de l'emballage à la faveur duquel ils étaient arrivés *incognito* la veille en plein midi.

Le cousin de l'Alsacien était pâle et souffrant d'un mal assez commun dans ce temps-là parmi les habitués de la Chaumière du Mont-Parnasse.

— Monsieur, lui dit malignement son portier, vous avez joué cette nuit à un vilain jeu ; de plus fortes têtes que la vôtre s'y sont perdues. Un mot de votre femme de ménage, ramassé par un mouchard, vous coûtera cher, la vie peut-être....

Et le jeune homme, exténué de maladie, d'insomnie et de crainte, devint plus pâle, et ne put qu'ajouter :

— Et vous qui êtes royaliste !

— Heureusement pour vous, jeune homme, reprit le portier en lui serrant la main, et plus heureusment encore ancien complice de Georges Cadoudal ! Oui, Monsieur, j'ai conspiré une fois aussi dans ma vie, et ce péché-là m'a valu neuf ans de galère. C'est pour cela même que je ne vous dénoncerai pas.

L'Alsacien avait entendu la réplique du portier : il entra et l'embrassa.

Puis lui, son cousin et le Cadoudalien, se mirent à refaire le ballot de fusils. A la nuit tombante, un étudiant en droit, beau brun, nouvellement éclos de la pension de Sainte-Barbe, mal noté comme peu royaliste chez MM. Delavau, Mangin, et plus mal encore chez M. Gisquet, vint prendre ce ballot pour aller le jeter dans un bas-fond de la pépinière du Luxembourg ; puis, trouvant en chemin un soupirail de cave où ce ballot pouvait passer, il l'y laissa glisser, sans souci de ce que le propriétaire de cette cave pourrait trouver d'étrange à ce cadeau militaire.

Deux jeunes femmes, bonnes amies de deux conjurés, vinrent dans la matinée chez le cousin de l'Alsacien, munies de solides cartons de marchandes de modes, chercher les cartouches réempaquetées, et les mirent en lieu sûr.

Les mêmes manœuvres, ou à peu près, servirent au désarmement des autres chambrées.

L'Alsacien et son cousin partirent le même jour pour la province.

Ainsi firent beaucoup de nos étudiants, et pas un

n'eut l'honneur de chamailler avec la chambre des pairs.

Bazard alla faire un tour en Belgique, en compagnie d'un de nos sergents, natif de la frontière des Ardennes.

Le locataire de la mansarde au-dessus du café de l'École de droit partit pour le duché de Bade, puis pour la Suisse, en compagnie d'un de nos caporaux, commis négociant en vins, qui depuis l'aima beaucoup, lui sauva la vie en 1823, devint médecin, puis apôtre saint-simonien.

Ces deux piétons passèrent les Alpes, s'embarquèrent à Livourne, et arrivèrent à Naples au moment où les *carbonari* de l'endroit firent une révolution, qui, malgré la prophétie éloquente du général Foy, mourut de peur quelques mois plus tard.

Ce que devinrent les autres conjurés serait long à dire. Qu'il vous suffise de savoir que très-peu se dégoûtèrent du dangereux rôle de conspirateur; que nul ne fut traître; que, six mois après, le commis négociant en vins dont je viens de parler revint seul de Naples à Paris, y rapporta les réglements de la charbonnerie italienne, et que, le 1er mai 1821, la première haute vente de la charbonnerie française fut fondée rue Copeau, n° 29, par ce commis négociant et six autres conjurés du 19 août 1820, dont je vous dirai probablement les noms une autre fois.

J.-T. FLOTARD.

LA CHARBONNERIE.

Je ne veux point faire ici l'histoire de la Charbonnerie : non que je ne croie cette histoire profitable, ni que je mette en doute le droit acquis aujourd'hui à ceux qui ont fait partie de cette association d'écrire leurs souvenirs, s'ils croient bon de le faire pour l'instruction morale et politique de leurs concitoyens.

Le temps de la Charbonnerie et celui des sociétés secrètes est passé ; chacun, à l'heure qu'il est, agit à la face du ciel ; le plus puissant moyen d'action est la publicité, et c'est se condamner à l'impuissance que de mettre en œuvre d'autres agents que ceux de son époque.

Toutefois, une histoire complète de la Charbonnerie ne pourrait être qu'une œuvre collective. Ceux qui croiront devoir l'entreprendre feront, je le crois, un livre utile. Quant à moi, je ne veux qu'en détacher quelques souvenirs, pour en exprimer l'enseignement et la moralité qui leur appartiennent.

Je me propose de démontrer que la Charbonnerie, c'est-à-dire l'association secrète et mystique, a dû être une phase intermédiaire entre le despotisme de l'empire et le règne de la publicité ; je dirai quelle a été l'influence de cette association sur l'esprit public, quelle part elle peut réclamer de la révolution de juillet, jusqu'à quel point elle a contribué à la réforme de nos mœurs et à l'émission des idées nouvelles, qui font l'espoir et qui assureront bientôt la richesse de notre époque ; enfin, comment l'action de cette société, qui n'a eu qu'une assez courte existence, n'est pourtant pas encore éteinte, et continue de servir la cause du progrès autant par la vigueur qu'elle a imprimée aux esprits que par les souvenirs et les principes qu'elle a jetés dans le monde.

Ce qu'il faut s'empresser de constater ici, c'est que les premiers efforts qui furent faits pour renverser la royauté cosaque furent dus aux jeunes gens.

Les rassemblements du mois de juin, scellés du sang de Lallemand, la conspiration du 19 août et la création de la Charbonnerie furent leur ouvrage. A une ère nouvelle il fallait une génération neuve ; chacune des époques qui venaient de se succéder avait usé la sienne, et, si toutes les âmes n'étaient pas refroidies parmi les vieillards ou les hommes mûrs, au moins ne pouvait-on trouver chez eux aucune force d'initiative. La jeunesse d'alors avait été doublement trempée par les récits de 89 et par le bruit d'armes et de victoires de l'empire, sans s'être humiliée dans les antichambres de l'empereur. Fière de la gloire de la France, elle était vierge du despotisme qui l'avait opprimée. Toute frémissante encore de la honte de l'invasion, des saturnales et des parjures qui l'avaient suivie, elle avait besoin de liberté ; et, pour en faire la conquête, elle sentait qu'il fallait briser le présent pour édifier l'avenir.

A cette époque un grand mouvement s'était passé dans les esprits. Bonapartistes en 1814 et en 1815, alors que la nationalité et la défense du sol menacé par l'étranger se confondaient avec le dévoûment au chef militaire capable de le repousser, les étudiants n'avaient plus, en 1820, de passion que pour l'indépendance, d'admiration que pour les hauts faits et pour les fruits de notre révolution.

Leur amour de la liberté était tel, qu'ils maudissaient le despotisme de l'empire, et qu'ils attribuaient bien plutôt l'invasion de la France à l'esclavage auquel l'empereur l'avait réduite, qu'au grand nombre de ses ennemis. A chacune des séances, à chacune des réceptions de *la Loge des Amis de la Vérité*, le souvenir du despote était maudit : c'était à qui, du vénérable, des officiers de la loge et des récipiendaires, lui reprocherait avec plus d'amertume les malheurs de la patrie, la destruction de la république d'où il était sorti, le rétablissement du pouvoir sacerdotal et des lois tyranniques, d'où la caste imbécille qui gouvernait la France tirait toute sa force et toutes ses chances de durée.

Qu'on se garde bien de voir dans ces dispositions une contradiction et un démenti aux lois du progrès. La jeunesse s'était enrégimentée en 1815 pour défendre le sol ; elle criait : *Vive l'empereur !* parce que c'était le cri de guerre ; mais elle n'aurait pas manqué, après la victoire, de demander compte à son général en chef de l'usage qu'il aurait voulu en faire. Bonaparte le sentait bien, et c'est ce qui le perdit. Comme il craignait autant le peuple que l'étranger, il fut battu par l'étranger, parce qu'il ne voulut pas lui opposer le peuple. C'est sa préoccupation qui fut la première cause de sa défaite : car, lorsque le salut du pays est l'enjeu de la bataille, il ne faut avoir qu'une seule pensée, ce n'est pas trop. Il ne faut rien craindre, il faut tout espérer, tout vouloir. C'est comme cela que nos armées révolutionnaires triomphaient de tous les obstacles; c'est comme cela que Bonaparte fut toujours victorieux jusqu'au jour où il craignit le peuple.

Toutefois, ce mouvement de progrès dans les esprits ardents et éclairés était loin d'avoir pénétré les masses, qui n'avaient jamais été plus bonapartistes qu'alors. Malheureuses et humiliées sous le joug des Bourbons, qu'elles n'avaient cessé de détester et de mépriser, elles se complaisaient dans le fol espoir d'un nouveau 20 mars, et attendirent leur salut du retour de l'empereur longtemps après que le prisonnier de Sainte-Hélène fut descendu dans la tombe. Il fallait que le fils de Napoléon mourût pour que le bonapartisme s'éteignît dans tous les cœurs.

Le peuple proprement dit et la jeunesse studieuse étaient donc loin d'être d'accord, et ne pouvaient se convertir, car ils n'avaient pas le moindre point de contact. C'est ce qui distinguent cette époque passée de l'époque présente.

La discussion ne s'établissait qu'entre les officiers de l'empire, demeurés fidèles à leur culte, et ceux qui, qualifiés par eux de *blancs-becs*, se permettaient d'appeler le grand homme un tyran, un renégat à ses premières maximes républicaines, et de le regarder comme le principal auteur du retour des Bourbons.

Aucun de nous n'a oublié ces débats de tous les jours, où semblaient éclater d'une part tous les transports d'un religieux dévoûment, et où se montraient de l'autre les germes de la république future. Une plus froide contemplation du passé a fait place à un jugement moins passionné mais aussi sévères sur l'empereur. La haine de son despotisme subsiste, et ne s'éteindra pas; mais on ne voit plus en lui qu'un agent transitoire, dont la mission était de révolutionner l'Europe et d'ébranler les trônes. Plus il cherchait à recueillir de couronnes royales pour sa famille, et plus elles s'effeuillaient sous sa main plébéïenne. Au-dessus de la pensée terrestre de se fonder une dynastie s'élevait la mission providentielle qui lui était imposée de détruire l'isolement des peuples, de répandre au loin la civilisation, de briser les diadèmes et de montrer à tous les regards que ce qu'on appelle un trône n'est qu'un morceau de bois entouré de velours. Après Napoléon la royauté ne saurait vivre : c'est lui qui l'a tuée.

Quant à ceux qui se montraient en 1820 les admirateurs si passionnés de sa gloire et de sa tyrannie, ce qu'ils ont fait depuis a prouvé au monde, comme les lâches défections de 1815 l'avaient déjà annoncé, que l'empereur était descendu tout entier dans la tombe, qu'il n'a pas laissé d'école, et n'a fait que des esclaves. Ces vieux guerriers si pleins d'enthousiasme, disaient-ils, pour l'auréole du grand capitaine, se sont passionnés, la plupart, avec la même facilité pour *la gloire très-bourgeoise* du roi-citoyen. Les hommes libres ont pu juger de ce que pourrait être ce nouveau règne quand ils ont vu qu'il appelait à son aide tous les séïdes de l'empire.

C'est au milieu de ces dispositions qui viennent d'être rappelées que la Charbonnerie fut introduite en France. Joubert et Dugied, impliqués l'un et l'autre dans l'affaire du 19 août, étaient allés offrir leurs bras à la révolution de Naples. Ils furent affiliés à la société secrète qui enveloppait alors l'Italie. Dugied, qui en revint le premier, rapporta les règlements et ornements charbonniques, et se réunit à Bazard, Buchez, Flotard, Cariol aîné, Sigaud, Guinard, Corcelles fils, Sautelet, et Rouen aîné, pour fonder, dans les derniers jours de 1820, l'association qui devait exercer une si longue influence sur les affaires publiques.

Rien ne prouve mieux que cette forme d'association était une nécessité du temps que l'empressement avec lequel elle fut accueillie, que l'enthousiasme avec lequel y entrèrent les patriotes. Elle ne tarda pas à envelopper à Paris les deux écoles, une grande partie des jeunes gens du commerce, et à s'étendre rapidement sur tous les points de la France. Le besoin de conspirer était si vif dans tous les cœurs, que les néophytes recevaient avec un bonheur inexprimable les propositions qui leur étaient faites. « Ah ! « voilà ce que je cherchais depuis longtemps, disaient plu- « sieurs d'entre eux; vous ne me dites là rien que je n'aie « rêvé d'avance, rien que je n'aie appelé de tous mes « vœux. » — Il y eut à peine quelques exemples de refus, sans aucune importance pour la sûreté du secret, tant les communications se faisaient avec lenteur et prudence. On voit combien ce temps diffère de l'époque actuelle, où une impatience irrésistible de publicité rend tout mystère impossible. L'association était républicaine; toutes les allocutions adressées aux récipiendaires étaient empreintes des principes les plus avancés que propage aujourd'hui la presse indépendante. C'était pour faire cesser la corruption qui dévorait la société que la Charbonnerie avait été instituée; c'était pour réunir en une même famille tous les gens vertueux contre les fripons, tous les opprimés contre les tyrans; c'était pour appeler les hommes à l'exercice de leurs droits, pour les doter des bienfaits de l'égalité, pour faire cesser le système ruineux de gouvernement qui les épuisait, pour rendre la guerre impossible entre les nations, pour abolir les armées permanentes et ne faire de chaque continent qu'un peuple de frères; c'était pour faire de l'instruction une charge de l'état au profit de tous ses membres; c'était, avant tout, pour appeler le peuple souverain à constituer son gouvernement comme il l'entendrait, que les hommes libres se concertaient alors et s'associaient entre eux.

A peine l'association eut-elle pris quelque consistance, que ses fondateurs sentirent le besoin d'appeler dans son sein ce qu'on appelait des *notabilités*, c'est-à-dire des hommes qui pussent contribuer, par l'autorité de leur âge et de leur réputation, à propager, dans les départements et dans l'armée, les efforts qui venaient d'être si heureusement commencés à Paris. Mais les précautions qui furent prises à cette époque, les délibérations qui précédèrent les premières démarches, ne peuvent laisser aucun doute sur la connaissance parfaite que les jeunes gens avaient déjà de ce qu'étaient la plupart des *notabilités*. Personne ne songea à s'adresser aux généraux de l'empire, personne aux banquiers, personne à Casimir Périer, dont l'égoïsme, l'avarice et le défaut de vertus civiques, étaient aussi bien connus alors que plus tard; personne, assurément, ne pensa à M. Soult, dont on savait les vues ambitieuses, qu'on appelait en plaisantant le roi de Portugal (1), et dont on connaissait l'immense fortune, la belle galerie de tableaux et son origine. On ne prononçait que pour en rire le nom de *l'Asiatique* Sébastiani, qu'une vanité et des habitudes de femme désignaient à tous les quolibets. C'est dans les dernières années de la restauration que cet homme justifia déjà publiquement l'opinion qu'on avait de lui, quand, soutenant à la tribune la conservation des grosses rétributions, il s'étonna « *qu'on voulût réduire encore le*

---

(1) A cause de la pensée qu'il avait eue de s'emparer, pour son compte, de la couronne de ce pays, dans la guerre de 1809.

« *misérable traitement de quarante mille francs accordé* « *aux maréchaux de France.* » — On était convaincu, dès 1820, que ceux qui viennent d'être nommés auraient accepté avec plaisir et reconnaissance la direction des affaires publiques sous le roi régnant, et on savait bien ce que fût devenue la liberté sous leur administration. La crainte la plus sérieuse qui préoccupât alors les bons citoyens était que Louis XVIII n'ouvrît les yeux, et qu'il n'instituât un ministère Casimir Périer et Sébastiani. Dix années de luttes ont été passées pour arriver au même résultat après la grande victoire du peuple : aussi les membres de la Charbonnerie virent-ils bien clairement, dès les premiers jours, quels malheurs étaient encore réservés à la France.

Les notabilités appelées dans le sein de la Charbonnerie furent Lafayette et son fils, Dupont (de l'Eure), d'Argenson, Manuel, Beauséjour, Corcelles père, Jacques Kœcklin, Schonen, Mauguin, Fabvier, Barthe et Mérilhou, si l'on peut donner le nom de notabilités aux deux derniers, fort peu connus encore, et qui étaient les camarades d'études de plusieurs fondateurs de l'association.

Lafayette, Dupont (de l'Eure), d'Argenson, Corcelles père, Kœcklin, Schonen et Mérilhou, venaient aux réunions. Je n'y ai jamais vu Manuel, Mauguin, Barthe, ni Fabvier, mais ils assistèrent à plusieurs comités particuliers.

Ce qu'il faut bien remarquer ici, c'est que l'admission des notabilités ne fit rien perdre à l'association de sa force et de son caractère. Les personnages qui assistaient aux réunions n'y étaient que de simples membres ; la présidence n'était déférée à aucun d'eux : c'était le président habituel de la vente suprême qui en dirigeait les travaux, et je conserve parfaitement le souvenir d'une assemblée nombreuse où M. Lafayette et ses collégues reçurent et acceptèrent avec autant de dignité et d'esprit de justice qu'on en avait mis à la leur adresser une censure assez amère pour n'avoir pas assisté à la séance précédente. Le président était Bazard, qui n'avait pas encore trente ans.

Il fut possible, pourtant, quand l'association s'étendit, et que les notabilités vinrent non-seulement à la vente suprême, mais encore à la haute vente, c'est-à-dire à la réunion des députés de ventes, il fut possible de voir poindre, de la part d'un petit nombre de membres, quelques dispositions à la flatterie, quelques symptômes avant-coureurs de servilité. Un député de vente s'étant imaginé un jour d'appeler les notabilités présentes *les grandes images de la patrie*, plusieurs de ses collégues prédirent dès lors ce qu'il serait plus tard. Il est aujourd'hui avocat-général très-obscur, mais ennemi haineux de la liberté du peuple, et l'un des plus humbles courtisans du préfet de son département.

Les anciens Charbonniers ont éprouvé peu de mécomptes dans leurs jugements. Fabvier leur avait en quelque sorte été imposé par plusieurs indiscrétions commises à son égard, et dont il avait fallu prévenir les suites. Ils avaient appris à juger le conseiller Schonen dès leurs premiers rapports avec lui : il ne faut jamais rien attendre d'un conspirateur intempérant, ni d'un défenseur du peuple entiché de ses titres de noblesse. Ils apprécièrent assez vite le *courage* de Barthe pour n'espérer de lui que de beaux plaidoyers. Mérilhou seul sut assez bien s'envelopper pour que sa trahison produisît autant de surprise chez tous ses complices qu'elle répandit de chagrin et de découragement dans l'âme de Dupont (de l'Eure), qui avait été son protecteur et son appui.

La Charbonnerie prit un accroissement rapide. Outre ses

nombreuses assemblées de ventes, de haute vente, de vente suprême et de comité d'action, chacun de ses comités de recrutement, de finances et d'armement, se réunissait trois fois par semaine. Tout se faisait avec régularité, avec constance, avec secret. La police ne sut rien de ce mouvement continuel ; ce ne fut que lorsque l'association pénétra dans les régiments qu'elle connut son existence ; et, il est vraiment merveilleux que des étudiants aient pu se réunir tous les huit jours, par groupes de vingt, dans leurs chambres garnies, sans que l'autorité en ait reçu quelque avis. Que ceux qui pensent que l'or et les rubans sont les seuls moyens d'éveiller l'ardeur et l'émulation parmi les hommes, comme un député vient de le dire en termes si bas à la Chambre (1) ; que ceux-là persistent à se complaire dans leurs joies grossières : il en est d'autres qui n'oublieront jamais les vives émotions et le vrai bonheur qui remplissaient leur âme quand ils se rendaient à leurs devoirs secrets, et qu'ils allaient faire quelque chose pour le pays, sans que personne en fût informé. C'était précisément ce mystère et cette obscurité qui leur convenaient ; et rien ne saurait amollir aujourd'hui les hommes qui se sont vraiment identifiés alors avec la sainteté de cette position. Ils ont gardé pour toujours le sentiment du devoir et le mépris des vanités humaines.

Que voulez-vous que fasse le venin des cours sur ceux qui ont fui les plaisirs bruyants de leur âge ? L'empreinte que leur âme a reçue au pied de l'échafaud de Bories ne s'effacera pas.

Ce fut, en effet, dans ces luttes périlleuses que se passa la

---

(1) Le député Bugeaud a dit, dans la séance du 19 février, que la perspective des grades et des dignités étaient pour les soldats *le picotin d'avoine*.

jeunesse de ceux qui, trop faibles encore pour avoir repoussé les cosaques, mais trop avancés dans la vie pour avoir perdu le souvenir de l'invasion, avaient juré que la France se relèverait de ses jours de deuil ; et comme alors ils n'ont eu d'autres récréations que leurs austères conciliabules, ils ne peuvent plus désormais avoir d'autre passion que celle de la liberté, d'autre bonheur que la gloire et l'émancipation des peuples.

Au reste, leurs premiers efforts étaient loin de demeurer stériles. A la fin de 1821 la Charbonnerie avait pris un tel accroissement qu'elle pouvait s'estimer en mesure d'agir. L'impatience des ventes de Paris ne pouvait plus être contenue ; elle était telle, que plusieurs de leurs députés avaient eu à répondre personnellement de la lenteur qu'on reprochait à la haute vente. L'un deux égaya beaucoup cette dernière en lui racontant un jour que ses amis, irrités de l'inaction à laquelle on les condamnait, avaient voulu le jeter par la fenêtre. Ces motifs, moins encore que beaucoup d'autres plus sérieux et plus rassurants, engagèrent à ne point différer l'exécution de projets depuis longtemps préparés.

A Paris toutes les ventes étaient armées et exercées au maniement des armes. Il existait une vente dans l'Ecole Polytechnique, une dans le 48ᵉ régiment de ligne et une autre dans le 45ᵉ. C'est dans cette dernière que se trouvaient les quatre sous-officiers de la Rochelle. Un grand nombre d'officiers qui n'étaient pas affiliés avaient pourtant manifesté hautement leurs dispositions. « Qu'on ne nous attaque « plus à coups de canne et à coups de pierre, comme aux « rassemblements du mois de juin, avaient-ils dit : qu'on « nous envoie des balles ; et nous verrons ce que nous aurons à faire. Ce n'est pas nous assurément qui chercherons à entretenir la guerre civile. »

Depuis plusieurs mois, un certain nombre de jeunes patriotes, munis des recommandations de Lafayette, de d'Argenson, de Manuel, de Dupont (de l'Eure), de Corcelles, Kœchlin et Beauséjour, avaient fondé et propagé la Charbonnerie dans l'est, dans l'ouest et dans le midi. L'association était forte à Rennes, à Nantes, La Rochelle, Poitiers, Bordeaux, Toulouse, où elle avait des intelligences avancées dans les corps armés. Elle existait à Niort, Angers, Saumur, et dans la petite ville de Thouars, qui devint plus tard le centre de l'expédition du général Berton.

Metz, Nanci, Strasbourg, Mulhouse, Neufbrisach, Béfort, étaient fortement organisées ; dans chacune de ces places, l'association était à la fois civile et militaire. Les officiers d'artillerie surtout avaient accepté avec ardeur les communications qui leur avaient été faites, et étaient impatients d'en seconder l'effet. Lyon et Marseilles, mais Lyon surtout, avaient accueilli la Charbonnerie avec empressement.

L'Alsace fut considérée comme le point le plus avancé et le plus favorable pour la première tentative ; mais on cherchait quelques officiers-généraux, tant pour le premier centre de l'opération que pour les lieux qui devaient suivre. Oh! c'était là le difficile. MM. les généraux de l'empire n'étaient pas gens à entrer dans une conspiration. Le courage des champs de bataille et le courage civil sont deux vertus dont la réunion est rare, et jamais on ne s'en aperçut mieux qu'en cette circonstance. On serait honteux de prononcer ici le nom illustre d'un général qui promettait sa coopération le jour où la conspiration compterait 40,00 combattants armés. Un autre, après avoir promis de partir, refusa, par de vains prétextes, d'exécuter sa parole. Croirait-on qu'un troisième répondit, au moment de monter en chaise de poste, que, ne pouvant retrouver son épingle, qui était d'un grand prix, il ne partirait pas ?

Il faut le dire ici, parce que c'est la vérité, le général Berton fut le seul, de tous les généraux auxquels on s'adressa, qui montra du cœur en cette circonstance, et qui comprit ses devoirs de citoyen aussi bien que de soldat. Il n'avait malheureusement qu'une partie de ce qu'il fallait pour un chef d'insurrection : il lui manqua un intelligence égale au civisme et au dévoûment dont il fit preuve.

Cependant l'action, préparée sur plusieurs points, ne pouvait plus être retardée : on se trouvait dans cette fausse position que les localités prêtes voulaient des généraux, et que, d'un autre côté, on ne pouvait songer à un ajournement sans s'exposer aux plus graves indiscrétions.

Il fut décidé que le colonel Pailhès se rendrait à Béfort avec un certain nombre d'étudiants de Paris, dont la population alsacienne avait demandé la présence, et le général Lafayette promit d'arriver sur les lieux avant l'action.

Ce fut une chose peut-être jusque là sans exemple que ce départ de trente jeunes gens qu'on n'alla prévenir qu'au moment de monter en voiture, sans qu'aucun fît la moindre objection ou demandât le moindre délai. L'un d'eux avait pour le matin même un rendez-vous d'honneur. « Je puis « bien, répondit-il, faire encore ce sacrifice à ma cause. « Puisqu'il ne m'est pas même permis de faire connaître « mon départ, je passerai pour un lâche ; mais j'aurai fait « mon devoir, et je m'expliquerai à mon retour, *s'il a* « *lieu.* »

Le retour eut lieu, mais au bout de neuf mois et après un procès capital en cour d'assises.

Autant il y avait eu de discrétion jusque là de la part de tous les conspirateurs, autant il y eut d'abandon et de laisser-aller durant ce voyage : il est impossible aux Français de ne pas avoir une gaîté folle quand ils entrent en campagne. Ceux qui se rendaient alors à Béfort, sans paquets, plusieurs sans passe-ports, entassés dans des calèches presque découvertes, vers les derniers jours de décembre, ne cessaient de rire de tous les accidents de l'aventure. Il leur arriva plus d'une fois de chanter la *Marseillaise* en courant la poste, et les postillons, qui n'étaient plus habitués à entendre ce chant révolutionnaire, en exprimaient hautement toute leur joie, mais aussi toute leur surprise.

Lorsque le petit bataillon fut à Béfort, il n'était plus possible de recourir à de nouveaux délais : les confidences se multipliaient, les indiscrétions couraient les rues, et pourtant le général Lafayette ne venait pas. Au moment où il avait dû partir, plusieurs de ses collègues de la chambre, qui n'avaient pas la même confiance que lui dans le mouvement, l'avaient supplié de rester, et il avait consenti, non à retirer la parole qu'il avait donnée, mais à attendre de nouvelles informations. Ce fut *Arry Scheffer* le peintre, *Arry Scheffer*, ardent républicain alors, aujourd'hui l'un des habitués, l'un des familiers de la maison d'Orléans, qui, après avoir fait, lui septième, dans une étroite voiture et sans s'arrêter un instant, la route de Paris à Béfort, repartit immédiatement de cette dernière ville à franc-étrier, et vint rendre compte au général de l'état des choses. Quelques heures après avoir rempli sa mission, il était une troisième fois sur la route de Béfort.

Quant à M. Lafayette, son départ ne se fit pas beaucoup attendre ; il monta en chaise de poste avec son fils. Mais on fut forcé à Béfort d'avancer de 24 heures le moment de l'exécution. L'insurrection fut fixée pour le 31 décembre à minuit. Un poste de douaniers était au service de la conspiration ; plusieurs officiers du régiment en garnison étaient prêts, et le sergent-major Pacquetet tint pendant deux heures les hommes de sa chambrée sac au dos et prêts à marcher. Ce sergent-major fut impliqué pour d'autres faits dans le procès; mais, chose vraiment digne d'admiration, pas un soldat ne révéla l'aventure et il n'en fut pas question devant la cour d'assises! Quelques heures avant celle qui avait été convenue, le commandant de place est prévenu par un sous-officier qui manque de cœur; la troupe est mise sous les armes; une partie des conjurés se rend en toute hâte sur la place publique; le lieutenant de roi reçoit d'un officier du régiment un coup de pistolet dont la balle s'arrête sur sa croix; un des jeunes gens arrivés de Paris, Guinand, se jette généreusement entre lui et la troupe, se fait prendre à sa place et lui donne le temps de se sauver. Ceux-là seuls sont instruits de ces faits qui se trouvent près de la place; la plupart des conspirateurs ne se doutent de rien, et sont dans le faubourg, avec lequel toute communication est coupée; le poste des douaniers ne peut être d'aucune utilité. On fait un certain nombre d'arrestations sur-le-champ; et déjà toute la conspiration est étouffée, que la majeure partie de ceux qui devaient y prendre part attendent encore l'heure désignée avec la plus vive impatience. Au moment même où le coup de pistolet était tiré sur la place de Béfort, une chaise de poste arrivait dans le faubourg : c'était Joubert, et un officier de la portion de régiment en garnison à Neufbrisach, envoyé comme commissaire par ses camarades pour assister au mouvement de Béfort, et venir, immédiatement après, provoquer celui de Neufbrisach. Ils furent assez heureux l'un et l'autre pour pouvoir rebrousser chemin sans accident. Cet officier qui accompagnait Joubert était Carrel, alors lieutenant au 29ᵉ de ligne (1).

(1) Le commandant du bataillon de Brisach, sachant que Carrel

Cependant Bazard, qui avait la direction civile du mouvement et toute la confiance du général Lafayette, savait que ce dernier devait être bien près de Béfort. Entre la pensée d'informer ceux de ses amis qui ne l'étaient pas, et de prévenir l'arrivée de M. Lafayette, il n'hésita pas un instant : car la présence de ce dernier eût été, à elle seule, une terrible charge, et bien plus funeste à tous ceux qui seraient compromis que ne pouvait l'être leur seule arrestation.

Bazard s'élance donc, sans rentrer à son hôtel, sur la route de Paris, qui était couverte de neige ; il y fait plusieurs lieues à la course, rejoint Corcelles fils, qui avait été placé en station dans un village pour attendre le général et le prévenir de certains faits. La voiture ne tarde pas à se montrer ; quelques paroles bien tristes sont échangées à la portière, et le postillon, dont on avait jusque là pressé l'activité pour arriver à Béfort, reçoit tout à coup l'ordre de retourner ses chevaux. Il faut mentionner un trait touchant, qui fixa dès cette époque le général sur la fidélité

---

s'était absenté sans permission, et voulant le prendre en contravention aux règles de la discipline, ordonna une revue de bataillon, à laquelle il savait bien que Carrel ne pourrait assister ; mais le double trajet avait été parcouru si lestement que cet officier, qui était parti de Brisach en grand uniforme, rentrait justement en ville au moment où l'on prenait les armes ; et, au grand désappointement du commandant, il alla prendre son rang dans le bataillon.

C'était dans le même régiment que se trouvaient Levasseur et et Maillet. Le premier fut depuis secrétaire du général Lafayette, l'accompagna dans son voyage d'Amérique, et fut dangereusement blessé en juillet ; l'autre, après avoir pris part aux tentatives les plus périlleuses de la Charbonnerie, a succombé l'année dernière en Grèce dans un duel où il fut poussé par la loyauté de son caractère.

d'un brave homme attaché à son service, et qui l'accompagnait dans ce voyage. On ne lui avait fait encore aucune confidence ; mais il fallut bien lui dire un mot quand on rebroussa chemin d'une façon si bizarre.

— Tout cela doit vous sembler bien extraordinaire, mon pauvre Bastien, lui dit M. George.

— Oh! messieurs, quand nous sommes partis, je me suis bien douté que c'était pour quelque chose de sérieux, et, quoi qu'il eût pu arriver, soyez sûrs que je n'étais pas de trop ici.

Bastien n'a plus quitté depuis M. Lafayette, et ne le quittera qu'à sa mort ; il l'a accompagné partout dans son dernier voyage d'Amérique, et a puissamment contribué à le sauver de son naufrage sur l'*Ohio*.

M. Lafayette quitta la route de Paris, et se rendit pour quelques jours chez son collègue de la chambre, M. Martin de Gray, député de la Haute-Saône. Quant à Bazard et à Corcelles fils, ils sentaient l'importance d'arriver en toute hâte à Paris, pour y porter la nouvelle du malheur qui venait de survenir, et empêcher que de fausses espérances n'y déterminassent une tentative également funeste. Ils firent donc mettre des chevaux de poste à la première charrette, et parcoururent ainsi la route jour et nuit, presque toujours en voiture découverte, par un froid de dix à douze degrés. Les postillons disaient qu'il fallait avoir tué son père et sa mère pour voyager ainsi. Le froid était si vif, que Bazard, en arrivant, avait une oreille gelée.

Au moment de l'expédition de Béfort, un comité d'action était resté à Paris, chargé d'aviser aux déterminations qu'il y aurait à prendre. L'un de ses membres voyait chaque jour un officier du 48e ; un autre voyait Bories, sergent-major au 45e, Bories, qui cachait l'âme la plus noble et la plus ferme sous une figure pleine de grâce et de douceur. Il brûlait de prendre part à l'affranchissement de son pays. La régularité de sa conduite et la pureté de ses mœurs lui donnaient une grande influence sur ses camarades. Il ne se dissimulait pas qu'il lui serait impossible de prendre l'initiative ; mais il était convaincu qu'au jour d'engagement de la troupe avec le peuple, il pourrait déterminer une puissante diversion. Bories ne se trompait pas. En cas pareil, c'est la force d'âme, c'est l'audace au moment du danger, qui assurent le succès. Il est des occasions où un caporal résolu à l'attaque devient plus puissant qu'un capitaine qui ne se défend qu'avec mollesse. Cela s'est vu, et peut se voir encore.

En même temps que la tentative de Béfort avait été commencée, Rouen, Dugied et Flotard étaient partis pour l'ouest. Depuis leur départ, deux commissaires de Nantes, adressés par eux au comité d'action, n'attendaient que le mouvement de Béfort pour porter l'insurrection dans leur pays. Le général Berton était sur le point de quitter Paris, et s'obstina à partir après la fâcheuse nouvelle apportée par Bazard.

Mais une circonstance qu'il ne faut pas négliger de mentionner ici, c'est que nos amis les plus dévoués étaient à peine partis pour insurger les départements, que de graves dissensions avaient éclaté dans le sein de la *haute vente*, sans que les membres du comité d'action eussent pu en prévenir les fâcheux effets. On accusait ceux qui n'étaient plus là pour se défendre ; on leur reprochait des vues ambitieuses : c'est le texte ordinaire des divisions qui naissent dans les sociétés secrètes. Un grand nombre de ceux qui élevaient la voix et qui fomentaient l'irritation étaient assurément de bonne foi ; mais un fait qui nous paraît aujourd'hui bien digne de remarque, c'est qu'au nombre des principaux instigateurs du désordre figuraient

M. Mérilhou tout d'abord, et M. Schonen un peu plus tard (1). Le désaccord qui venait d'éclater subsista toujours depuis cette époque, et fut le premier germe de scission qui partagea la Charbonnerie en deux fractions. Il est maintenant évident que cette scission ne fut ourdie et réalisée par quelques orléanistes que parce que le mouvement, tenté sous la direction de Lafayette, devait être purement républicain. Le nombre de ces orléanistes cachés était très-restreint ; mais ils avaient attiré à eux, sans leur faire aucune confidence, et par les seules défiances qu'ils avaient jetées dans leur sein, beaucoup de bons et loyaux républicains, qui revinrent plus tard au giron de l'association.

Quoi qu'il en soit, cette division fut très-fâcheuse au moment où la conspiration avait le plus besoin d'unité, et elle exerça une funeste influence sur la tentative du général Berton et sur celles qui la suivirent.

Reportons-nous quelques instants à Béfort. — Un grand nombre d'arrestations y avaient été faites. On s'était emparé de Guinand au moment même où le lieutenant Peugnet avait tiré un coup de pistolet au lieutenant de roi ; et comme on le crut longtemps chef du complot, peut-être à cause de son front prématurément chauve, il devint, dès son écrou, l'objet des traitements les plus inhumains. Il fut chargé de fers, et déposé sans lit, sans couverture, dans un cachot glacé, où il resta jusqu'à son transport à Colmar. Rouen jeune, Pance, Paulin, Bru-

(1) Il a été découvert et révélé depuis que M. Schonen, alors qu'il était membre de la Charbonnerie, suivait à la fois trois conspirations, l'une républicaine, l'autre bonapartiste, la troisième orléaniste. C'était, de la part d'un homme d'affaires, un assez bon calcul et le moyen de n'être pas pris au dépourvu.

nel, Canisy, Grenier, Salveton, Vernière, Roussillon; Grometty, lieutenant au 29e; Pacquetet, sergent-major; Schotteau, sergent; Frache, Gosselin, Saint-Venant, tous trois sergents-majors; Battisti, vaguemestre; Netzer, ex-maréchal-des-logis, furent arrêtés le soir même de l'affaire ou le lendemain à Béfort et dans les environs. On s'empara du colonel Pailhès et du lieutenant Dublard lorsqu'ils allaient franchir la frontière suisse; Buchez, arrêté à Nanci, et Dubochet, à Paris, furent amenés à Colmar et compris dans le complot de Béfort. — Arry Scheffer et son jeune frère Henri, le colonel Brice, Guinard, Peghoux, Klein, Planes, Lartigues et plusieurs autres échappèrent aux arrestations, ainsi que Lafayette, Bazard, Joubert et Corcelles, comme on l'a vu plus haut. Peugnet, Petit-Jean, Beaume, et les quatre officiers à demi-solde Bru, Pégulu, Lacombe et Desbordes, parvinrent en Suisse. On viola l'hospitalité que ce pays venait de donner aux deux sous-officiers Tellier et Watebled. Le premier fut ramené à Colmar; suivant l'accusation, l'autre se suicida quand il fut découvert; mais, d'après la défense et les dépositions des témoins, il aurait été tué par un gendarme suisse, nommé Bouvier, qui lui aurait tiré un coup de fusil à dix pas.

Il n'est sorte de persécutions auxquelles les accusés n'aient été livrés au commencement de leur détention. Chacun d'eux fut longtemps tenu au secret; on les éveillait la nuit en sursaut pour les interroger, dans l'espoir sans doute de briser leur constance. Mais on ne tarda pas à reconnaître qu'on avait affaire à des hommes inébranlables; et, s'il en est plusieurs qui ressentirent quelques instants d'abattement, ils se retrempèrent vite près de leurs amis, et prirent tous une digne part au premier procès politique de la restauration dans lequel on ait vu un si grand nombre d'accusés, forts de leur conviction, ne pas démentir un seul instant l'unité de leur position, celle de leur défense, et dominer constamment l'instruction du procès par la fermeté de leur caractère. « Faites votre « métier, disait Buchez au juge qui l'interrogeait ; le « mien est de ne vous point répondre, je ne vous répon- « drai pas. » — Les paroles des autres accusés furent à peu près les mêmes, et bientôt les sympathies de la population alsacienne forcèrent l'autorité locale à se relâcher de ses inutiles rigueurs. Autant les prisonniers avaient été maltraités les premiers jours, autant ils furent plus tard entourés d'égards et de prévenances. Dès que le secret fut levé on vint les visiter en foule ; et leurs familles reçurent, à leur arrivée, les témoignages les plus touchants de la part des habitants. Ce sont ces éclatantes manifestations qui ont préparé et décidé l'acquittement des accusés dans celui de tous les procès politiques de la restauration qui réunissait le plus de charges accablantes. Grâces soient rendues à la population alsacienne, et surtout à M. Kœchlin, dont la noble conduite a exercé tant d'influence à cette époque sur celle de ses concitoyens et sur le sort de nos amis ! Tous conservent un délicieux souvenir des huit ou neuf mois de prison qu'ils passèrent en Alsace ; tous, à l'exception d'un ou deux renégats, pour qui le souvenir de principes auxquels ils se consacraient alors doit être plus pesant encore que la chaîne à laquelle ils se sont attachés depuis.

Si aucune époque n'avait été plus gaie pour les détenus que celle de leur emprisonnement, rien ne fut plus dramatique que le procès. Barthe n'avait jamais été plus éloquent que dans la défense de Guinand ; tout l'auditoire fondait en larmes, et le défenseur lui-même était tellement troublé après l'audience, qu'il parcourut toute la ville sans s'apercevoir qu'il avait oublié son chapeau. — O vous qui profériez des accents si nobles et si touchants, vous qui aviez de si belles inspirations pour la liberté, vous qui étiez républicain en 1822, vous qui vous éleviez avec tant de chaleur contre les lois du despotisme impérial, et qui en faites maintenant un si pompeux éloge ; vous qui parliez alors avec tant de bonheur de la fraternité des peuples, et qui êtes l'auteur d'une loi de proscription contre les réfugiés de toutes les nations ; vous qui flétrissiez surtout avec une si haute indignation l'immoral article 291, contre le droit d'association, et qui venez de présenter à la tribune nationale une loi pénale qui dépasse de beaucoup l'immoralité de l'article 291, Barthe, Barthe, n'étiez-vous donc qu'un habile comédien ou qu'un ambitieux cupide quand vous excitiez autour de vous de si généreux sentiments ; ou bien, après avoir eu la conviction et le dévoûment qui animaient vos amis, n'êtes-vous plus, à l'heure qu'il est, qu'un misérable fou, sans conscience de ce que vous faites, qu'un instrument dont on se sert pour martyriser la sainte liberté.

Non-seulement aucune condamnation capitale ne fut prononcée contre les accusés de Béfort ; mais peu s'en fallut, dit-on, qu'ils ne fussent tous acquittés. Quatre seulement furent condamnés : Tellier, à l'unanimité (1) ; Pailhès, Dublard et Guinand, à la simple majorité de sept voix contre cinq ; mais la cour se réunit à la majorité du jury. La peine des uns et des autres fut cinq ans de prison, 500 francs d'amende et deux ans de surveillance de la haute police.

(1) Il est remarquable que toute la rigueur du jury ait pesé sur celui dont la faiblesse avait fait découvrir le complot.

Ces condamnations, et l'arrestation toute récente du colonel Caron, tombé dans un horrible guet-apens, dans lequel le maréchal-des-logis Thiers, frère du ministre actuel, l'avait attiré par ordre de ses chefs, et au moyen d'atroces combinaisons, flétrirent la joie de ceux qui furent acquittés. Peu après la terre d'Alsace était ensanglantée par l'assassinat judiciaire de Caron, enlevé à ses juges naturels, renvoyé devant un conseil de guerre, et fusillé sur un ordre télégraphique du ministre Peyronnet, avant que la cour de cassation eût statué sur son recours.

Infamie à jamais sur tous ceux qui prirent part au guet-apens et à l'assassinat de Caron ! Infamie sur les chefs militaires qui lancèrent sur lui une espèce de bête féroce, qui ne parvint à l'enlacer qu'à force de caresses (1);

---

(1) Il importe de fournir ici quelques détails sur cette infâme trahison : ils peuvent faire juger de la moralité des actes de la restauration.

En 1822, au temps où les Marchangy et les Mangin, les dignes agents des passe-temps judiciaires du roi Louis XVIII, se couvrirent de sang, il y avait à Colmar un brave officier, aimé et honoré de toute la population patriote : c'était le colonel Caron. — On avait déjà voulu faire tomber sa tête dans l'affaire du 19 août 1820; et Peyronnet, qui faisait alors fonction d'avocat-général devant la cour des pairs, avait échoué dans sa tâche. Caron était depuis cette époque l'objet de la haine et des perfidies du pouvoir. Un grand procès s'instruisait en Alsace, le procès de Béfort. Vingt jeunes gens, la plupart de Paris, étaient sous le poids d'une accusation capitale, et excitaient l'intérêt de toute la France, mais surtout de la population alsacienne, qui se croyait responsable de leur existence.

Quelques patriotes, au nombre desquels se trouvaient Caron et Roger, avaient conçu la généreuse pensée d'arracher les prisonniers à l'échafaud; ils avaient même noué dans cette intention quelques rapports. Mais, après avoir reconnu les difficultés de infamie sur le président du conseil de guerre qui le condamna ; car cet homme n'eut d'autre soin, durant le cours des débats, que d'outrager sa victime, et de faire, pour son propre compte, d'ignobles protestations de royalisme, dont il attendait le prix !

l'entreprise et trouvé dans l'élan sympathique de la population le présage de l'acquittement des accusés, il avaient renoncé à leur projet. D'autres n'avaient pas renoncé à en exploiter la révélation. C'était un moyen d'avoir du sang, et, avec ce sang, des places ou de l'avancement : car c'est ainsi qu'on obtenait alors les faveurs du pouvoir.

Des officiers supérieurs, des magistrats, font venir le sous-officier *Thiers* (retenez bien ce nom). — « Nous vous avons choisi pour
« remplir une mission délicate : il faut renouer avec le colonel
« Caron des intelligences commencées par d'autres et rompues,
« l'entraîner dans un complot et le pousser à l'exécuter, entendez-
« vous bien ? — Oui, mon colonel. — S'il hésite, vous le presse-
« rez ; s'il refuse, vous vous plaindrez amèrement. Il aura, lui di-
« rez-vous, abusé de votre zèle et de votre dévouement, il vous
« aura compromis pour rien..... Caron ne résistera pas à cela.
« Vous me ferez votre rapport jour par jour. Si vous parvenez à
« l'impliquer dans un complot, comptez sur une récompense ; si
« vous pouvez lui faire prendre les armes et nous livrer ainsi sa
« tête, comptez sur de l'argent, de l'avancement, entendez-vous
« bien ? — Oui, mon colonel. » . . . .
. . . : . . . .

Et cette bête féroce, qu'alléchaient déjà l'odeur de l'échafaud et les promesses qui venaient de lui être faites, s'élançait sur sa proie. — Quelques jours plus tard, un rendez-vous était pris dans la forêt de Brissac. Là, trois hommes étaient apostés derrière un buisson, pour arrêter Caron, s'il refusait de donner suite au complot : car on avait déjà, par quelques conversations avec lui, de quoi le priver longtemps de sa liberté. On pouvait, à défaut de mieux, se contenter de le jeter dix ans dans un cachot ; l'homme qu'on attachait à ses pas portait plus haut ses vues : il lui fallait l'avancement promis.

Il semblait que le malheureux Caron eût entrevu un moment la trahison dont il était victime. « Vous conviendrez, dit-il, qu'après

Pendant ce temps, d'autres faits, non moins graves, s'étaient passés ailleurs : le général Berton s'était rendu dans l'ouest, et son expédition de Saumur n'avait échoué devant cette ville que par son irrésolution. Après cet échec, rien n'était plus facile à Berton que de quitter la France ;

« avoir lu dans les journaux les détails de l'arrestation du gé-
« néral Berton, il faut avoir du front pour oser encore se
« présenter à un rendez-vous de ce genre. Je ne vous cache pas
« que ces détails m'ont tellement frappé, que, pour venir ici, j'é-
« tais sur le point de m'armer de pistolets ; mais j'ai fait la ré-
« flexion que, si je pouvais n'avoir à faire qu'à de misérables pro-
« vocateurs, une cravache suffirait. — Colonel, réponds Thiers,
« je ne suis pas un lâche, mais un homme d'honneur. » (Un homme d'honneur, entendez-vous bien!) Caron expose les difficultés de l'enlèvement des prisonniers. (Les sous-officiers Magnien, Robin et Zerlaut, qui se tiennent en embuscade, vont fondre sur lui pour l'arrêter...) « Colonel, reprend Thiers, vous n'au-
« rez pas compromis de braves gens pour réprimer à votre gré
« leur dévoûment ; vous ne comptez pas assez sur nous, sur notre
« influence dans le régiment. Nous le mettrons sous vos ordres
« quand vous voudrez. Vous vous devez à nous, à ces vingt pa-
« triotes qu'on réserve à l'échafaud ; c'est nous qui vous forcerons
« maintenant d'agir, pour ainsi dire, le pistolet sur la gorge. Al-
« lons, mon colonel, rendez-vous à mes prières. Je vous ai tout
« sacrifié, mon état, ma personne et celle de ma femme : n'aban-
« donnez pas notre entreprise, quand il est trop tard. » En achevant ces mots, le monstre se jetait dans les bras de Caron, en même temps que sa main cherchait son sifflet pour en faire usage, s'il n'eût vu les yeux de sa victime s'humecter d'attendrissement...
« Mon brave, lui dit Caron, je suis à vous, à la vie, à la mort. » Et l'écho voisin répéta : A la mort... « Colonel, c'est moi qui porterai
« votre uniforme et votre casque au rendez-vous ; c'est moi qui
« vous ceindrai votre sabre... » Et l'honnête homme et son bourreau se pressèrent étroitement l'un contre l'autre...

Trois jours après, Caron et Roger rentraient dans Colmar, attachés, chargés de fers, sur un char-à-bancs découvert, poursuivis et outragés par les hommes armés qui s'étaient mis sous leurs ordres une demi-heure auparavant ; et le lendemain, Thiers, Géil en fut sollicité à plusieurs reprises avec les plus vives instances ; et un navire qui devait le transporter en Espagne resta longtemps à sa disposition sur la côte. Il se refusa constamment à quitter la France, par ce motif honorable, que plusieurs de ses complices étaient en prison. Et, s'il continua de préparer une nouvelle tentative d'insurrection, c'est qu'il y fut entraîné par l'espoir de les sauver.

Depuis quelque temps il vivait retiré dans une cam-

---

rard, Magnien et Delzaive, recevaient chacun, sur la place publique, un sac de douze cents francs, et les officiers Nicol, Aupècle Borel de la Rivière, étaient promus d'un grade. — Et peu de temps après, Caron était condamné à mort et fusillé à Strasbourg sans avoir eu la permission de voir sa femme et ses enfants à ses derniers moments. Roger était condamné à vingt ans de galères.

Retenez bien les noms des hommes qui composaient le conseil de guerre ; retenez bien le nom du président, le baron d'Escordal, et du secrétaire-rapporteur, de Fossa : Mangin n'a rien fait de plus qu'eux. Les noms de pareils hommes sont bons à garder par le temps qui court. Ils figurent probablement encore sur les cadres de notre armée.

L'assassin Thiers reçut aussi de l'avancement, mais il ne put rester dans aucun régiment ; on le fit gendarme, et on ne put le souffrir même dans cette arme. — C'est qu'il est une justice au fond du cœur de l'homme, dont un sac de 1200 francs, des épaulettes et les hommages du *Moniteur*, ne sauraient jamais étouffer le cri. On fit de cet homme un commissaire de police. — La révolution vint. Il n'a pu se maintenir, diront les simples, et les simples se tromperont. — Il n'est plus commissaire, il est vrai ; mais il a gagné au change : car son frère l'a fait nommer entreposeur de tabac dans la ville d'Apt, département du Vaucluse.

Quelque loin que tu sois, et quoique tu gagnes beaucoup d'argent, assassin de Caron, tu ne peux dormir tranquille, et ton expédition de Colmar te coûte cher à chaque heure du jour et à chaque heure de la nuit ! Si tu as des enfants, tu ne peux les embrasser sans te rappeler que tu as embrassé Caron dans la forêt de Brissac, et le sang de ta victime s'élève entre eux et toi !

pagne où il était en sûreté, se livrant par fois à la chasse et à la pêche, mais rêvant toujours à ce qu'il regardait comme le premier de ses devoirs. Une affiliation charbonnique avait été faite dans un régiment de carabiniers en garnison à Châteaudun. Berton en fut informé, et exprima le désir d'être mis en rapport avec le sous-officier Wolfel, qui venait d'être reçu charbonnier depuis quelques jours. Plusieurs entrevues eurent lieu. Le général ne s'y rendit d'abord que sous un nom supposé ; mais il fut un jour si content de Wolfel, que, se jetant dans ses bras, comme peu de temps après le colonel Caron dans les bras du sous-officier Thiers, il lui fit la révélation de son nom et de tous ses projets. Wolfel s'empressa de lui demander un nouveau rendez-vous, pour lui présenter trois de ses camarades *aussi sûrs que lui-même*, mais qui ne devaient pourtant pas savoir le nom du général. Cette entrevue fut fixée à quelques jours de là dans une maison de campagne isolée, où les quatre sous-officiers devraient se rendre en chasseurs.

— Pendant que vous chasserez, dit Berton, moi je ferai la pêche, et je veux vous faire manger du poisson pris et apprêté par moi.

Au jour et à l'heure convenus, les sous-officiers arrivent en effet avec leurs fusils de chasse. Wolfel entre pendant que le général, fidèle à sa promesse, tenait lui-même sur le feu la poêle où se faisait la matelotte.

— Par Dieu ! dit-il, vous me trouvez en besogne, et vous m'en ferez compliment.

Wolfel court à lui et l'embrasse. C'était ainsi que l'infâme était convenu de désigner sa victime aux autres sous-officiers qui le suivaient et qui, s'étant arrêtés à la porte, couchent en joue le général. Wolfel se retire de quelques pas et, dirigeant son fusil contre lui : Vous êtes mon prisonnier, dit-il ; je vous arrête.

Berton se prend à rire et ne voit là qu'une plaisanterie, quand un coup de fusil se fait entendre. C'était un des trois sous-officiers restés sur le seuil de la porte, qui assassinait lâchement, à quelques pas de lui, et sans autre motif que l'envie de se débarrasser d'un visiteur incommode, un propriétaire des environs qui faisait partie de l'association, et qui venait au rendez-vous convenu. Ce qui rend ce meurtre plus horrible, c'est qu'à l'heure même la maison était cernée par un détachement qui avait suivi Wolfel. Il faut que les scélérats soient bien lâches pour tuer ainsi un homme sans que le moindre danger les y pousse, et quand ils ne peuvent éprouver aucune résistance. Berton fut garrotté, et rien n'égale les injures qu'on lui adressa et les cruautés dont il fut l'objet jusqu'à son arrivée à Poitiers. Un général, Malartic, qui avait le commandement de cette ville, et qui vint au devant du malheureux prisonnier, s'appliqua surtout à le torturer. On n'aurait pas été plus ingénieux à tourmenter quelque animal dangereux qui aurait commis de grands ravages. Ce général Malartic faisait à chaque instant serrer les liens qui avaient fait gonfler les membres de Berton et qui lui causaient d'horribles douleurs ; il l'outrageait sans relâche, et ces persécutions furent loin de cesser dans la prison de Poitiers. Des mains de Malartic, Berton passa dans celles de Mangin. Les journaux ont retenti à cette époque des preuves de la barbarie de ce procureur général, qui ne cessa de calculer, durant l'instruction et pendant tout le cours du procès, ce que le sang de Berton devait lui valoir d'avancement. Il s'opposa longtemps à ce que les fils de sa victime pussent voir leur père, et jamais ils ne le virent seuls. On lui refusa le défenseur qu'il avait choisi, et on ne le laissa communiquer qu'à haute voix et en présence de témoins avec celui qu'on lui nomma d'office (1).

Dès que le général fut à Poitiers, toute la route était l'objet d'une surveillance si active, qu'on s'en apercevait déjà à quelques postes de Paris; les passe-ports étaient demandés à tout moment, et je me rappelle qu'à Tours le conducteur de la voiture nous racontait, avec une juste colère, que le commissaire de police et ses agents venaient de le faire mettre tout nu pour voir s'il n'avait pas quelques dépêches secrètes.

Poitiers, chargé de garnison, était sous un régime de terreur; mais rien ne peut donner une idée de l'aspect de la cour d'assises, qui ne contenait à peu près que les accusés, les magistrats, les jurés et les témoins. L'espace réservé au public était désert; on n'y laissait pénétrer que quelques personnes. Le procès se poursuivit pour ainsi dire à huis clos. Je ne pus entrer que deux fois dans la salle: c'était assez pour que je n'oubliasse jamais ce que j'y ai vu. Wolfel était là; un moment le bras de ce monstre toucha mon bras: il me sembla longtemps que j'en sentais l'empreinte. On venait de lui donner par avance le prix du sang; il était officier depuis quelques jours. C'était un corps et un esprit grossiers: à chacune des paroles de Berton, cet homme frappait la terre de son pied comme un cheval impatient, et prononçait quelques jurements. Le mot qu'il proférait le plus était celui de *Cartouche*, qu'il semblait adresser au général. Il était l'objet des caresses continuelles de Mangin, qui poursuivait, au contraire, et

---

(1) Ce fut M. Drault, aujourd'hui avocat-général, qui se conduisit en cette circonstance de manière à mériter l'estime et la reconnaissance de tous les patriotes.

harcelait de ses injures chacun des accusés, mais Berton principalement. Il s'appliquait aussi à attaquer grossièrement les députés Lafayette, d'Argenson, Benjamin Constant et toute l'opposition. C'était une chose horrible à entendre que la parole criarde et colère de cet accusateur cherchant à frapper de terreur les témoins, et les faisant emprisonner sur l'heure s'ils ne chargeaient pas les accusés. Il flattait, au contraire, et patelinait bassement tous ceux qui répondaient à sa guise. Il n'est sorte de cajoleries qu'il n'ait faites au maire de Saumur et à un colonel Rapatel qui, après avoir fort bien reçu les communications secrètes de Berton tant qu'il avait vu en lui l'organe d'un parti qui pouvait triompher, venait réunir toutes les circonstances les plus propres à le perdre, et affirmer qu'il ne l'avait écouté que pour le dénoncer, alors qu'il le voyait sans défense sur le banc de l'accusation. Ce colonel Rapatel reçut peu de jours après la récompense de ses services : il fut nommé général.

Aux outrages et aux provocations de l'accusateur, à la partialité du président Parigot, les accusés opposaient une attitude calme : il n'y eut de fâcheux que quelques débats qui s'élevèrent entre Berton et Caffé, qui ne se comprenaient pas. On a reproché au premier d'avoir causé la condamnation de son coaccusé par ses réponses. Berton était un homme qui ne savait pas mentir ou qui le savait mal, et il faut bien se rappeler qu'il était privé de conseil, et que toute communication était impossible entre les accusés. Son intelligence n'égalait ni son civisme, ni sa force d'âme; mais la fermeté de ses principes, son impassibilité durant le procès, et la manière dont il marcha à l'échafaud, répondent suffisamment pour lui (1).

(1) S'exprimant au sujet des persécutions qu'on lui faisait subir

Caffé était un homme simple et d'une figure pleine de bonté ; médecin bienfaisant autant qu'éclairé, il était chéri de tout le pays qu'il habitait. Il s'ouvrit l'artère crurale avec un canif qu'il était parvenu à se procurer la veille du jour où il devait être conduit à l'échafaud.

Saugé, petit homme replet de cinquante à soixante ans, paraissait s'occuper peu de ce qui se passait autour de lui, et ne rien comprendre aux passions de l'audience. Après l'exécution de Berton à Poitiers, on transporta Saugé et Jaglin à Thouars, où le premier mourut en criant : *Vive la république !* et après avoir soutenu constamment le courage de son coaccusé.

Le colonel Alix, les trois médecins Riques, Ledein, Fradin, et plusieurs encore dont je n'ai pas les noms, furent condamnés à la prison : quelques-uns d'eux allèrent rejoindre Guinand au Mont-Saint-Michel, tandis que d'autres furent envoyés, je crois, à Limoges. — Quant au procureur général Mangin, il fut nommé conseiller à la cour de cassation. C'est ainsi que la restauration soldait ses dettes.

En même temps que ce terrible épisode se passait à Poitiers, le procès des quatre sous-officiers de La Rochelle s'instruisait et se poursuivait à Paris. Lorsque le 45e régiment avait reçu l'ordre de quitter cette ville pour se rendre à La Rochelle, Bories en avait exprimé un vif chagrin ; il avait entendu parler de l'organisation avancée dans l'ouest,

---

dans sa prison, où on ne lui laissait non-seulement ni rasoir ni couteau, mais même ni cuillère ni fourchette, de peur qu'il ne s'en fît quelque instrument pour se donner la mort, Berton disait qu'il ne lui viendrait jamais dans la pensée de se suicider, parce que, ajoutait-il, un patriote se doit un exemple à ses concitoyens jusqu'à la lunette. (Le bourreau appelle lunette l'espace par lequel la tête du condamné est livrée au couperet.)

et avait demandé avec instance des renseignements qui lui furent promis.

Il lui tardait toutefois d'essayer son influence sur ses camarades, et à son passage à Orléans il crut trouver une occasion favorable pour les éprouver. Une querelle s'étant engagée entre quelques soldats de son régiment et des soldats suisses, il s'y jeta avec ardeur, y reçut un coup de baïonnette à la tête, et, l'affaire étant devenue très-sérieuse, c'est sur lui qu'on sévit. Il fut mis à la garde du camp jusqu'à destination. Depuis ce moment le malheureux Bories ne recouvra pas sa liberté. Ses dignes amis, Raoulx, Goubin, Pommier, étaient entrés en relation avec les patriotes de La Rochelle ; mais, depuis l'affaire d'Orléans, ils étaient l'objet d'une surveillance extrême. On les arrêta tous trois à la suite de l'entrevue de l'un d'eux avec un habitant de la ville, et on ne saurait s'imaginer les violences physiques et morales auxquelles ils furent soumis. Le général Despinois se rendit dans leur prison ; le misérable essaya de les attendrir en feignant de partager leur douleur ; il leur parla de leurs mères ; il alla jusqu'à pleurer, et, voyant qu'il n'en obtenait rien, il changea tout à coup de système, et se porta contre eux à la plus grande fureur et aux plus grossières brutalités. Ces âmes généreuses réagirent contre une pareille lâcheté, et laissèrent échapper, sous forme de menace, quelques aveux au milieu de l'expression de leur mépris. C'était tout ce que voulait l'espion.

On avait bien su ce qu'on faisait en séparant Bories de ses camarades ; son expérience leur manquait : il avait été envoyé à Nantes. Toutefois on n'avait que des soupçons ; on savait que les quatre sous-officiers étaient ennemis du gouvernement. Mais comment faire un procès criminel sur de simples soupçons? C'eût été trop peu pour des magistrats ordinaires; c'était assez pour Marchangy. L'empereur Alexandre n'avait-il pas demandé des têtes et n'avait-il pas promis des récompenses? Alors comme aujourd'hui, on tenait beaucoup à l'amitié du Czar; alors comme aujourd'hui, cette amitié se faisait payer.

On fit le procès: Bories, Raoulx, Goubin, Pommier, furent ramenés séparément à Paris. On leur donna pour coaccusés Baradère jeune, avocat; Recurt, Gauran, alors élèves internes dans un hôpital; quelques autres encore dont j'ai oublié les noms; et ils furent tous quatre condamnés à mort sans preuves, sans qu'il existât d'autres charges que deux ou trois pointes d'épée mal emmanchées qu'on trouva parmi leurs effets, et auxquelles on donna le nom de poignards.

Les magistrats figurant dans ce procès étaient : MM. Montmerqué, président; de Berny, de Frasan, Lemore, Froidefond, conseillers ; Noël de Perrat, conseiller-auditeur. C'étaient Marchangy et de Broë qui soutenaient l'accusation.

Les jurés étaient MM. Trouvé, Pavé, de Courteilles, Doillon, Perrin, Deloynes, Deviannet, Rodier, Pivost, Faveret, d'Arlincourt, maître des requêtes; Lannetier, peintre.

Cette terrible condamnation répandit l'effroi dans Paris. Bories regrettait de n'avoir pas suivi sa première pensée, qui était de venir dire à ses juges qu'il avait réellement conspiré pour délivrer son pays de la tyrannie.

Il se refusa quelque temps à se pourvoir en cassation, et ne céda qu'avec peine aux instances de ses amis. Il fut transféré à Bicêtre ainsi que les trois autres condamnés, et on s'occupa d'un projet d'évasion qui fut mal conduit. Au lieu d'organiser un coup de main, on se mit à négocier avec le concierge, auquel on devait donner 50,000 fr., comme si 50,000 fr., avec la perspective d'un procès criminel, pouvaient équivaloir, aux yeux d'un homme capable de vendre ses services, à la jouissance tranquille d'une place de 10 à 12,000 fr. par an. Tout fut découvert, et il ne résulta des tentatives qui venaient d'être faites que de nouvelles persécutions.

Le jour suprême arriva. Les patriotes couraient les uns chez les autres et n'avaient plus d'espoir. Après tant d'années de guerre sourde et de haine dévorée, on retrouvait des larmes, on pleurait sur la place publique. — Le vieux roi fit sa promenade accoutumée, car le temps était beau. Il s'en fallut peu que le carrosse doré ne rencontrât la fatale charrette, et que les deux bourreaux ne se vissent face à face.

Au passage des quatre martyrs la foule se découvrit ; des hommes tombèrent à genoux, d'autres s'évanouirent. Mais le peuple n'avait encore que de la tristesse dans l'âme ; le temps de la colère n'était pas venu. Tous les hommes souffraient à part et ne savaient pas confondre leurs douleurs. Ceux qu'on allait tuer s'embrassèrent avant de mourir, et le peuple se contenta de pleurer. L'exécuteur ne fut pas troublé dans *sa besogne;* il put à l'aise couper ses quatre têtes, et le soir, ô infamie ! le soir on dansa à la cour !...

Si les rois et leurs auxiliaires avaient la vue assez perçante pour voir quelques années devant eux, leur colère s'éteindrait plus d'une fois devant les inflexibles arrêts de l'histoire. Le nom de Marchangy est devenu odieux depuis la condamnation de Bories, comme le nom de Bellart depuis celle de Ney. Les noms des jurés du procès de La Rochelle sont à jamais flétris, et celui de Louis XVIII restera tout sanglant des farandoles de 1815 et des meurtres judiciaires de 1822, comme le règne de Charles X des mitraillades et de l'état de siége de 1830.

On dira toujours que, le 21 septembre 1822, le bourreau fit tomber quatre têtes en place de Grève, et qu'on dansa à la cour, comme on dira toujours aussi qu'on dansa à la cour le jour où Dulong fut tué par M. Bugeaud, sous les yeux d'un aide-de-camp du roi Louis-Philippe.

Les sous-officiers de La Rochelle périrent sans avoir failli un seul instant à ce que leur haute position exigeait d'eux. Tous quatre avaient des âmes vraiment républicaines.

Je n'ai jamais connu que Bories. Jeune homme de vingt-six ans, il n'avait de l'état militaire que la valeur et la franchise, sans aucun des défauts que produit l'oisiveté des casernes. Ses mœurs étaient pures, ses goûts simples, sa vie retirée. Il consacrait la plus grande partie de son temps à la lecture, et je l'ai trouvé plus d'une fois se complaisant à l'étude, et tout joyeux d'occuper dans l'ancien collége des Grassins, transformé depuis en caserne, la chambre autrefois habitée par Boileau. — Son cœur était exempt d'ambition, son vœu le plus ardent était de mourir au moment de la victoire du peuple, et il s'irritait un jour de la proposition qu'on lui faisait de le conduire chez le général Lafayette. Il craignait qu'on ne doutât de son dévoûment et qu'on ne cherchât à exciter son ardeur par l'autorité d'un grand nom. On eut quelque peine à lui faire comprendre que le général désirait réellement le connaître. La méditation et la lecture avaient amplement suppléé aux imperfections de son éducation première. Bien qu'entré fort jeune au service, il avait toutes les vertus du citoyen, et s'il s'enflammait souvent pour l'éclat de notre gloire militaire, il ne concevait rien de plus triste et de plus déplorable que l'oppression du peuple par l'armée. Ce fut un grand crime et un grand malheur que le meurtre de Bories, car il avait dans sa tête de nobles pensées, et au fond de son cœur un puissant amour de l'humanité.

Pendant que ces tristes événements se préparaient ou s'accomplissaient, d'autres tentatives étaient faites sur différents points. Avant l'affaire de Béfort, Joubert avait porté l'association à Joigni et dans une partie du département de l'Yonne. Dugied et Cabet étaient en rapport avec l'organisation de la Côte-d'Or. Un avoué de Joigni, M. Lecomte, vint annoncer à M. Lafayette les excellentes dispositions du 4ᵉ régiment de hussards, en garnison dans cette ville. Selon lui, deux capitaines, deux lieutenants et un sous-lieutenant de ce régiment, promettaient de l'insurger si on leur montrait un système d'opérations bien concerté. L'association de la Côte-d'Or avait des intelligences très-avancées dans l'artillerie d'Auxonne. Cabet partit à l'instant même pour Dijon. Dugied et un autre commissaire se rendirent à Joigni, mais sans retirer d'autre fruit de leurs négociations qu'une haute estime pour les officiers patriotes du 4ᵉ hussards et leurs promesses positives pour des temps meilleurs. Les renseignements apportés à Paris avaient été exagérés : ces officiers n'étaient pas en mesure d'agir. L'un d'eux était Kersosi, qui insurgea ce même régiment dès qu'il apprit en juillet qu'on se battait à Paris ; Kersosi, persécuté plus tard et forcé de donner sa démission après qu'on eut mis hypocritement sa belle conduite à l'ordre du jour ; Kersosi, voué sans relâche, depuis 1822, à la sainte cause de la république, et sur qui le procureur général Persil ne craignit pas de faire peser le reproche de carlisme ! — Telles sont la valeur et la moralité des actes des parquets royaux.

Au moment de l'instruction du procès de Berton, l'ouest

était devenu le siége d'un mouvement très-actif. L'association était puissante à Bordeaux, à Toulouse, à La Rochelle et à Poitiers même, bien qu'un membre d'une vente y ait fait sérieusement, en pleine réunion, la proposition assez malséante de demander au comité directeur deux Italiens qui pussent frapper le traître Wolfel, ce que le commissaire présent eut beaucoup de peine à écouter sans se prendre à rire.

Deux congrès très-rapprochés eurent lieu à Bordeaux. On choisit cette ville à cause de la prochaine guerre d'Espagne, et sur la demande du colonel Bourbaki, l'un des officiers les plus distingués de nos armées impériales (1). Tous les points organisés de la France furent représentés aux deux congrès; mais on y discuta beaucoup sans rien arrêter. Il n'est pas donné à une association créée pour une prompte exécution de prolonger longtemps et utilement son influence. La Charbonnerie se ressentait déjà trop des divisions qu'on avait fait germer dans son sein, pour qu'elle pût se plier à un mode d'action uniforme. Depuis quelques mois des commissaires parcouraient la France avec des instructions différentes : les uns s'appliquaient à recommander Lafayette à la confiance de leurs concitoyens, les autres à le perdre dans l'opinion publique (2). L'association de Rennes était tombée sous la di-

---

(1) Quant il lui fallut renoncer à l'espoir de voir la France promptement affranchie, Bourbaki, grec d'origine, porta le secours de son bras à la Grèce; et nous apprîmes plus tard que ce brave était tombé aux mains des Turcs, criblé de blessures, et que sa tête avait été clouée sur les murs du sérail.

(2) Plus je recueille mes souvenirs à cet égard, et moins je trouve une explication nette des instructions étranges que recevaient alors les commissaires de la Charbonnerie; l'avenir jettera peut-être quelque lueur sur ce mystère.

rection d'un esprit doctrinaire constamment appliqué à combattre toute vue nette et précise, toute proposition directe.

Un troisième congrès eut lieu à Paris dans un but de pacification ; mais on s'y accorda moins que jamais. La période active de la conspiration était passée. Le trône de Louis XVIII n'avait résisté que par hasard au complot de Béfort, à l'insurrection civile et militaire qui avait été sur le point d'éclater dans les principales places de l'est. De pareilles dispositions ne se reprennent pas en sous-œuvre. Il était évident que ce n'étaient plus les jeunes gens qui dirigeaient la Charbonnerie comme au temps de sa création ; ils étaient débordés par d'autres. Une scission s'opéra, et ce fut à cette époque qu'un assez grand nombre de patriotes se rendirent en Espagne, pour prendre part à la révolution de ce pays et pour tâcher d'en retirer quelque utilité pour la France.

Espérons que l'un de ceux qui partagèrent les périls de cette expédition nous en racontera toutes les viscissitudes, nous dira la tentative faite à la Corogne sous le commandement du général Wilson, le passage de la Bidassoa, et le parjure de quelques officiers généraux de l'armée française, qui n'hésitèrent pas à commander le feu contre le drapeau tricolore qu'ils avaient juré d'accueillir ; enfin les dures privations et les souffrances de toute espèce qu'endurèrent nos amis durant leur émigration en Angleterre. C'est une partie importante de l'histoire de la Charbonnerie, qui ne manquera pas sans doute de trouver sa place dans ce recueil. C'est dans cette confiance que nous respectons ici un épisode dont nous craindrions d'altérer l'intérêt, et que nous ne prononçons le nom d'aucun de ceux qui furent soumis à de si rudes épreuves.

Le combat de Llers fut le dernier effort des patriotes

français et italiens, sur le sol d'Espagne, pour la cause de la liberté. C'est là que Carrel et Joubert furent faits prisonniers. Le premier, traduit devant un conseil de guerre, fut trois fois condamné à mort, et trois fois heureusement le jugement fut cassé (1).

Délivré de ses persécutions, Carrel vint à Paris, où le hasard, qui le mit en rapport avec l'historien Augustin Thierry, lui fit deviner sa vocation, sans toutefois qu'on pût pressentir alors quelle devait être plus tard l'autorité de ses écrits.

Quant à Joubert, comme il avait reçu deux coups de feu à la jambe, il fut conduit à l'hôpital de Perpignan, où la connaissance qu'il avait de la langue italienne lui permit de passer quelque temps pour réfugié piémontais. Mais il venait d'être reconnu, et allait être livré aux tribunaux comme accusé contumace du procès de Béfort, quand Dugied, qui lui était lié par une amitié toute particulière, et qui n'avait pas hésité, peu de temps auparavant, à passer la frontière pour aller à sa recherche, au risque d'être pris cent fois par les Espagnols et fusillé comme espion, accourut de Paris, et parvint à prix d'or à le faire sauver par-dessus les murs de l'hôpital, à l'aide d'une échelle de corde, et à l'enlever dans une chaise de poste. Quelques jours après, Joubert, dont les blessures n'étaient pas encore guéries, cheminait sur la route de Bruxelles, à côté du chargé d'affaires des États-Unis; il resta plusieurs années en Belgique.

La Charbonnerie ne pouvait plus être une société d'action. Les derniers efforts qu'elle avait faits lors de l'expul-

---

(1) Le combat de Llers ne se termina qu'en vertu d'une capitulation garantissant à tous les prisonniers la conservation de leur existence.

sion de Manuel n'avaient eu pour résultat que des nouvelles condamnations, et entre autres celle de Rouen aîné à un an de prison. L'association ne se proposait désormais que de propager des principes; mais, comme elle avait un grand nombre de plaies à guérir et qu'elle n'était plus une conspiration, elle prit le nom de société de secours des détenus politiques, et devint plus tard le noyau de la première société *Aide-toi, le Ciel t'aidera,* qui exerça tant d'influence sur les élections sous le dernier règne.

C'est alors que quelques-uns des fondateurs ou des plus anciens membres de la Charbonnerie, supportant mal le désenchantement qui devait suivre tant de vœux stériles, crurent s'être trompés, changèrent tout à coup de direction, et fondèrent le saint-simonisme. Fatigués du combat, et après avoir appliqué à l'étude du passé l'énergie qu'ils avaient auparavant consacrée à une lutte active, ils rêvèrent qu'il manquait à leurs convictions un principe capable de les vivifier et de les faire comprendre. De là à la création d'une secte il n'y avait qu'un pas : une circonstance le leur fit franchir. Un homme de beaucoup d'esprit mourut : c'était Saint-Simon. L'un d'eux fut témoin de sa mort et en fut vivement frappé. Il se lia avec quelques jeunes gens que le vieillard appelait depuis longtemps ses disciples. Peu de temps après on avait fait des pensées de Saint-Simon une doctrine, de l'homme un prophète, un peu plus tard un Dieu, et avec lui une religion.

Ceux qui se livraient ainsi au rêve d'une foi nouvelle étaient des esprits sévères et laborieux. Leurs études, leurs dangers, le sang de leurs amis, qu'ils avaient vu couler, une profonde connaissance des hommes, les avaient fortifiés et pouvaient donner quelque valeur à leurs travaux. A côté du mysticisme de leur délire se trouvent d'excellentes idées, si non créées, au moins popularisées par eux.

La plupart de ces idées, ils les avaient avant d'être saints-simoniens, car elles avaient fait le lien de l'association dont la marche a été tracée plus haut. Elles ont été en honneur chez tous les philosophes de l'antiquité ; l'unique avantage de notre époque est de travailler activement à les répandre. Ce sont les principes de philanthropie, d'égalité d'estime pour le travail et de mépris pour l'oisiveté, que nous nous appliquons, nous hommes dévoués aux intérêts populaires, à faire comprendre et pratiquer par nos semblables.

Quant à toutes les autres idées de réforme sociale attribuées au saint-simonisme, elles appartiennent à Fourrier, génie bien autrement original, bien autrement vaste que Saint-Simon.

Les hommes graves qui s'étaient voués avec le plus d'ardeur à la religion nouvelle ne tardèrent pas sans doute à reconnaître qu'ils s'étaient trompés. Bazard en mourut de chagrin ; les travaux tout positifs auxquels d'autres se livrent aujourd'hui avec persévérance prouvent assez qu'ils ne cherchent plus à s'adresser qu'à la raison de l'homme pour l'éclairer.

Parmi les fondateurs de la Charbonnerie on ne compte qu'un renégat.

L'association secrète fut une phrase intermédiaire et une nécessité entre le despotisme de l'empire et le règne de la publicité. Il fallait cette forme de résistance en présence des échafauds de la restauration, pour que les esprits se trempassent dans la retraite et pussent se préparer à la carrière de franchise qui devait s'ouvrir plus tard. Il fallait que les convictions républicaines, développées dans quelques âmes, fussent déposées de proche en proche par la voie lente, mais sûre, des affiliations secrètes, avant d'être livrées à une propagande plus hardie ; il fallait enfin que l'humanité, fatiguée des victoires du champ de bataille, eût le temps de se recueillir avant de se livrer à ciel découvert à de nouveaux combats.

L'explosion des trois jours fut le produit de ce long travail. Le temps était venu où la France entière, qui n'avait fait que pleurer quand la tête républicaine de Bories avait roulé sur l'échafaud, devait s'associer au triomphe de la Charbonnerie. Mais ce triomphe devait être encore une fois interrompu. De nouvelles épreuves étaient indispensables pour appeler le peuple proprement dit, les travailleurs, à la connaissance de toutes nos plaies. La royauté doctrinaire, en éveillant tous les genres de douleur et d'humiliation, a rapproché toutes les sympathies, confondu toutes les âmes, éteint toutes les vanités sociales. L'expérience acquise nous coûte cher, mais elle sera bientôt complète.

Qu'on juge de quelle amère douleur les membres de la Charbonnerie durent être saisis, en 1830, quand, après dix années d'une lutte commune et des serments scellés par le sang des martyrs, ils virent tout à coup leur vieil ami Lafayette se retirer d'eux pour donner la couronne à Louis-Philippe; lui qui leur avait dit si souvent ce qu'il pensait des rois en général, et qui ne leur avait rien caché de son opinion particulière sur le duc d'Orléans (1).

---

(1) Je me rappelle surtout parfaitement ce que nous dit un jour M. George Lafayette à une réunion de comité : « Nous connaissons « bien les vues ambitieuses du duc d'Orléans, nous disait-il; mais je « ne crois pas qu'il compte beaucoup sur mon père depuis une visite « que lui fit son ami et son compagnon d'exil, M. de Broval. A tou- « tes les tentatives qu'il fit pour rendre la conversation politique et « personnelle, mon père affecta constamment de ne répondre que « par des politesses; et il sortit tellement piqué de n'avoir point « obtenu de sa visite ce qu'il en attendait, qu'il ne put s'empêcher

Il faut qu'il se soit passé quelque chose de bien prompt et de bien grave dans l'esprit du général pour qu'il ait si subitement laissé échapper tout le bien du peuple qu'il tenait dans sa main. Mais il s'en repent amèrement à l'heure qu'il est. Que Dieu lui donne le temps de réparer sa faute!

Répétons ici, avant de terminer ce long chapitre, que la Charbonnerie, fondée en 1820, et qui n'était que le pressentiment et le germe de la révolution de 1830, étai imbue des principes les plus avancés de l'époque présente. C'est ce qu'il nous serait facile de démontrer par les ordres du jour et par d'autres documents qui ne sont pas perdus.

Or voyez un peu quelle distance aujourd'hui entre la pensée qui a momentanément pour elle la force matérielle, l'argent, les gendarmes, le geôlier, la prison, et la pensée providentielle qui a triomphé déjà des gendarmes, du geôlier, de la prison et des échafauds de la restauration!

C'est la Charbonnerie qui a vaincu en juillet. Louis-Philippe a-t-il choisi ses conseillers et ses appuis dans le sein de la Charbonnerie? — Eh! non. Il ne le pouvait pas; il n'a pas eu de repos qu'il n'ait brisé Lafayette et Dupont (de l'Eure), et il a fallu que Barthe ait abjuré publiquement sa foi passée pour qu'il l'ait gardé à son service. Aucun de ses autres ministres n'était révolutionnaire sous la branche aînée : d'Argout dansait la farandole et brûlait le drapeau tricolore; Soult était aussi bien connu qu'il l'est aujourd'hui; Sébastiani, Périer, Guizot, de Broglie, Montalivet, de Rigny, aussi sévèrement appréciés qu'ils l'ont été depuis; Thiers lui-même n'a jamais fait partie de l'association.

« de me l'exprimer en me quittant. Les d'Orléans nous sont trop
« bien connus pour que nous puissions jamais être leurs amis. »
Ces paroles nous étaient adressées en 1822 chez Dugied, notre ami.

Au-dessous de la couche vraiment révolutionnaire s'en trouvaient plusieurs autres successivement superposées. C'est dans la dernière que la pensée dynastique est allée choisir une partie de ses hommes de confiance. C'est dans les hommes d'affaires, dans ceux qui ne s'occupaient purement et simplement qu'à gagner de l'argent et qui regardaient froidement la lutte, qu'elle a pris la plupart de ses faiseurs : et par exemple Dupin, déjà sifflé sous Charles X pour son aventure avec les jésuites ; le financier Humann, auquel l'industrie de la contrebande produisait une fortune immense ; le procureur Persil, qui retirait cent mille francs de son cabinet ?

Plusieurs générations d'idées séparent la volonté populaire de la volonté royale. Mais, pour que l'une exerce sa toute-puissance, il faut que l'autre éclate sous toutes ses faces et dans toutes ses colères. L'œuvre avance chaque jour. Est-il besoin de mesurer combien nous avons fait de chemin depuis 1821 ?

Les principes renfermés alors dans le mystère des ventes charbonniques courent le monde, et réchauffent aujourd'hui tous les cœurs.

Aux flots de lumière qui l'inondent, aux mille liens qui l'étreignent, à la force herculéenne qui l'entraîne, le stabilisme ne sait opposer que la violence du sabre. — Eh bien ! il faut ouvrir les yeux, il faut lire l'histoire, et puis nous montrer une seule idée de progrès dont la force brutale ait arrêté le triomphe !

TRELAT.

LES ÉTUDIANTS

SOUS LA RESTAURATION.

Impartiale ou passionnée, l'histoire n'est jamais juste ; elle ne tient compte que des faits principaux et des principaux acteurs ; quelques héros occupent toute la scène ; les masses restent en arrière, comme les chœurs des tragédies antiques. Aussi de tous les temps passés vous ne voyez saillir que des individualités brillantes. L'histoire vise au portrait, et si, dans la foule, elle rencontre une figure fortement caractérisée, sa besogne est toute faite, son œuvre est accomplie. Suivant nous, elle n'est même pas commencée. On ne traduit pas un mouvement politique par un nom, on ne fait pas un tableau avec un buste. Mais, que voulez-vous ? nous aurons toujours trop de romanciers qui s'occuperont d'un seul homme ; on ne trouvera jamais assez d'historiens qui s'occuperont de tout le monde. C'est qu'il est plus facile de mettre en relief un homme qu'un peuple. Cette dernière méthode est de beaucoup la plus utile, mais elle est la moins séduisante, et voilà pourquoi nous avons tant de biographies et si peu d'histoires. Les annales des nations sont encore à faire ; ceux mêmes qui s'en sont occupés, dominés sans le savoir par l'ancienne routine, sont tombés eux-mêmes dans le travers qu'ils voulaient éviter. Ils ont, il est vrai, fait abstraction de personnes ; mais ils ont personnifié les peuples, et voici ce qui est arrivé : En voulant représenter l'ensemble, ils ont confondu les groupes. On ne sait plus à quelle fraction, à quel parti, à quel système, on doit attribuer les progrès opérés. Dans ce chaos historique, tous les titres ont été perdus ; il faut s'occuper de les retrouver, dût-on même attirer sur soi la qualification de flatteur du peuple, appellation plus stupide encore qu'injurieuse, par cela seul que le peuple est tout le monde, et que flatter tout le monde, c'est ne flatter personne.

Quoi qu'il en soit, et puisque le germe de l'avenir existe dans le passé, il est nécessaire de connaître, non pas seulement le mouvement général d'une période, mais encore les agents particuliers qui l'ont opéré. Ces agents ne sont pas si nombreux qu'ils doivent manquer d'historiens. Et, au surplus, celui qui n'aura pas compris la part que les fractions ont prise au résultat total n'appréciera ni la moralité ni la portée des événements accomplis ; à plus forte raison sera-t-il incapable de se préparer à ceux qui devront un jour s'accomplir ; enfin il ignorera et son droit, et le prix, et les moyens par lesquels on peut le conquérir, le conserver et le défendre.

Il y a là un terrain tout neuf à exploiter. La reconnaissance publique attend ceux qui entreront dans la carrière.

Le temps de la restauration, ce long interrègne du peuple, est surtout une époque ténébreuse, quoique si près de nous, dont rien n'est évident que les malheurs et la réparation. Quinze ans de cette hypocrisie, qu'on appelle régime parlementaire, ont obscurci toutes les vérités. Tout ce qu'on sait, c'est que la France a longtemps souffert, et qu'un jour enfin elle s'est vengée. Quant aux péripéties de cette terreur blanche, quant aux rôles qu'y jouèrent les diverses fractions du peuple, tout le monde l'ignore. Tout cela n'est qu'un fait, et même un fait sans conséquence, grâce à l'ignorance des moyens employés. Il y aurait pourtant de belles pages dans ces chroniques de longues années de servitude, pendant lesquelles la liberté ne put être prescrite ?

Ce n'est pas à nous qu'est réservé l'accomplissement de ce devoir au-dessus de nos forces ; mais nous apporterons au moins notre pierre à la construction de cet édifice national. D'autres viendront plus tard qui commenteront ce mot de Manuel : *Les Bourbons furent reçus avec répugnance ;* qui suivront pas à pas les progrès de cette répugnance dans les diverses classes du peuple, ses efforts et sa persévérance, qui n'a jamais quitté son objet, même après sa chute. Ceux-là nous restitueront notre dignité nationale, et nous rendront notre attitude de citoyens.

Quant à nous, enfants de ces écoles qui protestèrent contre la restauration jusqu'à l'échafaud inclusivement, nous essaierons de réintégrer l'étudiant français dans la grande famille révolutionnaire ; et si ce feuillet, tombant dans quelque main populaire, excite au cœur d'un patriote un sentiment de fraternité, nous aurons assez fait et pour lui et pour nous.

Chacun se rappelle (malheureux qui saurait l'oublier!) les saturnales qui suivirent l'invasion de notre patrie. Cette ivresse frénétique qui jaillissait sous le fer du cheval cosaque et gagnait les prétendues hautes classes de la société, la nation ne la partageait pas ; mais alors, comme depuis, les clameurs couvraient le silence. Pour nous, cloîtrés jusque là dans nos colléges, nous n'avions appris l'asservissement de la patrie que par notre mise en liberté. Sortis de la prison scolastique au moment où le lycée se faisait, de caserne, monastère, élevés au bruit du tambour, émancipés au son des cloches, quittant l'uniforme pour le frac, nous cessions d'être écoliers pour devenir étudiants; et c'est de là que date notre naissance de citoyens, notre entrée au monde politique.

Nous aussi nous aurions à reprocher à Napoléon bien des choses ; mais sous son règne on nous parlait d'honneur et de patrie, et c'est avec ces deux mots que nous avons fait la liberté. A d'autres la critique, à nous la reconnaissance.

Il existait alors quelques-uns de ces hommes à convictions fortes, qui ne désespèrent jamais des principes, et qui restent citoyens sur les ruines de la patrie, libres sur les débris de la liberté. Dans la France abattue, avilie, expirante, ces hommes reconnaissaient encore cette nation si forte, si noble, si vivante : la France du passé et de l'avenir. Ils savaient qu'au premier cri de liberté elle se relèverait en armes pour conquérir son honneur et son indépendance.

Ces hommes cherchaient partout un appui : ils le trouvèrent dans les écoles. Heureux s'ils n'avaient jamais eu que de pareils complices !

Les écoles étaient bien jeunes alors. Nos aînés avaient jonché tous les champs de bataille de l'Europe; la gloire avait eu ses martyrs : la liberté allait avoir les siens. Les cadets entraient dans une route aussi périlleuse et moins brillante.

L'empire les avait préparés. Ceux dont le premier âge s'écoule au bruit des fanfares militaires ne sont pas destinés à une existence paisible : cet ébranlement physique réagit sur le moral ; et si ce moral est en outre excité par de nobles idées, le citoyen est déjà créé. L'individu qui a subi ces deux conditions ne s'effraie pas de l'obstacle ; il l'examine d'abord, et plus tard il le rompt, prêt au péril par son éducation physique, porté au progrès par son éducation morale. Et à tout cela il faut encore ajouter cette activité qui naît d'une passion légitime, l'amour de la patrie, qui désormais se concentrait au dedans de la patrie même. Les étudiants étaient donc des auxiliaires acquis à ceux qui s'occuperaient de la France.

Restait le choix des moyens, ou plutôt il n'y avait pas de choix. Le pays venait d'être opprimé, mais avant il était las ; vingt ans de travaux l'avait exténué ; il souffrait une paix honteuse, mais la guerre lui avait tant coûté ! Tous ces fils de la liberté, enrôlés plus tard sous la gloire, goûtaient enfin le repos du foyer domestique ! ce n'était pas le temps d'opposer la force à la force et de se mesurer face à face avec la royauté. Il fallait un coup de tonnerre pour réveiller une nation assoupie ; une conspiration heureuse pouvait seule communiquer l'étincelle électrique : vingt conspirations furent tentées, et toutes furent malheureuses. Il est au moins certain que la réussite d'une seule eût abrégé notre temps de honte et de servitude. Juillet, en tous cas, a retrouvé tous les matériaux qui restaient des conspirations décimées ; et si ce n'est pas assez, demandez aux peuples pourquoi ils ont toujours cru à la providence française ! Ils vous répondront que toutes nos tentatives ont corroboré leur croyance.

En 1818, l'opinion des écoles commença à se manifester. Un professeur proclamant des idées philosophiques et libérales réunit autour de sa chaire la presque totalité des étudiants. La méthode de constater le crime et de le punir était remise en question. Le Code d'instruction criminelle n'était plus qu'un odieux moyen de prévention, et le Code pénal qu'un mode infâme de répression et de vengeance. Nous arrivâmes en foule à cette prédication toute vraie et tout inusitée. Le sabre trancha la question, et le professeur fut traduit en cour d'assises. Plus heureux alors qu'il ne pourrait l'être aujourd'hui, il se retira sans une seule perte d'argent ni de liberté.

Le *Moniteur* de ces journées ne contient aucun bulletin militaire; mais les marchands de sucre ou de chandelles n'étaient pas encore généraux.

Il y eut mieux que des bulletins : le travail d'une commission d'enquête élue par les étudiants fut publié, invoqué même en présence du jury, sans aucune contradiction. Les écoles laissaient déjà bien en arrière les comités de tous les gouvernements appelés faussement représentatifs.

Ce n'était pas au surplus une querelle intérieure et isolée : l'école de médecine s'était engagée dans la lutte, et les étudiants avaient déjà fraternisé. Le droit et la médecine donnaient seuls leur contingent : car l'Ecole polytechnique, destituée sur le dernier champ de bataille et reconstituée depuis sous de mauvaises inspirations, ne fournissait plus les enjeux d'une partie que plus tard elle a si dignement soutenue; et les autres, placées sous l'influence immédiate du pouvoir, ne pouvaient être des foyers de liberté.

Nous étions alors au plus beau moment de ce système d'origine royale appelé bascule, dont Decazes s'était fait alors l'éditeur responsable. Tout le monde supposait que la tactique constitutionnelle tirerait la France d'embarras; les députés le proclamaient. Il fallait bien se conformer à la croyance générale. Mais un nouvel incident vint changer toute la position : le duc de Berri étant tué, tous les gages donnés à l'esprit révolutionnaire furent retirés; la liberté individuelle fut déclarée suspendue (comme si elle ne l'était pas toujours de fait), la censure fut rétablie, et l'élection subissait aussi une de ces réformes qui anéantissent un principe déjà faussé. Les législateurs en appelaient aux jeunes gens, et nous eûmes le premier mois de juin des annales de la république. Il y eut alors aussi du sang versé, mais on ne le prodigua pas, et la restauration devait laisser à d'autres le soin d'organiser le meurtre sur une plus vaste échelle. On n'avait pas encore, endormi qu'on était par les promesses des hommes parlementaires, resserré les nœuds qui devaient lier les patriotes. L'association était molle et détendue. On s'était borné à créer des espèces de petites brigades composées de cinq personnes qui avaient leur chef, et en attendaient le mot d'ordre, que lui-même ne recevait pas. C'était déjà une société de la presse; société propre à l'action, mais sans aucun des moyens nécessaires à une action. Les écoles arrivèrent donc en foule et en désordre au lieu où le danger éclatait ; elles se portèrent à la chambre des députés, qui, après les avoir appelées, ne savait plus qu'en faire. L'appui qu'elles apportaient était au surplus en rapport avec la demande : on les appelait par des discours, elles répondaient par des cris. Tout se fût passé en paroles si nos adversaires n'eussent eux-mêmes placé la question sur son véritable terrain. C'était une question de fait et de force; ils employèrent la violence contre un des députés de l'opposition. Ce fut dès lors un combat sans armes, et qui cependant ne fut pas aisément décidé, même par l'intervention de la force armée, en faveur de nos ennemis. Bien des gens n'avaient vu là qu'une lutte d'écoliers ; néanmoins une partie de la population y avait vu autre chose, car elle y vint prendre part. Pour nous, nous n'hésitons pas à signaler ce conflit du mois de juin comme le point de départ de l'insurrection qui devait un jour expulser ce qu'on a appelé trois dynasties de rois. Des hommes qui, avec le bâton, la seule arme du peuple d'alors, tenaient tête à la troupe à pied et à cheval, nous semblent un peu parents de ceux qui, plus tard, culbutèrent la garde royale à armes sinon égales, du moins semblables.

Quoi qu'il en soit, l'apparition des écoles dans la carrière de l'action ne fut ni sans honneur, ni sans résultat. On s'était connu sur le pont Louis XVI, on pouvait se rencontrer ailleurs; l'union venait d'être scellée par le sang d'un étudiant, et nul parmi ses frères ne l'oublia. Aussi la progression des opinions est frappante.

Les scènes de juin avaient fait reconnaître que le manque d'ensemble provenait surtout du défaut de direction. Les écoles avaient agi sous une impulsion étrangère : elles résolurent de s'organiser, de se diriger elles-mêmes, sauf à se joindre, dans un cas donné, aux hommes éminents qui marcheraient en avant. On crut trouver dans la franc-maçonnerie un moyen de rallier à un même centre les éléments isolés dont l'existence n'était plus désormais douteuse. Les formes maçonniques, avec leurs mystères et leurs conditions d'admission, dont on pouvait modifier les statuts, parurent un mode satisfaisant; et la loge des *Amis de la vérité* fut fondée. C'est la même loge qui subsiste encore aujourd'hui comme une nécessité, tant la France a peu gagné à une révolution si longtemps préparée et si glorieusement accomplie!

Il n'entre pas dans nos vues de suivre les diverses chances de cette institution maçonnique; il nous suffira de dire qu'à toutes les époques, la liberté y trouva des martyrs; et, pour manquer une seule fois à notre règle de ne jamais personnifier et de ne pas citer les noms propres, les sergents de la Rochelle, Bories, Raoul, Pommier et Goubin, comme les sergents de Belfort, Pacquetet, Saint-Venant et Baptisti, etc., furent membres de cette association toute politique.

La loge une fois établie n'était encore qu'un centre auquel il fallait rallier les patriotes. Les fondateurs cherchaient parmi leurs amis ceux dont le courage et la conviction pouvaient servir à une noble cause, et l'amitié s'épura au creuset de la politique.

Les formes d'admission s'écartaient des pratiques surannées de la franc-maçonnerie. Les récipiendaires étaient toujours bien au-dessus des épreuves physiques, et on leur en épargnait la comédie; mais les questions qu'on leur adressait étaient une épreuve autrement importante. On laissait en arrière les formules usitées : Que doit-on à Dieu? et qu'est-ce que l'honneur? mais on demandait avant tout : que doit-on à sa patrie? C'était en effet la seule chose en question pour nous, et nous n'oublierons jamais que cent interrogations semblables amenaient cent réponses semblables, que nous traduisons fidèlement par ces mots : On doit à la patrie tous les sacrifices, depuis l'argent jusqu'à la vie.

Cela se passait alors que la France semblait ignorer même le mot liberté. Les vieux l'avaient oublié, les jeunes le devinaient à peine.

En peu de temps les *Amis de la vérité* se trouvèrent si nombreux, que la franc-maçonnerie, par sa seule force, n'a jamais opéré de semblables prodiges : c'est qu'en effet la franc-maçonnerie n'est qu'un moyen, et que nous avions un but.

Depuis les journées de juin, les écoles avaient franchi

l'intervalle qui sépare la protestation de la révolte ; et, sans prévoir ni comment ni à quelle époque il serait fait appel à la force, les étudiants échangeaient les cannes et les parapluies de juin contre des fusils de calibre. Que fût-il arrivé si les étudiants eussent été livrés à eux-mêmes ? Nous ne saurions le dire ; mais à coup sûr la conspiration du mois d'août demanda et reçut leur complicité. La loge des *Amis de la vérité* fournit son contingent ; chacun apporta son concours, et même celui de ses amis. Nul de nous (et c'est un reproche, le seul qu'il faille adresser aux écoles) ne demanda au profit de qui se faisait cette conspiration. Nous savions seulement contre qui, et cela nous suffisait alors, comme, par malheur, cela nous a suffi en 1830.

Jamais peut-être une tentative populaire ne se fonda sur des éléments si différents. Les survivants de l'empire, les débris de l'ancienne république et l'espoir de la nouvelle, se trouvaient rapprochés pour un fait immédiat, la destruction de la dynastie étrangère. Mais ceux qui s'enrôlèrent alors sous des chefs qu'ils connaissaient à peine ne pourraient pas même aujourd'hui préciser qu'elle eût été la conséquence la plus rapprochée de la réussite. L'enseigne couvrait tout : et cette enseigne c'était le drapeau tricolore, qui convenait aux différents partis amalgamés, unis au moins dans un commun sentiment de haine pour les rois de la Sainte-Alliance.

Quels qu'aient été du reste les intérêts qui furent alors mis en jeu ; que les uns aient rêvé Napoléon Ier, d'autres Napoléon II ; que même dès alors quelques imperceptibles aient songé au bourgeois de Neuilly (ce qui nous paraît au moins douteux), il est certain que la république était dès alors le mot d'ordre des écoles, et que ce fut en son nom qu'elles se préparèrent au combat. Elles n'arrivaient à l'action qu'après les épreuves du raisonnement : or, comme nous l'avons dit plus haut, ces épreuves les avaient habituées à séparer toute cause individuelle de la cause commune.

Ainsi, au premier avis, plus de quatre cents étudiants se trouvèrent assemblés aux différents lieux de rendez-vous, attendant le signal. Chacun s'était muni d'armes et de munitions. Pas un peut-être ne connaissait le maniement d'un fusil, mais pas un non plus ne tremblait.

Le signal, attendu longtemps, n'arriva pas. Vers le milieu de la nuit, on nous fit dire que le mouvement était ajourné jusqu'au lendemain, et que le mieux était de nous séparer, en nous réservant les moyens de nous réunir. Aucun motif ne fut donné pour expliquer cet ajournement ; mais jamais un mot de la langue française, eût-il passé par la bouche du plus grand orateur, ne produisit un semblable effet. Il serait facile de définir la sensation que les étudiants ressentirent ; mais les sentiments qu'elle produisit ne se décrivent pas : c'était notre premier Waterloo, et le second pour la France.

Le *Moniteur* du lendemain annonça qu'une conspiration avait été découverte ; et les écoles, confiantes dans la promesse de la veille, étaient encore prêtes le lendemain.

Tout le monde sait comment, la conspiration révélée, on fut prévenu par l'arrestation d'un certain nombre de complices. L'instruction devant la cour des pairs n'offre aucun des attraits qui révèlent l'avenir des nations, et nous n'en parlons que pour constater que la confiance qu'on avait placée dans les écoles ne fut pas trompée même par l'indiscrétion et la légèreté, si communes en France, s'il faut en croire les moralistes.

Les étudiants français avaient-ils donc dès lors acquis quelque chose de cet aplomb et de cette conscience persévérante dont les écoles allemandes possédaient le monopole.

Les défaites successives de la jeunesse de Benjamin Constant, de Foy et de Perrier, décourageaient Constant, Foy et Périer; le 19 août avait amorti les feux des hommes de l'empire, et la *jeunesse* néanmoins continuait sa marche; la *loge* tenait, et même se recrutait : fait singulier partout ailleurs.

Mais il était évident que la franc-maçonnerie, vivant de tolérance en face du Code pénal, ouverte à la police, n'accomplirait pas la grande œuvre du salut du peuple. Elle était bonne à préparer, mais point à accomplir. Ce n'était pas une association patente, et ce n'était pas non plus une association secrète. Il fallait un autre mode.

Ce mode existait en Italie. Les insurrections napolitaines et piémontaises de 1820, qui avaient pour un moment rétabli deux peuples dans la possession de leurs droits, étaient son ouvrage. Il fut importé par deux de nos frères, qui, impliqués dans les événements d'août, étaient allés servir encore la cause de la France en combattant pour un peuple libre. Refoulés par le despotisme autrichien et la trahison d'un roi, ils nous rapportèrent les bases de cette organisation puissante qui n'avait succombé que par l'intervention étrangère, intervention mortelle pour tout autre pays que la France.

Il n'est pas inutile de remarquer cette coïncidence de faits qui tous, à point nommé, concourent à un seul résultat. Nous ne voulons ni affirmer ni nier la fatalité en politique. Il suffit, pour notre récit, de constater que la conspiration d'août produisit et fit prospérer la Charbonnerie. Sans cette cause principale, nous ne l'eussions pas connue, et sans elle aussi nous ne l'eussions pas adoptée.

La Charbonnerie, qui, au premier aspect, était une

conspiration permanente, et demandait de prime-abord à chacun sa tête pour mise au jeu, n'eût pas, nous le croyons, avant le 19 août, réuni de nombreux adeptes ! Un an plus tard, ce n'était plus guère qu'une régularisation des engagements déjà pris. L'histoire de cette institution, fort peu comprise même aujourd'hui, est une partie intéressante de cette malheureuse époque qui demande et trouvera place à part.

Elle prit pied dans les écoles, et bientôt en franchit les limites. Fondée par des hommes ignorés, elle acquit bientôt la participation de plusieurs autres dont le nom était toute la puissance, et d'un plus grand nombre dont le dévoûment et le courage étaient toute la force.

C'est dans le sein de la Charbonnerie que sont nés tous ces complots qui chaque jour mettaient la restauration en péril, et auxquels il n'a manqué qu'une seule gloire, la réussite, si la réussite est une gloire. Au moins ne lui reprochera-t-on pas d'avoir failli dans ses défaites. Le triomphe lui fut plus fatal; et ce n'est qu'en 1830 que nous avons connu des renégats. Le bourreau n'avait pas défloré la tâche qu'un roi devait accomplir.

Les écoles fournirent partout leur contingent; La Rochelle, Saumur, Béfort, y reçurent des ôtages, qui, plus ou moins en péril, n'ont jamais souillé leur hospitalité patriotique. Les noms dont le retentissement faisait vibrer toutes les fibres populaires trouvaient une corde muette au cœur de l'étudiant en prison : le morne silence du cachot vaut au moins les fanfares de la victoire. Aussi, quand le grand jour de l'insurrection parut, le peuple avait à lui des hommes tout faits, qui avaient bien subi d'autres épreuves que celles de la mitraille et de la mousqueterie ; et la fusillade suisse a frappé plus d'une tête que la *bonne justice* avait manquée.

Que si cependant nous faisions un retour sur le passé, si nous cherchions quels étaient alors les appuis prêtés aux efforts des patriotes, il nous faudrait bien convenir, en rougissant, que nous étions isolés au milieu de ce peuple à qui nous étions dévoués et qui ne nous comprenait pas ; nous n'avions pas un seul organe commun. La presse et la tribune manquaient à lui comme à nous. On jouait alors dans le monde parlementaire une comédie ridicule, et en dehors une tragédie qui ne fut, hélas ! que trop sanglante ! Il est curieux de voir comme alors nos bons députés se défendaient d'être d'accord avec nous !

Après de longs périls, après des pertes cruelles, le sentiment fait place au raisonnement. C'est la marche de l'esprit humain de vouloir passer vite de la théorie à la pratique ; mais les essais impétueux le ramènent forcément à l'examen. On avait fait appel à toutes les sympathies nationales, et cet appel n'était pas entendu ; les forces de l'association s'épuisaient et ne se renouvelaient pas ; chacun acquérait de jour en jour la conviction que l'action agissait moins sur les masses que le discours, et qu'un orateur pesait plus qu'un martyr dans la balance politique. Ces motifs, et d'autres encore, minèrent la vitalité au sein de la Charbonnerie. Il y eut dissolution dans l'ensemble : la Charbonnerie n'exista plus, mais il restait des charbonniers.

C'est à peu près à cette époque que Louis XVIII proclama la croisade politique d'Espagne, en présence de ses députés, qui l'applaudirent, suivant l'usage constant des gouvernements constitutionnels.

La question était grave : une armée française allait franchir la Bidassoa. D'un côté la liberté, de l'autre la patrie. Nos amis l'ont dignement tranchée : point de patrie sans liberté ; et le drapeau blanc niait ces deux mots.

Là encore les étudiants français protestèrent en armes ; et, nous le répétons avec orgueil, les écoles furent toujours compromises partout où la liberté le fut. A la Bidassoa comme à la Corogne, à Barcelonne comme à Cadix, nous étions représentés. Mais ce n'était pas dans une guerre d'argent que la liberté pouvait vaincre ; et l'Angleterre, ce dernier refuge des patriotes traqués sur tout le continent européen, reconnut avec surprise des débris français dans le naufrage de toutes les nations.

Une période de paix succéda à cette période d'émeutes, de conspirations et de guerres. Les rois, vainqueurs des peuples, avaient jeté sur l'Europe le linceul de la servitude ; ils avaient fait le silence, et l'ordre allait régner désormais. Les patriotes, décimés dans cette succession de luttes sanglantes, n'avaient plus même un centre qui pût rallier les victimes éparses de toutes les défaites populaires. Le temps de l'action était passé ; la cause de la liberté paraissait à jamais perdue. Il ne s'agissait plus que de consolider cet état d'affaissement de toutes les facultés humaines. Tous les ministres de la Sainte-Alliance se mirent à la besogne, que, par ordre des rois étrangers, le ministère de Villèle devait accomplir chez nous. Les lois de la presse, du sacrilége, de l'indemnité, du droit d'aînesse, n'étaient que les premiers pas d'un système complet et arrêté de contre-révolution, dont l'exécution paraissait facile.

Les idées révolutionnaires avaient perdu tout le terrain qu'elles avaient si laborieusement acquis : il n'était plus question de conquérir ; on suffisait à peine à la résistance ; on se fortifiait dans le cercle légal, le seul domaine encore ouvert aux velléités libérales. Les appels à la force avaient trouvé impassible le peuple, dont pourtant les intérêts seuls étaient en jeu. On périssait pour lui, et il semblait ne pas s'en apercevoir. Il s'apitoyait sur les suppliciés, et il semblait ignorer les causes du supplice.

On fit après coup un crime de cette imprévoyance aux jeunes gens, coupables en effet d'avoir supposé chez les autres l'horreur de l'étranger et la haine du despotisme qui existait chez eux. On nous accusa d'avoir compromis la cause de la liberté, que nous seuls avions défendue ; et l'opposition parlementaire et journaliste se plaignait tout haut d'être troublée dans sa tactique de mensonge et de faiblesse, qui, en quinze ans, ne sut ni établir, ni assurer, ni préparer l'exercice d'un seul droit. Certes il fallait un courage plus qu'ordinaire pour nous reprocher des entreprises dont seuls nous supportions les désastres, comme seuls nous en faisions les frais !

Ces tentatives, au surplus, ne furent pas si vaines qu'on affectait de le dire. Si elles ne purent résurrectionner une nation qui succombait à de trop longues fatigues, elles l'empêchèrent au moins de s'endormir dans le sommeil final de la servitude. Les prédicateurs des doctrines populaires trouvèrent un auditoire tout créé ; les idées patriotiques avaient déjà, à leur naissance, la sanction du dévoûment le plus pur ; et il était facile de professer devant le peuple un principe déjà cimenté par le sang de ses frères. De plus, elles avaient forcé la monarchie de se tenir en état d'hostilité avec la France ; elles l'avaient contrainte à recourir à ces moyens violents qui sont le propre du pouvoir d'un seul et repoussent toutes les sympathies ; ce sont elles, en définitive, qui ont empêché l'alliance de la patrie et de la royauté, et les ont maintenues toutes deux dans leurs positions respectives.

Du reste, les étudiants ne s'alarmèrent pas plus des accusations qu'on élevait contre eux qu'ils ne se décourageront par leur déroute. Ils cédèrent à une expérience cruellement acquise, et modifièrent les moyens sans rien changer au but; ils passèrent seulement de l'action à la controverse, et, grâce à cette modification, les combattant d'alors sont aujourd'hui nos meilleurs publicistes.

De cette transfiguration politique naquirent deux associations : celle des producteurs (plus tard la religion saint-simonienne), et celle des électeurs (la société *Aide-toi, le Ciel t'aidera*). L'une, devenue spiritualiste, de positive qu'elle était, ne conserva que peu d'adeptes dans les écoles; l'autre, purement temporelle, réunissant toutes les opinions, s'accrut de la force des étudiants; et les doctrinaires, qui l'avaient créée, furent un jour surpris de se voir acculés par leurs auxiliaires. L'installation du ministère Martignac fit éclater une scission qui fortifia la société par la retraite de ses fondateurs. Ceux-ci voyaient leur mission terminée à la simple réapparition accidentelle des formes légales; les autres avaient une tâche plus grande, et, sans s'être jamais souillés par le contact de la royauté, ils la connaissaient mieux que leurs adversaires.

Aussi Polignac trouva-t-il debout l'association que M. Guizot et ses amis avaient voulu dissoudre, sur la foi de quelques noms propres. La société *Aide-toi* avait forcé de Villèle à se retirer; elle allait faire mieux, elle allait forcer Polignac à se porter en avant, à sortir de cette légalité qui était la seule sauvegarde de la monarchie, préparée qu'elle était à combattre sur le terrain quelle avait depuis longtemps choisi, et sur lequel enfin elle avait attiré ses ennemis.

Pour ceux qui ne voient que les événements accomplis sous leurs yeux, la révolution de 1830 ne serait autre chose que le produit de quelques circulaires électorales et de quelques articles de journaux; pour nous, c'est quelque chose de plus : c'est le fruit des semences que toutes les conspirations avaient jetées sur le sol, et qui n'attendaient que le moment favorable pour germer. 1830 est notre affaire à nous ; 1830 a réhabilité les écoles de toutes les condamnations portées contre elles ; heureux si, moins confiants, nous n'avions pas cru finie, pendant quelques jours, la tâche que plus tard il a fallu reprendre.

Ici se termine le compte-rendu de la conduite des étudiants sous la restauration. Nous les avons suivis jusqu'au jour où la justice leur fut rendue à la clarté du soleil ; leurs faits de juillet sont connus, et ce n'est pas à nous qu'il appartient de décerner des médailles. Nous avons recherché des titres perdus et restitué à une partie de la population ses droits à la sympathie populaire ; nous avons voulu établir les antécédents comme gage de l'avenir ; en un mot, nous avons voulu que l'étudiant français eût aussi son certificat de vie dans les annales patriotiques.

Sans doute les faits dont nous nous sommes occupés ne s'appliquent pas individuellement aux étudiants de telle ou telle époque ; mais ils s'appliquent à toute la période que nous avions en vue.

Que si nous avons évité les noms propres, c'est que nous redoutons la mauvaise habitude de rendre les noms et les idées solidaires, et de rattacher les chances des principes à des chances personnelles ; c'est qu'aussi nous n'avons pas voulu modifier la communauté constante qu'ont toujours adoptée et maintenue les étudiants entre eux. Il serait pénible en effet d'attribuer la notabilité à ceux qui l'ont répudiée.

Ce qui nous reste à dire, c'est qu'au milieu de tant de variations politiques, les étudiants d'aujourd'hui sont ce que nous étions alors, et que ce que nous étions alors nous le sommes encore aujourd'hui.

B. PANCE.

JUILLET 1830.

UNE SCÈNE DE GRENIER. — UNE SCÈNE DE LA SALPÉTRIÈRE.

SCÈNE I.

Personne n'aimait Jacques, lui paraissant n'aimer personne. Enfant, il n'avait jamais rendu caresse pour caresse, jamais coup pour coup ; insensible à toutes choses, tel qu'on l'eût cru idiot, sourd et muet, perclus. Mais sous son front désert brillaient deux yeux vivants, seule issue donnée à son âme.

Quand sa mère rencontrait son regard, elle reprenait un peu d'espoir. Son père l'appelait fainéant, haussait les épaules, ou lui montrait le poing. Et son frère François disait : « Fallait l'faire autrement. Laissez-le tranquille. »

Même, une fois, François se jeta entre le père et Jacques,

qui allait être battu. « On ne frappe pas, dit-il. Ne le touchez pas, sinon.... »

François n'aimait pas le plus fort, ménageait et toujours défendait les plus faibles. C'était toute sa morale. Garçon intrépide, ne connaissant pas plus le danger que les dix commandements de Dieu ; naturellement ennemi du gendarme, et qui n'eût pas su joindre *ordre public* à *liberté.*

Or donc, il n'en était que plus propre à se battre pour elle. Et quand vint juillet, au premier coup de fusil, l'enfant de Paris, buvant, vida brusquement son verre, et dit à Jacques :

— Viens-tu ?

— Reste avec moi, frère, répondit l'autre.

Mais François était déjà loin. Il se jeta, riant, hurlant, au milieu des barricades, se battit pour avoir une arme, et pour des cartouches quand il l'eut.

Puis, trois jours après, regagnant son grenier, comme l'animal blessé son gîte :

— Jacques, dit-il, se laissant choir, tiens, j'ai mon compte..... Ici..... là..... vois..... Ah ! f..... sort ! quel beau chien de coup !..... quand c'était fini !...

Il se soulevait, et, haussant le bras gauche, il tâtait au-dessous de l'aisselle ; il regardait, d'un air sombre et convaincu, un trou de balle à peine saignant. Et le bras et l'homme retombèrent. François ne parla plus, et, se couvrant les yeux, mourut dans un coin du taudis.

La mère cherchait son fils par les rues. Le père gisait sur son grabat. Jacques ramassa son frère et le porta au vieillard.

Et, le voyant les fixer tour à tour d'un œil hagard et curieux, le père lui dit :

— Ote-toi de là, grand lâche! tu ferais mieux de le venger.

Jacques, cette fois, comprit à peu près. Il laissa le cadavre, raidit ses bras, comme un homme qui s'éveille, et, s'armant d'une hache, il vint où l'on se battait encore.

Là, muet, morne, aveugle, il frappa, sans crier, sans savoir, ennemis, amis, soldats, insurgés, prêt parfois à se frapper lui-même et à demander ce qu'on faisait.

Pourtant l'instinct le poussait plutôt contre les uniformes. Aussi l'on avait déjà remis les choses et les pavés à leur place, et l'on voyait des Parisiens se promener bras dessus, bras dessous avec des soldats, que, se souvenant encore de son frère, Jacques, quand il voyait un de ceux-ci à l'écart, allait à lui, et, sans l'avertir, l'attaquait.

A la fin, il y fut pris : un brave sergent, qui le vit faire, tua Jacques du premier coup.

Et lui mort, ce fut comme lorsqu'il vivait : ses mêmes traits insensibles, avec un éclair dans ses yeux.

Ainsi l'idiot n'avait su ni bien choisir d'abord, ni s'arrêter, ensuite à temps. Heureusement, il y eut alors des gens de tête qui vite arrêtèrent tout et choisirent à merveille. Grâce à eux, François, comme les autres, s'est fait tuer pour que Philippe, selon les siens, règne et gouverne, ou règne et ne gouverne point !

SCÈNE II.

L'hôpital de la Salpétrière, la cour de l'enclos des folles. — Deux femmes, jeunes, jolies, versant des larmes : l'une vêtue de soie, grande et svelte, des yeux bleus et doux, la tête ornée de boucles blondes; l'autre à peine couverte d'une robe grossière en lambeaux, la taille forte, des cheveux bruns en désordre, l'œil sauvage, la lèvre supérieure ombragée d'un duvet noir.

FANNY.

Vous pleurez?... Votre amant est mort.

FANCHON.

Qu'est-ce que vous me voulez?... Mort!... François?... non. Il était jeune! il était jeune! on l'a tué... Je pleure, moi?... je chante.

Elle chante le refrain de *la Parisienne*.

FANNY.

Tué!... votre amant?... c'est le mien..., le 29.

FANCHON.

Eh bien, oui, le 29... Il faisait chaud... J'ai soif... je brûle!... A boire!

FANNY.

27, 28, 29,... aux Tuileries, près de la grille.

FANCHON.

Aux Tuileries, ne m'en parle pas. Les gens en veste n'y entrent pas... Un grand coup de fusil à mon François, parce qu'il voulait entrer. Seigneur mon Dieu !... A bas les Suisses !... Ils l'ont donc tué !... Mangez-les, mangez-les tout vifs, les brigands !

FANNY.

Il était déjà deux heures,.... et alors deux balles, les dernières... Ah ! mon Dieu !

FANCHON.

Oui, à deux heures !... deux heures du matin. Gare la patrouille !

FANNY.

Je vous montrerai sa belle cuirasse brillante. Deux balles à gauche, deux trous... J'ai froid, j'étouffe !

FANCHON.

Quelle cuirasse ?... Allons donc, il n'avait pas sa veste seulement. Sa poitrine à l'air, en brave... Vive la nation !... La voix me manque. Je pleure : c'est ça qui m'étouffe. François ! mon pauvre François !... Ah ! les scélérats !... Quand tout était fini... tout !

FANNY.

Je le lui ai dit, et je le lui dirai encore : Reste, Charles, reste avec moi. Ne verse pas ce sang-là. Viens, laisse-les.

FANCHON.

Ça n'est pas vrai ; je ne lui ai pas dit cela... Courage, François ! à ton affaire.... Mon père était un vieux soldat, un brave homme, dans le temps, qu'ils ont fait mourir de faim, Madame.... Ses enfants dans la rue ;... et moi, fille, si François ne m'avait sauvée du vice... Ah ! fille de joie !... une belle joie que j'ai ! Bon Dieu, Seigneur ayez pitié de moi.

FANNY.

Quel bruit ! Ce sont les cuirassiers qui passent, beaux et vaillants... Lui, plus beau que tous... Son cheval noir... Charles, pense à moi !... Deux balles !...

FANCHON.

Les cuirassiers !... A mort les cuirassiers, qui battent les femmes !... A toi, François, si tu es un homme !... Jetez-leur la maison dessus, avec les meubles, les bourgeois, tout.... Les bourgeois ! où sont-ils donc, quand le peuple ?... Laissez-moi tranquille.

FANNY.

Le canon, la mitraille !... Les vitres tremblent,.. des hommes qui crient, qui tombent,.. du sang dans les ruisseaux. Hier, tout était si calme ! hier, qui aurait dit cela ? La garde vaincue, un peuple, une bataille !... Ah ! que nous étions fous !

FANCHON.

Des broches ! des bâtons !.. Fondez vos gouttières... Un matelas pour cette femme qui est morte, et faites-la voir aux Parisiens. Vengeance !... Au pont de la Grève !.... On passe sans payer... Le soleil brûle, mettez les mouchards à l'ombre. A l'eau ! s'ils ont soif... Ah ! il y aura du monde à la Morgue ce soir.

FANNY.

Un, deux !... Deux heures qui sonnent.

FANCHON.

L'enragée d'horloge qui me bat sur la tête.

Elle frappe du front contre la muraille, et s'arrache les cheveux.

FANNY.

Deux heures ! Ah ! malheureuse ! malheureuse !

FANCHON.

Oui, c'est mon nom ; on m'a souvent appelée malheureuse. Mais il m'avait sauvée, François, et j'aurais fait une brave femme. J'aurais.... Ah ! mon Dieu !

FANNY.

Tu pleures aussi, embrassons-nous.

FANCHON.

Laisse-moi. Depuis qu'il est mort, je n'embrasse plus personne.

FANNY.

Ne te fâche pas, viens.

FANCHON.

Va-t'en, va-t'en. Depuis qu'il est mort, je ne vais plus avec personne.

FANNY.

Adieu, adieu, Charles.... On est si mal ici !

FANCHON.

Qu'est-ce que ça me fait, son chagrin ?.... J'ai mon chagrin toute seule, moi... Avec ses cuirassiers... A bas!... Vive François ! à mort les autres !

Elle jette des cris, et se bat à coups redoublés la poitrine.

UN GARDIEN, *la poussant.*

Allons, allons, rentrez.

FANCHON.

Elle se débat d'abord, puis se laisse conduire.

Depuis que tu n'es plus là, François, tu vois comme on me traite.... Bon Dieu, Seigneur, ayez pitié de moi ! Rendez-le moi, le temps seulement de le voir, et qu'il m'emmène avec lui. Seigneur, mon Dieu ! qu'ai-je donc fait pour souffrir comme ça ? Tuez-moi plutôt, ou je me tuerai toute seule. Je ne peux plus vivre comme me voilà.

UN HOMME DU PEUPLE

ET

UN GRAND SEIGNEUR.

En l'année 1826, à la suite de quelques propos tenus au milieu d'une réunion de libéraux philanthropes, des sbires vinrent m'arracher de mon domicile et me traînèrent dans les cabanons de la préfecture de police.

Moins inquiet sur mon arrestation et ses suites probables qu'affligé d'avoir rencontré tant de sottise et de corruption parmi des hommes réputés avancés en civilisation, je réfléchissais avec amertume à cette horrible perversité, malheureusement si commune aujourd'hui, qui prend naissance dans l'oisiveté, grandit par le besoin et le libertinage, s'alimente d'un salaire ignominieux, et a pour unique but de faire perdre la liberté ou la vie à son prochain : car telle est la condition des mouchards politiques. Je parcourais à grands pas une vaste pièce peu éclairée où l'on m'avait provisoirement déposé. Déjà les deux tiers de la journée s'étaient écoulés sans que rien n'eût troublé la solitude de mon cachot, lorsqu'on amena un autre prisonnier.

Ce nouvel arrivant paraissait âgé d'une cinquantaine d'années. Une barbe longue d'un demi-pouce, un corps décharné, couvert de sales haillons, les pieds sans chaussure, tout en lui dénotait la plus profonde misère. Dès son entrée, il tomba sur le plancher humide, comme un homme que ses forces abandonnent; et ses regards sombres, égarés, presque mourants, rencontrant les miens :

— Monsieur, dit-il d'une voix tremblante et presque éteinte, avez-vous du pain ?

— Non, mais je vais en faire apporter.

— Ah! Monsieur, vous me sauverez la vie : je meurs de besoin; je n'ai rien pris depuis quatre jours.

— Est-il possible!

— Oui, voici le cinquième. L'eau de la Seine seule,... et je n'ai pas eu le courage de m'y précipiter !... Je suis un lâche !

— Consolez-vous, mon ami, vous allez avoir à manger.

— Un moment, Monsieur; attendez : vous vous en repentiriez peut-être. Il faut que je vous dise auparavant.... Mais non, non : vous ne voudriez sans doute pas alors..., et j'expirerais. Ah! je n'en puis plus; je vous en supplie, donnez-moi du pain !

En achevant ces mots il laissa retomber sa tête sur sa poitrine.

Je m'empressai de demander un bouillon, du pain blanc, une bouteille de vin, et m'assurai de la célérité du guichetier en lui promettant une bonne gratification. Dès que ces objets furent arrivés, le pauvre diable fit un effort pour se relever, se jeta sur le pain, et le porta à sa bouche avec une précipitation convulsive. Craignant que trop d'empressement ne lui devînt funeste, je l'engageai à prendre d'abord le consommé, suivi d'un verre de vin, et à se reposer un instant avant de continuer son repas. Cédant avec peine à cet avis, et le regard tantôt fixé sur le pain, tantôt tourné vers moi d'une manière suppliante, le prisonnier, après une courte pause, expédia le tout, accompagnant chaque bouchée des remercîments les plus exagérés. Ce repas, délicieux pour un homme réduit à une pareille extrémité, colora sa figure si pâle au moment de son entrée, lui fit redresser sa taille, rendit de l'élasticité à ses membres ; en un mot, il parut tout autre à mes yeux, émerveillés d'une si complète métamorphose. Alors seulement je m'aperçus que mon malheureux commensal était d'une haute stature, et devait, malgré sa maigreur, posséder une vigueur peu commune. Le désir de connaître plus particulièrement cet étrange compagnon de captivité allait me porter à lui adresser quelques questions, quand la porte s'ouvrit de nouveau, et un troisième individu entra dans la salle.

Celui-ci, par son extérieur, formait avec l'autre un parfait contraste. Un habit de beau drap taillé à la dernière mode, une brillante épingle de diamants fixée sur sa chemise de batiste, des breloques reluisantes suspendues au cordon de sa montre, tout son costume, enfin, indiquait un homme riche, ou du moins dans l'aisance. De plus, une rosette en moiré rouge à la boutonnière, une cravate noire et des éperons, pouvaient le faire prendre pour un militaire d'un grade élevé.

Après un échange de saluts avec moi (il parut apercevoir à peine le vieillard, resté tapi dans un coin), la conversation s'engagea. Pendant un moment elle ne roula que sur des choses insignifiantes ; mais, prenant insensiblement une tournure politique, et n'ayant aucune raison de dissimuler les motifs de mon emprisonnement, je racontai ce qui m'était arrivé.

— C'est presque comme moi, dit à son tour l'inconnu, après s'être annoncé pour un ancien chef d'escadron de la garde impériale. Figurez-vous qu'un seul propos un peu vif, imprudent si l'on veut, m'a fait arrêter tout à l'heure dans le café où je déjeune d'habitude. En vain je me suis réclamé du limonadier, qui me connaît depuis longtemps; en vain j'ai décliné mon nom, indiqué ma demeure au commissaire de police chez qui m'ont traîné les mouchards : le commissaire n'a rien voulu entendre; il a griffonné quelques mots sur un chiffon de papier, et, de par le roi, a donné l'ordre de me conduire ici. N'est-ce pas une chose épouvantable? Peut-on se jouer plus impudemment de la liberté des citoyens? Qu'ils y prennent garde cependant : Tant va la cruche à l'eau qu'enfin...

Je connais le proverbe, et je trouve parfaitement juste l'application que vous en faites. Oui, la tyrannie devient de jour en jour plus insupportable; bientôt elle sera sans bornes, et si le peuple n'y met ordre...

— Chut! ne craignez-vous pas?... interrompit à voix basse l'inconnu en me montrant du doigt le mendiant. Il faut se méfier de tout dans un pareil endroit. La police est si rusée !

— Je ne crois pas qu'il y ait la moindre chose à craindre de la part de ce pauvre homme.

— Sans doute, comme vous le disiez, continua-t-il alors, il faudrait que le peuple mît ordre à tout cela; mais vous le savez, il ne suffit pas toujours de la force pour réussir; et, manquant à la fois d'organisation et de chefs, le peuple, malgré sa bonne volonté, ne réussirait probablement pas.

— Ce n'est que trop vrai. Aussi jusqu'à présent a-t-il

porté ses fers, sinon sans murmures, du moins sans tenter sérieusement de les secouer.

— Peut-être n'a-t-il besoin que d'une occasion favorable et... de chefs : car j'en reviens toujours là, une bonne organisation et des chefs capables, bien intentionnés surtout, voilà, selon moi, la pierre angulaire de l'édifice, le gage infaillible du succès.

— L'on ne trouve pas aisément des notabilités, des hommes d'une position élevée, disposés à jouer leur tête; et les *Mazaniello* sont rares : à peine en compte-t-on un dans plusieurs siècles.

— Oui, malheureusement. Je ne puis croire toutefois qu'il n'y ait pas aujourd'hui quelqu'un d'assez généreux, d'assez dévoué pour s'occuper...

Ici un bruit sourd, semblable à une exclamation étouffée, partit du coin où gisait le mendiant. Nous tournâmes la tête de son côté; mais, n'entendant plus rien et ne lui voyant faire aucun mouvement, l'officier continua :

— Pour s'occuper, disais-je, de créer un comité de direction. Au reste, peut-être en existe-il un ? Je vous déclarerai franchement qu'un grand nombre d'anciens militaires, mes amis intimes, animés des sentiments les plus patriotiques, sont tout prêts et ne demanderaient pas mieux que de ..

— Livrer des têtes au bourreau !..... s'écria d'une voix tonnante le troisième prisonnier.

— Qu'est-ce que cela signifie ? à qui en a cet homme ? dit l'officier, au comble de la surprise.

— Cela signifie que tu es un scélérat ! répondit le prisonnier déguenillé en s'approchant de mon interlocuteur et fixant sur lui des regards étincelants de colère.

— Cet homme perd la tête, balbutia celui-ci en changeant de couleur.

— Tu dois voir que je ne perds pas du moins la mémoire.

— Je ne vous connais point.

— Nous allons renouer connaissance.

— Encore une fois vous vous trompez, mon ami.

— Ton ami! l'ami d'un brigand de ton espèce! Ton camarade! oui, autrefois, pour mon malheur; mais, plutôt que de l'être aujourd'hui, j'aimerais mieux me fracasser la tête contre ce mur, car tu n'es qu'un infâme pourvoyeur de guillotine!

— Misérable!

Où avez-vous donc connu Monsieur? dis-je à mon tour, stupéfait de cette scène extraordinaire, mais commençant à comprendre une partie de la vérité.

— Qu'il réponde lui-même.

— Il nie vous avoir jamais vu avant ce jour.

— Il ment. Je l'ai connu....

— Où?

— Au bagne!

— Eh bien! oui, gredin s'écria le faux chef d'escadron, dont la physionomie contractée prit en ce moment une expression hideuse; oui, au bagne, et je t'y ferai reconduire!

Le mendiant, serrant le poing et raidissant son bras, allait s'élancer sur le *mouton;* mais la porte qui s'ouvrit à l'instant permit à ce dernier de battre en retraite, et je me trouvai de nouveau seul en tête-à-tête avec l'ex-forçat.

— Un service en vaut un autre, Monsieur, me dit-il, lorsqu'il eut repris un peu de calme; cependant je ne me crois point quitte envers vous. Ce que je viens de faire, je l'ai fait autant par haine contre ce scélérat que par reconnaissance à votre égard. Pourrai-je jamais, d'ailleurs, m'acquitter complétement envers celui dont l'humanité m'a sauvé la vie?

— L'avantage est tout de votre côté, mon brave ami : pour m'être utile, vous n'avez pas craint de provoquer la colère d'un homme en position de vous nuire, si j'en juge par ses menaces, et....

— Je suis tranquille là-dessus, mon temps est fini; mais un être de sa sorte trouve toujours le moyen de jouer quelques mauvais tour à un homme dans ma position. N'importe, je me tiendrai sur mes gardes, et malheur à lui s'il tombe sous ma main ! Oh! nous avons un vieux compte à régler ensemble, un compte écrit avec du sang : le misérable s'est racheté de ses fers en rendant les miens plus lourds; il n'a même pas tenu à lui que je ne portasse ma tête sur l'échafaud. Jugez si j'ai le droit de lui en vouloir !

— Si j'en crois l'intérêt que vous m'inspirez, vous avez dû être plus malheureux que coupable.

— Oui, bien malheureux! et je proteste à la face du Ciel que la pensée du crime me fut toujours étrangère.

— Si je ne craignais de me montrer indiscret....

— Vous me demanderiez le récit de ma triste histoire, n'est-ce pas?

— Oui.

— Eh bien, écoutez : vous verrez, après l'avoir entendu, que, sans les préjugés de la société, et même après ses injustices, je pourrais encore prétendre à l'estime des honnêtes gens.

Nous nous assîmes alors sur un banc, et l'ex-forçat commença la narration suivante :

« J'ai reçu le jour à quelques lieues d'ici, dans un petit hameau du département de Seine-et-Oise. Mon père, pauvre paysan, n'avait pour toute fortune que deux arpents de terre et ses bras. J'étais encore bien jeune lorsque je le perdis. Ma mère lui survécut peu. Une vieille tante prit soin de moi, et j'atteignis ainsi ma vingtième année, époque où la loi me rendit soldat. A l'expiration de mon temps de service, je retournai au village natal. Bientôt je me mariai. Devenu père de quatre enfants, la misère m'assaillit, et, quoique travaillant sans relâche, je me trouvai souvent obligé de passer toute une journée sans manger, afin que ma famille ne manquât pas de pain.

« Un dimanche de l'hiver rigoureux de 1810, jour horrible, dont le souvenir ne s'effacera jamais de ma mémoire, mes enfants à moitié nus gisaient grelottants sur les quelques brins de paille dont se formait notre couche commune, et nous n'avions point de bois pour réchauffer leurs membres engourdis. Le spectacle de leur souffrance me brisait l'âme. — Prends une hotte, dis-je à ma femme, rends-toi chez ton parrain, peins-lui la situation affreuse de ces pauvres innocents, et demande-lui un peu de bois : il ne te refusera point. — Je n'oserai jamais, répondit-elle. Depuis quelque temps la vue de mon parrain m'effraie. — Quelle folie ! répliquai-je ; mais, trop douloureusement préoccupé pour faire autrement attention à cette singulière réponse : — Eh bien, ajoutai-je, j'irai moi-même. Et je partis à l'instant.

« Le parrain de ma femme, noble de cour avant la révolution, jouissait d'une grande fortune et habitait un château situé à un quart de lieue environ de ma chaumière. Quoiqu'il n'ignorât point notre malheureuse position, il n'avait jamais rien fait pour nous ; et sans une cruelle nécessité, l'idée de recourir à lui ne me serait certainement pas venue. Je trouvai la cour du château ouverte, mais je n'y rencontrai personne. Le maître et les domestiques étaient allés au village assister à la messe. Je déplorai le retard que cette circonstance, en me forçant d'attendre, apporterait à mon retour chez moi. Dans mon impatience, portant mes pas de côté et d'autre, je me trouvai en face du bûcher entr'ouvert. Aussitôt, et sans réfléchir le moins du monde que j'allais faire mal, je me mis à remplir ma hotte. J'eus tort, j'en conviens; mais devais-je expier cette faute aussi cruellement!

« J'étais sur le point de sortir lorsque survinrent les domestiques et bientôt le maître lui-même. Que vous dirai-je? J'eus beau lui faire connaître l'innocence de mon intention, lui peindre la déplorable situation de ma famille, il ne voulut rien entendre, et m'annonça dans les termes les plus durs qu'il porterait plainte. A l'exemple de leur maître, les valets m'accablèrent de toutes sortes d'injures. Ma hotte fut retenue pour servir de pièce de conviction.

« Je rentrai chez moi le cœur navré. Il ne fallut rien moins que la vue de mes malheureux enfants pour m'empêcher de me porter aux derniers actes du désespoir. Ma femme éplorée courut en toute hâte chez son indigne parrain. En moins d'une heure elle était de retour, et, se jetant dans mes bras : Le monstre! l'infâme! s'écria-t-elle, il ne faut rien en espérer! — Et alors elle m'apprit que depuis longtemps ce riche scélérat l'obsédait d'humiliantes propositions, qu'il n'avait pas craint de renouveler dans cette circonstance, offrant ainsi de vendre son silence au prix de notre déshonneur. J'étais anéanti. Tantôt me roulant à terre en versant des larmes les plus amères, tantôt serrant convulsivement mes enfants contre mon sein, comme si j'avais eu le pressentiment que les voyais pour la dernière fois, je ressemblais à un frénétique complétement privé de raison.

« Le lendemain matin ma chaumière fut cernée par la gendarmerie; l'on me traîna dans la prison de Pontoise, de là dans celle de Versailles; bref, sur la déclaration de ce monstre, et sur l'affirmation donnée faussement par les domestiques gagnés par lui que la porte du bûcher avait été ouverte avec effraction, la justice des hommes me condamna à subir pendant cinq ans le supplice des travaux forcés, et à porter toute ma vie sur la chair les honteux stygmates du crime ! »

Ici le forçat fut obligé de faire une pause, tant son âme se trouva accablée par ses déchirants souvenirs, tandis que de mon côté je pouvais à peine maîtriser mon émotion.

Après un instant de silence et quelques paroles de consolation adressées à ce malheureux :

— Une chose m'étonne, lui dis-je : vous vous exprimez d'une manière correcte, élégante, comme un homme qui aurait reçu une bonne éducation ; et cependant rien dans votre récit n'annonce que vous ayez fait des études.

— C'est que jusqu'au moment de ma condamnation, et même dans les premières années qui l'ont suivie, je n'ai su ni lire ni écrire. Vous apprendrez plus tard comment je suis parvenu à m'instruire un peu.

Il reprit alors :

« Pendant qu'on me conduisait à Brest, la douleur, le désespoir, la misère, précipitaient ma femme dans le tombeau. De nos quatre enfants, recueillis par la vieille tante qui m'avait élevé moi-même, trois survécurent peu à leur mère ; un seul, resté dénué de tout secours à la mort de sa bienfaitrice, fut mis à l'hospice des orphelins, d'où il ne tarda point à aller rejoindre ses frères et ma malheureuse femme. »

A ces mots, des larmes sillonnèrent encore les joues du forçat ; mais, faisant effort pour comprimer ses sensations, il continua :

« Au bagne, je fus d'abord le compagnon de chaîne du misérable que vous avez vu ici tout à l'heure. Bientôt nous formâmes un projet d'évasion. Au moyen d'une lime, nos fers devaient être brisés. Un déguisement nous était promis par un employé de l'arsenal, depuis longtemps connu de mon camarade : c'est du moins ce que m'assurait celui-ci. La réussite ne me semblait nullement douteuse. Dans le délire de ma joie, je me voyais déjà libre, échappant à toutes les recherches, me réunissant à ma femme et à mes enfants, dont j'ignorais alors la triste fin. Je croyais, en un mot, toucher au terme de mes malheurs, lorsque mon associé fit échouer l'entreprise, ou plutôt l'exploita à son seul profit, en la dévoilant au moment de l'exécution.

« Je vous épargnerai les détails de cette horrible trahison, qui valut au traître sa grâce, et à moi une condamnation nouvelle à dix années : car le scélérat, sachant que la délation et la calomnie étaient encore mieux récompensées au bagne que partout ailleurs, ne se borna point à révéler le projet d'évasion ; il forgea, en outre, une invention atroce, en m'attribuant l'intention d'assassiner l'un des gardiens ; ce qui explique les faveurs qu'il reçut et l'accroissement de rigueurs dont je fus victime.

« Mes quinze années de souffrances ont fini il y a deux mois. C'est pendant leur durée qu'un notaire, mon compagnon de chaîne, m'a appris à lire, à écrire, à parler. La lecture de quelques bons livres, dont il était possesseur, a complété les fruits de dix ans de soins de sa part et d'application de la mienne. Les travaux obligés de bagne m'ont rendu habile ouvrier charpentier. Mais à quoi cela peut-il me servir ? L'empreinte infamante est toujours là, sur mon épaule, le préjugé me repousse de partout ; le malheur ne cessera jamais de me poursuivre. Aussi, avec une âme faite pour la vertu, j'ose le dire, après deux mois vainement passés à chercher du travail avec toute l'ardeur que donne l'impérieux besoin de la faim, vous m'avez tout à l'heure vu tomber d'inanition à cette place, qui, sans votre humanité, ne serait plus maintenant occupée que par un cadavre.

« Reste, il est vrai, la police; mais plutôt mourir ! »

Le forçat se tut alors ; et, bien convaincu de son innocence par l'accent de vérité dont ce récit était empreint : — Tranquillisez-vous, lui dis-je en lui serrant la main avec expression, il peut encore y avoir des jours heureux pour vous.

Comme l'art d'infliger préventivement la peine d'une longue détention au citoyen n'avait point encore acquis, à cette époque, le degré de perfection auquel il est arrivé par la suite, je sortis de prison dès le lendemain, et, quelques jours plus tard, Farnet, le malheureux forçat, dont je m'étais porté caution, occupait une place dans l'atelier d'un maître charpentier de mes amis.

Quatre ans s'écoulèrent depuis cette rencontre, et pendant tout ce temps la conduite irréprochable de mon protégé ne se démentit pas un seul instant. Son maître et ses camarades le chérissaient à l'envi pour la douceur de son caractère et les agréments de son commerce. Lors de la sainte insurrection du peuple, il fut un des premiers qui prirent les armes et répondirent au feu des stipendiés de la tyrannie. Légèrement blessé à l'épaule, le mercredi au soir, 28 juillet, à l'attaque de l'Hôtel-de-Ville, je l'avais conduit chez moi, où je voulais qu'il restât, dans la crainte que la grande chaleur et de nouvelles fatigues ne lui fussent contraires; mais il insista si vivement pour m'accompagner le lendemain matin, que je fus forcé de le laisser participer aux sanglants combats de la journée. Nous nous dirigeâmes vers le Louvre, déjà cerné par le peuple. Après la prise de ce poste, attaqué avec acharnement et défendu avec désespoir, nous nous acheminâmes du côté des Tuileries. Les maisons voisines de la place du Carrousel se trouvaient presque toutes pleines, en ce moment, de soldats royalistes. Privés de retraite, ils vendaient chèrement leur vie en faisant un feu meurtrier à travers les croisées. Là, j'eusse infailliblement péri sans la présence d'esprit de mon compagnon, qui, me voyant ajusté d'une fenêtre, me saisit de son bras robuste et me renversa à terre. Les éclats du mur contre lequel je m'adossais me révélèrent alors le motif du brusque mouvement de Farnet, que je n'avais su comment interpréter d'abord.

— Vous ne m'en voudrez pas, j'espère, de cette secousse un peu rude, me dit-il en souriant et m'aidant à me relever; mais attendez, il faut que j'achève la besogne.

Et, à l'instant, il couche en joue un individu qui, penché sur le balcon, s'apprêtait à tirer de nouveau. Le cadavre de cet ennemi tomba dans la rue avec fracas.

— Le ciel est juste enfin! s'écria Farnet en me montrant la face ensanglantée de l'homme qu'il venait d'immoler.

Je m'approche, et je reconnais dans ces traits défigurés le mouchard de police, l'ancien camarade de chaîne de mon ami.

— Ce moment, ajouta l'ex-forçat, est, sans contredit, le plus heureux de ma vie, car j'ai délivré le monde d'un infâme scélérat, en même temps que j'ai sauvé les jours de mon bienfaiteur.

Je lui témoignai ma reconnaissance en me jetant dans ses bras.

Le soir, nous étions l'un et l'autre à l'Hôtel-de-Ville, au moment où y arrivèrent les plénipotentiaires de Charles X. Le hasard les ayant fait s'adresser à Farnet :

— Que demandez-vous? leur dit-il.

— Nous venons remplir une mission auprès du général Lafayette.

— Le général est fort occupé en ce moment. Cependant si l'objet qui vous amène...

— C'est de la part du roi.

— Vous dites... Veuillez répéter, s'il vous plaît; je crois avoir mal entendu.

— Nous sommes envoyés par S. M. Charles X.

— Eh quoi! ignoreriez-vous, par hasard, que la royauté n'existe plus, que depuis deux jours elle s'est noyée dans le sang du peuple? D'où sortez-vous donc? qui êtes-vous?

— Pairs de France.

— Il n'y en a plus. Les mêmes balles qui ont renversé le trône ont aussi pulvérisé les oripeaux de l'aristocratie; d'ailleurs l'on n'entre ici que paré des couleurs nationales, de ces nobles couleurs que vous avez combattues ou trahies, et que l'un de vous, en 1815, faisait brûler par la main du bourreau. Ainsi retirez-vous.

Pendant son colloque avec les émissaires de Saint-Cloud, l'un de ceux-ci avait particulièrement fixé l'attention de Farnet. Je dois dire néanmoins qu'il ne faisait point officiellement partie de la députation. Pair de France comme les autres, il les accompagnait simplement en amateur. Il se disposait à suivre ses collègues, qu'un membre de la commission municipale allait introduire alors auprès de Lafayette, quand l'ex-forçat, l'arrêtant par le bras :

— Un moment, monsieur : j'ai deux mots à vous dire.

— Eh bien! mon ami, tout à l'heure. Pour l'instant mon devoir est de...

— M'écouter.

Et, sans plus faire d'attention à son refus, l'entraînant quasi de force dans un coin de la salle :

— N'êtes-vous pas M. le comte *** ?
— C'est moi-même.
— L'on ma beaucoup parlé de vous.
— Il n'y a rien d'étonnant à cela. Et qui ?
— Un mauvais sujet, un galérien, Antoine Farnet. Vous rappelez-vous ce nom ?
— Oui, oui : comme vous dites, un bien mauvais sujet, un ingrat que j'avais comblé de bienfaits, et qui, pour récompense, non content de me voler...
— Selon lui, les choses seraient tout autrement. Il vous accuse de l'avoir volontairement chargé d'un crime dont vous le saviez innocent.
— Le misérable !
— D'avoir chercher à déshonorer sa femme.
— Quelle horreur !
— Et, en le faisant condamner aux galères par vos atroces calomnies, d'avoir précipité sa famille dans le désespoir et le tombeau.
— Quelle infamie !
— Oui, il y a là d'horribles infamies. Reste à savoir qui de vous deux en est coupable.
— Eh quoi ! douteriez-vous ?...
— Non : quant à moi je connais la vérité : mais cela ne peut suffire à celui d'entre vous qui a été colomnié par l'autre.
— Mon caractère me met à l'abri...
— Pas de sa vengeance peut-être ; et je dois vous annoncer qu'il a résolu de se venger.
— Ce misérable vit donc encore ?
— Oui.
— Savez-vous où il se cache ?
— Il ne se cache point.
— Et où est-il ?

17.

— Devant tes yeux ; c'est lui qui te parle !

— Ah !

Et comme M. le comte essayait d'échapper à la main de fer de son terrible adversaire, celui-ci, le serrant avec plus de force, continua :

— Je t'ai dit que ta victime tirerait vengeance de son persécuteur : nous n'avons donc pas encore fini ensemble.

— De grâce, permettez-moi... Que demandez-vous ?....

— Que tu me suives sans prononcer un seul mot.

Et lui montrant un pistolet :

— Fais bien attention, ajouta-t-il : la moindre infraction à cet ordre serait le signal de ta mort.

M'appelant alors avec quatre autres de nos camarades :

— Prenez vos fusils, nous dit-il, je vous en prie, et venez avec moi.

Nous le suivîmes jusqu'au bord de la Seine, à l'endroit même où se faisaient d'ordinaire les exécutions judiciaires. Le pauvre pair de France, plus mort que vif, croyait sa dernière heure venue. Ses craintes redoublèrent encore, s'il est possible, lorsque d'une voix sombre Farnet lui ordonna de se mettre à genoux.

— Vous voulez donc m'égorger ? balbutia-t-il.

— Silence ! et obéis !

Il obéit.

— Maintenant confesse à haute voix le crime dont tu t'es rendu coupable à mon égard ; et songe que je suis ici pour collationner tes paroles. Malheur à toi si tu altères la vérité !

Et se tournant vers nous, stupéfaits de cette scène :

— Quant à vous, écoutez et retenez bien ce qui va sortir de sa bouche. Peut-être aurai-je besoin plus tard que vous vous le rappeliez.

Docile aux injonctions de l'ex-forçat, le noble pair déclara en tremblant ce que le lecteur a déjà appris. Lorsqu'il eut fini,

— Eh bien! mes amis, dit Farnet, quel châtiment pensez-vous qu'ait mérité cet assassin de ma famille?

— Les filets de Saint-Cloud en ont enseveli de moins scélérats, répondit l'un des braves ouvriers en montrant la rivière.

— Purgeons la société de ce monstre, ajouta un autre en armant son fusil.

Les deux derniers imitèrent ce mouvement.

— Grâce! grâce! s'écria le patient, la face prosternée contre terre.

J'allais m'interposer pour empêcher que mes compagnons ne traduisissent en fait leurs menaces, lorsque Farnet prit de nouveau la parole :

— L'immoler, ce ne serait sans doute qu'un acte de justice de votre part, dit-il, et une vengeance bien légitime de la mienne; mais, pour l'honneur du peuple, nous ne souillerons point nos mains d'un sang aussi vil.

Relevant alors brusquement son piteux ennemi, et lui lançant un grand coup de pied dans le bas des reins :

— Va-t'en, misérable, lui cria-t-il, va : c'est par le remords, si ton âme noire en est susceptible, que tu dois expier ton infamie!

Nous rentrâmes à l'Hôtel-de-Ville.

Le lendemain matin on annonça la prochaine arrivée du duc d'Orléans.

— Allons-nous-en, dis-je à Farnet, en lui prenant le bras; fuyons ces lieux. Je ne pourrais jamais supporter la vue de ce qui va s'y passer.

— Au contraire, restons.

— Eh quoi! un pareil spectacle aurait-il quelque attrait pour vous?

— Vous ne le pensez point.

— Alors pourquoi.....

— J'ai le coup-d'œil juste, la main sûre, et je tiens peu à la vie.

— Je comprends ; mais la nation ne vous rendrait point justice.

— Et qu'importe !

— Non, mon ami : il est trop tard ou trop tôt. Partons.

Et je l'entraînai avec moi.

Le 6 juin 1832, le corps de l'ex-forçat, percé de douze balles, fut trouvé étendu au pied d'une barricade en face le cloître Saint-Merry.

Henri BONNIAS.

LA PRESSE RÉVOLUTIONNAIRE.

Que n'a-t-on pas dit de la presse ? Quels éloges, quelles injures la presse n'a-t-elle pas mérités ?

Tout ce qui fait la gloire, tout ce qui fait la honte de l'espèce humaine, amour du vrai et du juste, haine de la justice et de la vérité, culte des plus nobles passions, prédications des passions les plus basses, hydre aux mille têtes, Argus aux cent yeux, Briarée aux cent bras, tout ce que les anciens avaient imaginé pour représenter l'infinie lumière, le mouvement et la force infinis, tout bien, tout mal, la presse résume toutes ces choses. Elle est l'intelligence, elle est la parole, elle est la pensée humaine, elle est l'homme tout entier enfin dans ses manifestations les plus élevées, dans ses penchants les plus vils.

Considérée sous cet aspect général, la presse peut donc

prêter à toutes les déclamations, également faciles pour l'attaque et pour la défense. Et que prouvent les déclamations?...

Mais l'étude de la presse française révèle un caractère qui lui est propre et qui la distingue éminemment. Par cela même qu'elle existe, elle est révolutionnaire.

Je ne parle pas seulement de cette presse toute moderne, œuvre de chaque jour, travail acharné, rotation rapide et continuelle d'idées, de sentiments et d'impressions soudaines, qui absorbe toutes les facultés d'un homme, les consume et les dévore avant le temps. Je parle aussi de cette presse qui n'est pas une émanation instantanée, mais un produit lent et mûr de la réflexion. Je ne parle pas des journaux, je parle des livres.

Dans les livres, en France, les grands succès, ceux qui se renouvellent de siècle en siècle, n'appartiennent qu'aux écrivains révolutionnaires.

Pendant que le moyen âge pèse encore de tout son poids sur une société qui lutte cependant pour se débarrasser de ses langes, un homme s'avance, railleur, hardi, et nous montrant les sales lambeaux de la papauté et de la royauté pendus à sa bouche, qui rit et qui mord : c'est Rabelais. Il n'y eût jamais ni de plus grand succès, ni d'œuvre plus révolutionnaire.

Au XVI° siècle, toute la philosophie, toute la théologie, enseignent à croire; un homme se plaît à douter : c'est Montaigne. Après celui-ci, Descartes, qui brise toutes les mauvaises traditions et qui instaure le premier autel à la liberté de penser. Y a-t-il quelque part des éléments de révolution plus profondément remués? Y a-t-il deux renommées supérieures à celles de ces grands génies?

Puis viennent en foule Corneille et ses belles tragédies, Pascal avec ses Provinciales, Molière et son Tartufe, Fénelon et son Télémaque; puis Montesquieu, Voltaire, Jean-Jacques, tout le dix-huitième siècle enfin; siècle grand entre tous, révolutionnaire par la parole, révolutionnaire par l'action; qui eut des douleurs pour tous ceux qui se dévouèrent : l'exil à Voltaire, la main du bourreau à l'Émile, le poison à Condorcet, l'échafaud à Danton et à Robespierre; siècle de malheurs pour presque tous ses hommes, siècle de gloire pour l'humanité.

Je voudrais pouvoir m'arrêter longtemps aux premiers efforts de cette presse, notre aînée. Mais elle exigerait plus d'un volume. Bornons-nous à remarquer que ce n'est pas sur le peuple qu'elle agit d'abord, ce sont les rois qu'elle séduit et entraîne. Le grand instrument de la philosophie du XVIIIe siècle, c'est Frédéric, révolutionnaire à double tranchant, par la plume de Voltaire et par sa propre épée; à côté de lui, Catherine et Diderot.

Mais dans cette alliance de la presse et du trône, qui lèvent ensemble le marteau des révolutions, il y a cette différence, que la première travaille à l'œuvre générale sans profit immédiat pour elle, tandis que le zèle des grands est moins abstrait et moins désintéressé.

Ainsi Catherine la philosophe étend la main sur la Pologne et la partage; Frédéric élève le petit duché de Brandebourg à l'importance d'une monarchie de premier ordre.

Telle est au reste la marche des révolutions. La royauté elle-même, une royauté nouvelle-venue, devait mettre la main au bellier qui, tôt ou tard, doit briser toute royauté.

Ainsi, sous l'ancienne monarchie, les barons indépendants contribuèrent à exhausser les rois aux dépens de la féodalité indépendante.

De même, en 89, des nobles et des prêtres poussèrent

ardemment le mouvement qui devait emporter et la noblesse et le clergé.

C'est enfin la bourgeoisie elle-même qui, se trouvant en lutte avec la vieille royauté dans les derniers temps de la restauration, a exalté le prolétaire, et préparé ainsi le règne de l'égalité, terme inévitable et nécessaire de toute révolution politique.

A toutes ces révolutions il a fallu l'aide du temps. Mais pourquoi donc le temps est-il une condition nécessaire? Pourquoi ce long et difficile passage de la féodalité à la monarchie absolue, de la monarchie absolue à la première émancipation du bourgeois, de cette émancipation au règne du tiers-état, du règne du tiers au triomphe des institutions égalitaires?

Pourquoi ce passage est-il plus rapide à mesure qu'on se rapproche du terme?

Est-ce que la vérité n'a pas toujours la même puissance la nécessité la même action? Est-ce que les causes qui mettent l'humanité en mouvement changent de nature quand on change de lieux et de date?

Non sans doute : l'humanité se ressemble partout; mais les causes qui l'agitent ont d'autant plus de force qu'elles portent sur une plus grande masse; la vérité a une puissance d'autant plus grande qu'elle est plus universellement comprise, et la nécessité morale ou physique est irrésistible quand elle est uniformément sentie.

Ce qui fait donc que, dans les temps modernes, le mouvement a été plus rapide, c'est qu'il a été plus général. Ici comme pour la loi des corps physiques, la vitesse est en rapport avec le volume, et la résistance s'affaiblit de tout le nombre qu'acquiert le mouvement.

Or, le puissant moyen à l'aide duquel une plus grande quantité d'intelligences sont pénétrées de la même idée animées des mêmes désirs, convaincues des mêmes droits et portées alors à la même action, c'est la discussion orale ou écrite, c'est la presse ou l'association.

Par elles, en effet, les idées s'étendent, se propagent, se modifient, s'épurent. C'est un creuset toujours bouillonnant où s'éprouve la bonne comme la mauvaise monnaie.

Un journal parlant chaque jour à une foule d'esprits divers est une espèce de point commun qui les rapproche par la pensée. Bientôt ils entendent et ils parlent la même langue. Une notion vraie, un sentiment noble, deviennent la propriété de tous ceux qui savent lire et réfléchir. D'autres sentiments et d'autres idées naissent de celles-là, se développent, se vulgarisent et composent enfin cette somme de convictions et de croyances qu'on appelle l'esprit public.

En créant, en réflétant ou en dirigeant l'esprit public (car elle remplit ces trois fonctions), la presse substitue la force collective à l'action privée, elle assimile à la société tout entière le produit intellectuel d'un ou de plusieurs de ses membres, elle agit comme l'association, et offre comme elle deux résultats inestimables pour l'époque où nous sommes : égaliser le plus possible les intelligences et tuer par conséquent tout révélateur.

Est-ce à dire que le révélateur fut toujours inutile ? Bien loin de là. Mais il était l'expression nécessaire d'un autre temps. Aujourd'hui, il ne serait qu'un anachronisme fatal, et dont la durée est heureusement impossible.

Le révélateur veut qu'on croie en lui ; il ne discute pas : il ordonne, il prêche, il sabre. Il est hiérophante en Egypte, il rend des oracles en Grèce, et plus ou moins il est prêtre partout. Heureux quand il se rencontre prêtre et guerrier ; car alors il annonce et réalise, il va plus vite.

Si Jésus avait été Mahomet, le christianisme aurait régné trois cents ans plus tôt. Et Jésus avait raison quand il prédisait qu'il apportait le glaive en ce monde. Quand le révélateur ne le tient pas lui-même, il faut qu'un autre lui serve d'instrument, ou bien le révélateur n'est plus qu'un charlatan et un fou. Constantin éleva la croix au-dessus des trônes ; le sabre de Charlemagne éleva les papes au-dessus des rois. Ainsi l'a voulu jusqu'à présent la loi humaine. Le fer a servi de conducteur aux idées ; c'est avec l'aimant des batailles que se sont établis les grands courants de la civilisation. Voyez l'histoire : elle vous montre toujours d'importantes fondations civiles contemporaines des mouvements militaires les plus célèbres : Charles le Grand et les Capitulaires, les croisades et les établissements de saint Louis, le code civil et Napoléon. Je cite celui-ci surtout parce que ses triomphes et sa défaite peuvent également servir d'enseignement.

Napoléon, en effet, voulut être révélateur aussi ; Napoléon, dont le génie ne sut pas comprendre que le temps n'était plus où un seul homme créait les idées et les réalisait ; Napoléon, qui crut pouvoir substituer sa personnalité à l'intelligence de tout un peuple mis en action ; qui avait reçu son initiation de la révolution française, et qui fut grand tant qu'il la servit, qui marqua lui-même sa chute dès qu'il s'en fit le bourreau.

Grand exemple qui différencie le mode de progrès des époques d'ignorances et des époques éclairées.

Dans les premières, l'homme supérieur comprend seul et seul exécute : le temps qu'il perdrait à faire partager aux autres ses convictions ou ses croyances, il l'emploie à les traduire sur le terrain de l'application. L'idée fait alors son chemin toute seule ; elle se fait comprendre par son utilité. Qu'est-ce que cette grande pensée de fraternité humaine? Et qu'importe? abolissons l'esclavage et tout le monde le saura.

Ainsi procède le révélateur. Mais à un moment où chaque homme a la conscience de sa dignité et de sa valeur, il faut discuter, prouver, convaincre. L'individualité est peu de chose ; il faut que le contact la réchauffe, que l'autorité de tous l'appuie et la pousse pour qu'elle devienne une puissance. Dès qu'elle abjure son rôle, qui est de servir la cause commune, elle arrive bientôt à ne plus considérer qu'elle seule. L'égoïsme la travaille, l'esprit d'usurpation la dévore. Toutes ses œuvres sont entachées d'un venin qui les empoisonne, le venin du *moi*, poison subtil que chacun porte et qui corrompt toutes choses pour peu qu'on n'en surveille pas ou qu'on n'en sache pas ménager l'évaporation.

La chute de Napoléon démontre plus que tout argumentation possible que, si le génie le plus audacieux aujourd'hui peut être chef, il ne peut être maître ; elle démontre que, si vaste que soit sa portée, l'intelligence d'un homme est faible en comparaison de l'intelligence de tous. Les conceptions d'une seule tête, quelque large qu'on la fasse, ne suffisent plus : il faut qu'elles passent dans la conviction des masses, pour que le mouvement se continuent. Le grand levier, ce n'est plus la guerre, mais les victoires du peuple ; ce ne sont plus les batailles, mais les révolutions.

Napoléon, par cela même qu'il voulut jouer le révélateur, devait tuer la presse, tuer l'insurrection. Il ne lui fut pas donné malgré ses efforts, d'étouffer la révolution dont il était fils, lui, avec sa gloire.

Dès que celle-ci a pu prendre sa revanche, c'est par la presse qu'elle s'est vengée ; c'est par la presse qu'elle a de nouveau proclamé l'indépendance de chaque citoyen et le droit de tous.

Dans les faits comme dans la théorie, la presse nous

apparaît donc toujours comme une nécessité révolutionnaire.

Dans les faits comme dans la théorie, l'œuvre révolutionnaire a toujours pour cause immédiate l'union de deux forces cohérentes, compactes.

Autrefois un révélateur qui prêche, un guerrier qui exécute; des prophètes et des armées. — Aujourd'hui, l'opinion publique qui se forme, le peuple qui se dévoue à la servir : la presse et les associations.

Toujours enfin la force de l'intelligence et la force des bras : mariage indispensable pour l'enfantement des idées praticables et pour leur réalisation.

Mais quoi! toujours des révolutions! La presse ne peut-elle être qu'un instrument de désordre? La vie humaine n'aura-t-elle jamais son jour de repos? La société est-elle condamnée à souffrir incessamment des insomnies de quelques perturbateurs?... Si la parole de l'homme est, de sa nature même, un feu qui brûle, si la presse ne peut servir qu'à consumer, à quoi bon respecter la parole et la presse aux dépens de la paix publique?

Vieilles objections toujours renouvelées par ceux qui veulent conserver, parce qu'ils jouissent! Et nous avons déjà répondu : La presse sert à tout, au bien comme au mal, à ceux qui veulent créer l'un, à ceux qui veulent maintenir l'autre. Mais la presse révolutionnaire a pour fonction de perfectionner, d'améliorer, de débâtir pour reconstruire, d'abattre pour rééditier, de désorganiser les institutions vicieuses pour les réorganiser, et leur donner comme but la félicité générale.

On entend par révolution un choc violent des intérêts, des passions, des idées.

Mais où a-t-on vu que la violence est éternellement nécessaire? Pourquoi le mouvement ne deviendrait-il point pacifique ? Pourquoi les améliorations naturelles que doit amener l'effort constant de l'homme et sa tendance au bien-être seraient-elles réduites à percer la couche épaisse de résistances toujours opiniâtres ?

La plus belle mission de l'avenir, c'est de créer des institutions qui ne permettent jamais à ces résistances de naître ou de se fortifier. La plus belle fonction de la presse, c'est de préparer par la discussion l'établissement de ces institutions. La presse révolutionnaire n'est donc pas un instrument de désordre, mais un moyen d'organisation. C'est pourquoi elle a été proscrite, persécutée dans tous les temps où l'on a vu régner le monopole et les priviléges, ferments éternels de troubles et de divisions, obstacles invincibles à tout ordre qui n'a pas pour appui les baïonnettes.

Le monopole, c'est-à-dire l'exploitation des uns par les autres ; un petit nombre admis, le plus grand nombre exclu : telle est la grande cause, la cause unique de ces spasmes convulsifs qui naissent du froissement des intérêts.

L'on s'étonne de leurs fréquents retours ! et l'on devrait s'étonner bien davantage de la longue patience des exclus ! A voir en effet l'organisation des sociétés dans presque tout le globe, tant de douleurs supportées sans colère, tant d'injustices dévorées sans soulèvement, et, parmi les nations civilisées, tant de jouissances pour les uns, tant de souffrances pour les autres ; il semble que la résignation soit dans l'homme une vertu primitive, constante, qui survit à toutes les autres, à laquelle il ne renonce enfin qu'après des provocations exaspérantes.

Il n'en est rien pourtant ; et dans l'état de barbarie, l'homme, confié à la seule protection de son bras et de son instinct, sait bien faire respecter ses droits et sa dignité sauvage. C'est quand les peuples se forment, quand ils commencent à créer les contrats, les lois, les pouvoirs, que peu à peu les plus adroits, les plus fripons, ou les plus forts, constituent la société à leur profit.

Bientôt la population augmente et se trouve parquée en classes diverses : des noms différents sont donnés aux habitants du même sol, comme s'ils appartenaient à des espèces différentes. Il y a des *nobles*, des *bourgeois*, des *serfs* ou des *prolétaires* distingués, non par leur conformation ou leur instinct, comme les animaux; non par leur utilité, leur mérite ou leur dévouement, comme les hommes; mais par cette monstrueuse différence que les uns jouissent, que les autres souffrent; que les uns labourent et sèment, et que les autres recueillent; que les uns commandent, et les autres obéissent; que les uns consument leur vie aux plus dures fatigues, aux plus cruelles privations, et qu'ils paient encore les autres pour que ceux-ci s'engraissent de leur sang et de leurs sueurs.

Et de longues générations passent, et des siècles s'écoulent, et l'homme, animal résigné, traîne toujours le soc brûlant de la même charrue; et il pousse, comme l'arbre, à la même glèbe; cloué à son pain quotidien, recommençant le lendemain les labeurs de la veille, assoupli à des habitudes d'obéissance et de soumission; ne sentant ni ses dents qui mordent, ni ses ongles qui déchirent; courbé, flétri, abattu, démoralisé même au point de prendre pour un droit une tradition inique, de regarder sa propre exploitation comme une justice, parce que cette exploitation a plus d'un jour, et qu'elle le pressure et l'épuise comme elle épuisa ses pères.

Ainsi se perpétue la déchéance jusqu'au moment où la raison se sépare de ce qui est pour examiner ce qui devrait être. Alors naît le doute, le libre examen; alors commence l'émancipation. Mais combien de temps encore avant que la vérité des livres ne devienne la réalité des institutions !

On a prétendu que les intérêts s'éclairent bien vite : erreur grossière d'une époque de matérialisme et d'agiotage.

Non, les intérêts ne s'éclairent pas : ils sont aveugles de leur nature ; ils le sont à ce point, que, courbé à une existence difficile, l'homme y persiste plutôt que de se livrer à des essais nouveaux. L'incertitude du lendemain est une anxiété poignante. On se fait au mal plutôt que de courir les hasards d'une réforme certaine dans ses résultats, si elle est aventureuse dans ses moyens.

Aussi n'est-ce point par les intérêts que se font les progrès des sociétés. Ceux-ci ne déterminent une action que lorsqu'on est poussé aux dernières extrémités. La misère a causé des agitations et des ravages quand la famine venait à sa suite ; mais, la faim une fois calmée et quelques concessions obtenues, la misère recommençait, et paraissait encore supportable pour peu qu'elle donnât à vivre.

Mais quand la lumière pénètre peu à peu les esprits, quand la conscience du juste, du vrai et du beau, qui sommeillait inerte et confuse dans les masses sociales, est réveillée par le travail des intelligences, alors c'est l'aurore d'un monde nouveau, le monde de la pensée et des passions qui naissent d'elle. Au creuset sévère de la raison la pensée s'épure et se fortifie ; au foyer toujours brûlant de la justice la passion s'allume et s'exalte. C'est de là que sort toujours bouillonnante la vapeur terrible des révolutions : car l'homme, résigné quand il souffrait, s'insurge dès qu'il comprend, et agit aussitôt qu'il se passionne.

N'espérez donc pas remuer profondément les masses et leur imprimer une longue et forte impulsion en prenant pour drapeau les intérêts matériels, et en proposant pour terme de pures améliorations dans des conditions d'existence. Vous agiterez peut-être, vous ne révolutionnerez pas.

Les révolutions, c'est la vraie force publique mise en mouvement, et victorieuse dès qu'elle combat. Or il n'y eut jamais de généralité puissante dans des intérêts matériels. Les intérêts sont divers, multiples, et, à les voir de près, on les trouve unis par des points de contact toujours faibles, alors même qu'ils sont sous la pression d'un danger commun. Aussi fut-il toujours facile de les diviser, et la raison en est simple : car tout intérêt est, dans son principe, une individualité.

Tout intérêt, d'ailleurs, tient aux positions sociales, c'est-à-dire à des situations qu'un incident peut renverser ou déranger.

C'est donc ailleurs, c'est dans la conscience humaine, qu'il faut chercher les moteurs nécessaires de tout progrès; il faut les demander à l'intelligence, à la sensibilité, ces deux éléments de notre nature.

Ici se rencontrent en effet les causes générales de tout mouvement des sociétés.

L'intelligence développée saisit les rapports qui doivent exister entre des êtres de même espèce. Ces rapports ont un dernier terme qui les résume tout à la fois et les applique : c'est la justice.

La sensibilité mise en action s'arrête et se coagule, si j'ose le dire, par l'égoïsme, mais elle s'étend et s'épure au contraire par la sympathie. La sympathie, excitée par la passion, peut aller jusqu'au fanatisme. Guidée par la raison et servant d'instrument à la justice, elle produit ce qu'il y a de plus grand, de plus noble parmi les hommes, l'abnégation personnelle, le sacrifice, le dévoûment, la vertu.

Ainsi donc, raison et justice, sympathie et dévoûment, notions pures et vraies, facultés admirables de comprendre le droit et de se dévouer à lui, tels sont les véritables agents de toute grandeur dans l'humanité, tels sont les leviers puissants qui la déplacent pour la faire avancer.

Et c'est sur ce terrain que s'est fait le combat qui, depuis un demi-siècle surtout, s'est livré en France entre les amis de la révolution et le pouvoir protecteur des idées d'exploitation et de monopole.

Il était important de le redire, car on n'a rien négligé pour faire prendre le change. A la place des questions de droit, d'honneur, de justice, on a voulu substituer la question unique et secondaire de l'intérêt. Aussi toutes les agitations populaires ont été détournées dans leur but, et les révolutions politiques les plus légitimes ont été faussées dans leur cause et calomniées dans leurs instruments, parce que l'on a toujours fait intervenir le pillage, les désordres, les alarmes de la propriété, les inquiétudes des positions acquises au milieu de ces mouvements du peuple, qui s'était insurgé pour faire triompher la vérité, la liberté, l'égalité, tous les dogmes prêchés par la philosophie, et dont la réalité a été conquise au prix de tant d'efforts et de tant de victimes.

Sans doute les intérêts ont leur tour, et la justice s'applique au bien matériel des hommes comme à leurs droits. Les révolutions doivent, pour durer, créer des intérêts nouveaux, ou plutôt répartir avec équité les charges et les bénéfices du travail commun.

Mais si, au lieu de prendre les leviers révolutionnaires dans l'ordre des passions morales, on va les emprunter seulement aux intérêts matériels, il n'y a plus pour l'avenir ni repos ni trêve. Les intérêts dépossédés hier se mettent en guerre le lendemain. Les monopoles, les priviléges, qui vivent beaucoup moins d'orgueil que de richesses, recommencent les hostilités, au même titre que les vainqueurs agissaient la veille.

Toute question vue par cette optique revêt mille couleurs et prend mille formes. Quoi de plus complexe, de plus variable, de plus mobile que les intérêts ! Quels tâtonnements, quelles longues épreuves pour les balancer avec équilibre !

Quoi de plus simple et de plus intrigant aussi ! Et n'est-il pas facile sous ce rapport de donner les apparences de la justice aux plus insultantes iniquités !

N'avons-nous pas vu réclamer, pendant quinze ans, d'énormes traitements pour les évêques au nom des malheureux, et parce que cet argent passait par leurs mains bienfaisantes; comme la semence qui va féconder le champ de la pauvreté !

Ne voyons-nous pas chaque jour encore maintenir les prohibitions les plus ruineuses pour quinze millions d'habitants vivant en France de la culture de la vigne, sous le prétexte que 70,000 ouvriers vivent de l'industrie des forges, dont le profit appartient à dix-huit ou vingt gros monopoleurs !

Ah ! si l'on découvre le cratère des intérêts qui sont perpétuellement en fusion dans toute aggrégation d'hommes, on n'en verra sortir ni vive lumière, ni flamme pure, mais une fumée épaisse et noire qui obscurcira le jour, des miasmes infects qui empoisonneront l'atmosphère, un tourbillon de poussière et d'ordures qui rendra toute liberté vaine, tout mouvement aveugle, toute direction impossible.

Que des améliorations matérielles viennent donc à la suite des révolutions. Cela est nécessaire ; mais qu'elles n'en soient ni la cause, ni le principe : car l'écluse est dès lors ouverte à toute exigence, à toute ignoble cupidité, à toute corruption.

Bien plus : si les intérêts sont la règle et la mesure des institutions politiques, il n'y a plus de solution du problème ; tout est vrai, tout est faux ; tout est bon, tout est mauvais ; tout est juste, tout est injuste.

Cherchez ce qu'il peut y avoir de plus odieux, de plus méprisable dans la conception humaine, et je vous montrerai dans un état social des intérêts considérables collés à votre conception. Il y a des intérêts jusque dans les égouts, de quelque manière que vous entendiez ce mot.

Que toute opinion recouvre un intérêt, cela peut être, car il y a des intérêts estimables. Mais il faut pourtant que l'intérêt puisse être sacrifié. Car toute opinion qui n'est qu'un intérêt est une chose vile ; et, comme telle, c'est un agent révolutionnaire sans portée.

Ceux donc qui ont voulu réduire toute agitation profonde de l'humanité à la vidange des intérêts ont oublié qu'il fallait auparavant effacer du cœur de l'homme et la conscience et la passion, double sens moral qui est l'œil et le bras de l'humanité.

Et, comme nous l'avons dit déjà, toute conscience pour être inflexible a besoin d'être éclairée, toute passion pour se montrer forte et durable veut être juste.

J'insiste là-dessus : car il n'y a pour la future révolution, révolution inévitable parce qu'elle est nécessaire, d'autre espérance de s'organiser pacifiquement que de s'éloigner dans son gouvernement de ces voies honteuses dans lesquelles se sont traînés l'un après l'autre tous les pouvoirs.

Voyez, en effet, si tous n'ont pas eu ce caractère, de faire prédominer les faits sur les idées, et les intérêts sur la conscience ! *Succès et profit :* telle est la loi morale à laquelle ils ont demandé la direction des États. Tout ce que la victoire a couronné a été trouvé légitime ; et, dans la vie privée, tout moyen d'arriver à la fortune a été absous, pourvu qu'il fût heureux.

Comment s'étonner dès lors de cette anarchie dévorante qui semble avoir dérouté toutes les intelligences, confondu tous les droits, étouffé toutes les croyances, qui rend inutiles tant d'efforts pour créer un centre à la gravitation de cette société marchant au hasard, cherchant son axe et ne trouvant plus que des intérêts opposés qui secouent à la fois leur boue et se renvoient leur poussière.

En pourrait-il être autrement après une histoire comme la nôtre depuis quarante années ! lorsque la vertu, le vice, le crime, tout, jusqu'au jésuitisme, a eu son jour de fête ! Où se prendre à travers ce désordre des événements et ces orgies de la victoire ? Où retrouver la foi quand il n'y a d'autre boussole que les faits accomplis, d'autre sanction du bien que le triomphe ? Comment espérer enfin que la nation rentrera dans son orbite, sous la lumière brillante et pure de la raison, de la conscience, de la justice, quand le pouvoir, cette artère vitale de tout corps politique, ne porte plus qu'une liqueur épaisse et fangeuse, où chaque intérêt a jeté son écume, chaque corruption déposé sa lie.

Faire dominer les idées par les faits, c'est soumettre l'intelligence à la brutalité, c'est abjurer la puissance humaine en présence d'une fatalité grossière, c'est donner la suprématie à la force aveugle sur les actes libres de la volonté ; c'est méconnaître l'humanité, qui, vaincue quelquefois, ou plutôt surprise, a cependant en partage le règne absolu de la matière, et finit toujours par lui imposer sa propre utilité.

Faire dominer la conscience par les intérêts, c'est donner carrière à tout égoïsme, c'est prendre de l'homme la partie la plus vile et lui soumettre les plus nobles facultés ; c'est concentrer la vie humaine dans ses appétits, son instinct matériel, ses jouissances charnelles : c'est rendre impossible toute abnégation, tout sacrifice !... Des deux côtés, c'est corrompre, c'est abrutir.

Corruption de l'homme privé par le développement immodéré de sa personnalité ; corruption des peuples par les institutions politiques placées sur cette base : tel est le résumé de l'action gouvernementale depuis trente ans.

Substituer à l'égoïsme la moralité ; exalter dans l'homme privé la faculté de comprendre le bien, de sentir le juste, de se dévouer à l'un et à l'autre ; faire retentir dans toutes les âmes ces fibres d'honneur et de dévoûment qui leur donnent de nouveaux ressorts, au lieu de courber la volonté devant le fait brutal, victorieux et maître ; la relever au contraire par les protestations de la conscience restée libre au milieu de la servitude ou de la prostration des forces physiques ; respecter l'opinion quand elle est dans des voies droites ; ne pas craindre de la combattre, de la froisser, de la heurter même, quand elle dévie : tels sont les vœux que notre presse révolutionnaire formule chaque jour pour l'avenir, telles sont ses pratiques pour le présent, telles sont aussi ses traditions.

Et celles-ci nous ne les empruntons pas (le Ciel nous en garde!) à la presse de la restauration. Certes cette presse, qui nous combat aujourd'hui, fut aussi révolutionnaire.

A bien dire, elle l'est encore.

Mais ce n'est pas elle que nous suivons. Ses traces ne sont pas nos traces.

18.

Elle aussi a contribué à l'anarchie que nous signalons : car, au lieu de prêcher les principes simples de morale et d'humanité, elle s'est renfermée dans les intérêts spéciaux de telle ou telle classe ; elle a suivi l'opinion dans ses écarts, servi les intérêts dans leur exigence ! Peu soucieuse des moyens, elle ne s'est occupée que de la victoire.

Aussi enrôlait-elle sous son drapeau toute vanité mécontente, tout amour-propre hostile, toute ambition impuissante ou rejetée. Et quand le jour est venu où le peuple, qu'elle appelait comme instrument, lui a donné ce qu'elle demandait, toute cette armée qu'elle avait réunie s'est démembrée ; chaque intérêt a repris sa route, chaque ambition sa pente : cette opposition compacte s'est retrouvée le lendemain disjointe et désordonnée. Et la presse, se montrant à cette heure sous sa vraie couleur, n'a guère été qu'une parole sans pensée, une apologie de personnes, une négation de principes, la monture enfin de cette royauté bâtarde vêtue à la hâte de toute la défroque dont sa sœur avait été dépouillée violemment.

Non, ces précédents ne sont pas les nôtres ! Notre polémique a sa clé de voûte dans notre immense révolution. Et quand nous prononçons ce mot révolution, nous n'entendons pas faire un petit triage d'hommes et de choses, aller compter l'une après l'autre toutes les plaies, dresser la statistique de tous les soupirs poussés par les aristocraties rudement atteintes, ou par ces innocentes familles confondues malheureusement avec la trahison découverte et mise à mort. L'histoire n'est pas l'urne des larmes, et la politique a autre chose à faire en retournant la tête que d'arrêter exclusivement ses regards sur la paille des prisons ou la clinique des hôpitaux.

La révolution nous apparaît à nous dans ses causes, dans ses principes et dans ses résultats.

Elle est cet ensemble de sentiments, d'idées et de croyances fortes et vertueuses, qui ont été l'objet des prédications de tout le 18ᵉ siècle, et qui, en 89, commencèrent à passer des théories et des livres dans les bras des hommes.

Elle est ce drame solennel et terrible où tout le passé a comparu pour être jugé, flétri et tué par un peuple vengeur de tant de siècles d'oppression.

Elle est cette succession d'efforts presque surnaturels, de victoires sublimes, d'héroïques sacrifices, qui ont prouvé au monde quelle mission civilisatrice le peuple de France est appelé à remplir sur le continent.

Elle a eu pour cause le travail intellectuel de la philosophie ; pour principes, les produits de ce travail, c'est-à-dire :

A toute société, comme objets de son culte, — La raison, la vérité, le dévoûment, la vertu !

A chaque homme, — Liberté.

A tous les citoyens, — Égalité.

A tous les hommes, — Fraternité.

Entre tous les peuples, — Alliance !

Enfin elle a eu pour résultats, la civilisation actuelle, et ce besoin général de lumière, de progrès, qui circule dans toutes les veines de l'Europe ; cette tendance, à une régénération universelle, qui, sous la croûte épaisse des aristocraties et des trônes, agite sourdement les entrailles de toute nation éclairée, et qui, après avoir longtemps souffert, aura son moment nécessaire d'aboutissement et d'organisation.

Tel est à nos yeux le baptême nouveau de toute institution politique. Telle est désormais la nouvelle base de l'ordre social.

Les trente années de civilisation qui ont passé sur l'Europe depuis ce moment-là n'ont pas porté d'autre empreinte.

C'est ainsi que, dans le monde physique, lorsqu'un grand cataclysme a changé violemment le lit des fleuves et déplacé jusqu'à l'Océan, la nature entière a un aspect nouveau, la terre reçoit une fécondité nouvelle, et l'atmosphère elle-même est épurée et pour ainsi dire rajeunie.

De même aussi toutes les anciennes zones sociales ont été renversées ou effacées par nos pères. Ils ont dépensé à cette œuvre tout ce que la nature peut donner d'activité, de constance et d'énergie. Leur cœur n'a faibli ni pour combattre, ni pour mourir. Apôtres de l'humanité, ils ont scellé leur foi de leur sang, et l'évangile des peuples a été fondé; et aujourd'hui pendant que la mauvaise queue de l'empire et de la restauration s'épuise et se perd aux derniers efforts réactionnaires, la génération virile professe et répand les doctrines de la révolution, les peuples les recueillent, et les générations plus jeunes s'avancent en chantant ses hymnes.

Quel fut le rôle de la presse dans cette grande convulsion de la société française? Quelles ont été ses phrases diverses sous les gouvernements contre-révolutionnaires?

Quelle est désormais sa mission?

Mon sujet me conduit naturellement à examiner ces diverses questions. Mais la nature même de cet article ne me permet que des aperçus rapides et un tableau bien incomplet.

§ II.

Nous remontons à 89. La féodalité est perdue dans l'opinion, perdue dans les mœurs, et survivant néanmoins dans les institutions, dans les formes du pouvoir et dans les lois.

Le gouvernement n'avait pas pour base la population, mais les biens, la terre, et non les hommes. A la terre était attaché tel bénéfice, à la terre était attachée même la qualité de l'homme et les droits dont il jouissait. Le moyen âge, porté sur ses trois colonnes, la royauté, la noblesse et le clergé, avait été miné hardiment par la philosophie du siècle, par l'exemple de l'Angleterre, et plus encore par cette corruption qui atteint et dévore dans leurs derniers jours toutes les institutions surannées. Mais le moyen âge se maintenait cependant par la seule force de l'organisation sociale, et par cette loi qui fait durer encore les faits quand la raison s'en est détachée depuis longtemps, la loi de l'habitude, sceptre de plomb qu'on maudit et qu'on supporte alors même qu'il faut peu d'efforts pour le briser, tant la paresse humaine répugne à l'effort.

L'assemblée nationale porta le coup le plus rude au passé lorsqu'elle se décida enfin à suivre dans ses délibérations l'élan spontané du peuple qui lui ouvrait les voies.

Ce passé se résumait en un mot : *les priviléges*. — Le présent devait avoir aussi sa formule : *l'égalité*.

Le passé privilégié reconnaissait les aristocraties, les castes, les bourgeois, toutes choses inhérentes à la glèbe, à la propriété territoriale, à l'oisiveté cléricale : c'était le gouvernement des biens.

Le présent brisa tout cet édifice dès qu'il proclama *les droits de l'homme.*

L'homme substitué aux biens, telle a été la plus belle loi écrite en 89. Le jour où une assemblée politique reconnaissait et écrivait dans ses codes cette vérité, elle vouait tous les gouvernements de l'avenir au seul culte de l'humanité, à l'étude et la consécration de sa perfectibilité, à son développement, à ses progrès, et aux seules prérogatives qui naissent de la supériorité morale.

Or, entre les droits de l'homme, la liberté de la conscience, la liberté de la pensée, et par conséquent l'expression libre de cette pensée, la parole écrite ou orale.

On proclama donc la liberté de la presse; et il est utile de montrer comment alors les plus grands publicistes l'envisageaient.

A la séance du 20 janvier 1790, Sieyes s'exprimait ainsi :

> L'imprimerie a changé le sort de l'Europe; elle changera la face du monde. Je la considère comme une nouvelle faculté ajoutée aux plus belles facultés de l'homme : par elle, la liberté cesse d'être resserrée dans de petites aggrégations républicaines; elle se répand sur des royaumes, sur des empires.
>
> L'imprimerie est pour l'immensité de l'espace ce qu'était la voix de l'orateur sur la place publique d'Athènes et de Rome. Par elle, la pensée de l'homme de génie se porte à la fois dans tous les lieux, elle frappe pour ainsi dire l'oreille de l'espèce humaine entière. Partout le désir secret de la liberté, qui jamais ne s'éteint entièrement dans le cœur de l'homme, recueille cette pensée avec amour, et l'embrasse quelquefois avec fureur! Elle se mêle, elle se confond avec tous les sentiments. Eh! que ne peut pas un tel mobile, agissant à la fois sur des millions d'âmes. Les philosophes et les publicistes se sont trop hâtés de nous décourager en prononçant que la liberté ne pouvait appartenir qu'à de petits peuples; ils n'ont su lire l'avenir que dans le passé; et lorsqu'une nouvelle cause de perfectibilité jetée sur la terre leur présageait des changements prodigieux parmi les

hommes, ce n'est jamais que dans ce qui a été qu'ils ont voulu regarder ce qui pouvait être, ce qui devait être.

Élevons-nous à de plus hautes espérances. Sachons que le territoire le plus vaste, que la plus nombreuse population, que tout se prête à la liberté. Pourquoi en effet un instrument qui saura mettre le genre humain en communauté d'opinions, l'émouvoir et l'animer d'un même sentiment, l'unir du lien d'une constitution vraiment sociale, ne serait-il pas appelé à agrandir indéfiniment le domaine de la liberté et à prêter un jour à la nature même des moyens plus sûrs pour remplir son véritable dessein? car sans doute la nature entend que tous les hommes soient libres et heureux.

Vous ne réduisez donc pas, Messieurs, les moyens de communication entre les hommes. L'instruction et les vérités nouvelles ressemblent à tous ces genres de produit : elles sont dues au travail. Or, on sait que dans toute espèce de travail c'est la liberté de faire et la facilité du débit qui soutiennent, excitent et multiplient la production. Ainsi, gêner mal à propos la liberté de la presse, ce serait attaquer le fruit du génie jusque dans son germe, ce serait anéantir une partie des lumières qui doivent faire la gloire et les richesses de notre postérité.

La presse révolutionnaire ne manqua pas à sa mission. Mais il ne faut pas croire que ses combats aient été sans péril. Pour la plume, bien plus encore que pour l'épée, il n'y a jamais de repos en temps de guerre; et la guerre commença dans la presse, dès le premier jour où les intérêts furent heurtés par les principes.

Quel spectacle que cette lutte acharnée! Quel phénomène nouveau que ces feuilles venant chaque matin apprécier les actes de l'assemblée, exciter sa torpeur, juger ses écarts, seconder et diriger l'opinion! Et à côté de ce mouvement, les fureurs, les sarcasmes, les cris de rage des contre-révolutionnaires. Intrigues de cour, calomnies publiques et privées, fausses nouvelles ; tout est mis en jeu par la presse protectrice des intérêts alors existants et des existences acquises.

Au-dessus de tout cela, quel profit pour le pays, qui lit et qui juge! Quelles espérances pour l'humanité, qui progresse sous de nouvelles bannières!

On peut aisément se représenter l'action de la presse à cette époque. Elle est une sorte de sténographie de toutes les agitations, de tous les sentiments, de tous les rêves, de toutes les pensées sérieuses. Esprit libéral, intelligence des affaires, discussions graves, discours passionnés, tout ce qui se passe est écrit, tout ce qu'on craint est honni; tout ce qu'on espère est prophétisé. Et ce parti attaqué et vaincu peu à peu, le parti du passé se cramponne, grince des dents, bave un venin impuissant : si bien que toute notre propre histoire est là-bas; qu'il n'y a pas aujourd'hui d'accusation et de calomnie que nous puissions avoir l'honneur de revendiquer seuls, tant la haine injuste du monopole et du pouvoir est monotone, tant ses procédés sont de tristes copies, tant son injure est plagiaire!

Parmi les journaux qui, à cette époque (en 89), soutiennent avec plus ou moins d'énergie la cause révolutionnaire, il y en a quatre surtout qui occupent un rang remarquable, autant par l'influence qu'ils exercent que par le talent qui les distingue.

Le Journal de Paris, rédigé par Garat et Condorcet (1);

---

(1) Garat l'aîné. Ce philosophe était membre de l'Assemblée nationale, et il s'était chargé, dans le *Journal de Paris,* de l'article relatif aux travaux de cette Assemblée. Sa feuille est en général d'un ton calme, mais sévère sur les principes de raison et d'humanité. Condorcet rédigeait aussi des articles de politique et de droit. Il y avait dans ces deux hommes plus d'esprit philosophique que de capacité pour la conduite des affaires. Ce journal, qui ne dura que trois ans, parce que ses auteurs devinrent à leur tour maîtres du pouvoir, avait cependant eu jusqu'à vingt-deux mille abonnés. L'entreprise industrielle ne s'arrêta pas, comme on pense : elle passa, moins l'esprit, dans les mains de MM. Rœderer, Linguay et Bénaben..... Quelle chûte!

les Révolutions de France, par Camille Desmoulins (1) ; *le Patriote français*, par Brissot de Warvilles (2) ; et *les Révolutions de Paris*, par Prud'homme, Loustalot et Tournon.

De courtes citations suffiront pour montrer la direction des idées et la forme de style employée par ces feuilles.

L'épigraphe de Prud'homme est tout son recueil ; elle est bien célèbre :

Les grands ne sont grands que parce que nous sommes à genoux : levons-nous !

Voici en peu de lignes comment il jugeait, dans sa cause, notre grande révolution.

Le philosophe qui embrasse l'univers, qui voit les âges se succéder, les empires se former, s'étendre, se détruire et s'écraser les

---

(1) Camille Desmoulins ne fonda *le Vieux Cordelier* qu'en l'an 2 ; encore ne dura-t-il que de frimaire à pluviôse. Il n'y en a que 9 numéros. C'est alors que Camille, toujours plein d'ardeur pour la république, mais effrayé du débordement créé à dessein par les Hébert, les Chaumettes, les Clootz, et tous les agents de l'étranger, écrivait ces phrases :

« Il ne reste plus à nos ennemis d'autre ressource que celle dont
« usa le sénat de Rome quand, voyant le peu de succès de ses bat-
« teries contre les Gracques, il s'avisa, dit Saint-Réal, de cet expé-
« dient pour perdre les patriotes : ce fut d'engager un tribun d'en-
« chérir sur tout ce que proposerait Gracchus ; et à mesure que
« celui-ci ferait quelque motion populaire, de tâcher d'en faire une
« bien plus populaire encore, et de tuer ainsi les principes et le
« patriotisme par les principes et le patriotisme poussés jusqu'à
« l'extravagance. » (N° I, p. 11.)

(2) Les 60 premiers numéros de ce journal se rencontrent très-difficilement. Brissot est le Girondin qui soutint plus tard, avec une grande constance, le fédéralisme de la France. Pour juger au reste de la sincérité ou de la profondeur de ses opinions, voyez, dans la 6e livraison de l'ouvrage de MM. Buchez et Roux, la manière dont il soutient déjà, en 1789 (novembre), la discussion sur les municipalités et les communes.

uns les autres, et, de leurs ruines, de nouveaux empires se former encore pour être détruits, s'arrête sans étonnement sur la révolution présente, occasionnée, en apparence, par la mauvaise politique des princes et des ministres, mais, en effet, par l'ordre immuable de la Providence, qui semble avoir placé la stabilité du monde dans ses vicissitudes.

Cette dernière parole n'est pas seulement éloquente, elle est profonde. Nier l'instabilité, c'est nier le mouvement, le progrès ; c'est nier tout l'homme. Les formes des gouvernements n'auront de durée qu'autant qu'elles seront faites précisément pour laisser toute son élasticité naturelle au corps social, qui finit par crever la ceinture dont on l'entoure, quand on la fait roide au lieu de la laisser souple.

Ailleurs, Prud'homme veut rappeler au peuple la défiance où il doit être de l'intrigue, et il s'écrie :

Patrie, liberté, peuple de citoyens, vous triomphez ; votre règne commence ; tout cède à vos souhaits. Vos ennemis sont sans force, et, pour comble de bien, leur génie est inepte ; il est impuissant à nuire, ils n'ont que de l'esprit et des vices. Patrie, liberté, vérité, maintenant voilà vos dieux ! Que dis-je ! citoyens, vous acquerrez sans cesse : car, autant l'âme s'énerve, s'amoindrie, s'oublie sous le fardeau du despotisme, autant elle s'élève, s'agrandit, sur les plages immenses de la liberté. Votre roi est citoyen, vos ennemis sont obligés de le paraître. Cependant, ô patrie ! ô liberté ! que vous avez peu de vrais amis ! Les uns par intérêt, les autres par prudence, ceux-ci par habitude, ceux-là par ambition, les autres par corruption, un grand nombre par bassesse, veulent vous opprimer et cherchent la fortune sous le nom de la liberté. Malheureusement encore vos vrais amis sont difficiles à connaître.

Que de gens étalent à vos yeux leur patriotisme, et ne cherchent à vous plaire que pour vous séduire et pour vous tromper ! Vous seuls, oui, vous seuls, il faut que vous soyez l'arbitre de votre destinée ; que vous sachiez distinguer le bien et le mal ; vous seuls pouvez en être juges ; et si, par enthousiasme, par oubli, par irréflexion, vous ne savez l'être, c'est fait de votre liberté. Je le répète, si vous n'avez une raison éclairée pour vous conduire......, oui, vous serez encore enchaînés! Il vous reste de vrais amis; ceux-là ne peuvent vous tromper. Ils ne vous amuseront point de fêtes, de spectacles publics, de malignités de chansons, ni de toutes les sottises de l'esprit, non, il ne détourneront point votre attention d'une affaire importante, pour vous occuper d'un sujet stérile, d'un être indifférent : ils savent que ce serait vous donner des jouets pour vous surprendre, que ce serait vous tendre des fers cachés sous des fleurs. Ils préféreront de vous offrir leurs bras ou des lumières; ils ne rechercheront point de distinction : qu'ils puissent vous servir, ils se croiront heureux! Toujours ils fixeront votre vue sur un point capital, toujours ils veilleront; ils seront partout où sera le danger; partout ils porteront le glaive de la liberté, le flambeau de la patrie et de la vérité. Voilà le citoyen, voilà l'homme libre; tels sont vos vrais amis : à cette imparfaite esquisse aisément vous pourrez les connaître.

Voici comment Camille Desmoulins, qui avait été dénoncé à l'Assemblée nationale par Malouet, et qui dénonçait chaque jour lui-même la tiédeur et quelquefois aussi l'impopularité des décrets de l'assemblée, rend compte des combats dont il fut l'objet :

Victor Malouet avait assez bien arrangé son plan de procédure; mais il n'a pas joui longtemps de sa victoire. Il avait saisi habilement l'avantage

D'une nuit qui laissait peu de place au courage.

M. Dubois de Crancé a rallié les patriotes, et j'ai eu la gloire immortelle de voir Péthion, Lameth, Barnave, Cottin, Lucas, Decroix Biauzat, etc., confondre les périls d'un journaliste famélique avec la liberté, et livrer pendant quatre heures un combat des plus opiniâtres, pour m'arracher aux noirs, qui m'emmenaient captif; maints beaux faits surtout ont signalé mon cher Robespierre. Cependant la victoire restait indécise, lorsque Camus, qu'on était allé chercher au poste des archives, accourant sans perruque et le poil hérissé, se fit jour au travers de la mêlée, et parvint enfin à me dégager d'entre les mains des aristocrates, qui, malgré l'inégalité des forces et les embuscades inattendues de Dubois et de Biauzat, se battaient en désespérés. Il était onze heures et demie ; Mirabeau-Tonneau (1) était tourmenté du besoin d'aller rafraîchir son gosier desséché, et je fus redevable du silence qu'obtint Camus moins à la sonnette du président, qui appelait à l'ordre, qu'à la sonnette de l'office, qui appelait les ci-devant et les ministériels à souper, et qui, depuis plus d'une heure, sonnait la retraite. Ils abandonnèrent enfin le champ de bataille ; je fus ramené en triomphe ; et à peine ai-je goûté quelque repos, que déjà un chorus de colporteurs patriotes vient m'éveiller du bruit de mon nom, et crie sous mes fenêtres : « Grande confusion de Malouet, grande victoire de Camille Desmoulins. » Comme si c'était la victoire de celui qui, les mains chargées de chaînes, ne pouvait combattre, et non pas la victoire de cette cohorte sacrée des amis de la Constitution, de cette foule de preux jacobins, qui ont culbuté les Malouet, les Dupont, les Desmeuniers, les Murinais, les Foucaut, et cette multitude de noirs et de gris, d'aristocrates vétérans et de transfuges du parti populaire.

Il ne faut pas croire cependant que cette expression de mépris fût la plus familière à Camille. Car, lorsque la liberté eut enfin surmonté les obstacles que l'aristocratie lui avait opposés, et qu'elle put songer à sa propre organisation, il lui adressait les sages conseils contenus dans l'article suivant (2) :

Rien n'est beau que le juste. Tout ce qui est bâti sur des intérêts

(1) Le vicomte de Mirabeau, frère du grand orateur, était fort gros, et d'une telle ressemblance avec le frère du roi qu'un jour, aux Tuileries, un huissier, le voyant, s'empressa d'annoncer : *Monsieur.* « Vous vous trompez, reprit-il, je ne suis que M. le vicomte, frère du *roi Miabeau.* »

(2) Camille Desmoulins avait alors pour collaborateur Merlin de Thionville, homme d'une rare intrépidité, ferme, juste, inébranlable. Il a survécu comme par miracle à toutes les tempêtes, et sa vieillesse avait souri d'espérance à notre révolution de juillet ; il a eu le malheur de vivre trois ans depuis..... Il est mort désolé ! Ajoutons qu'il est mort pauvre, après avoir été placé dans des situations qui pouvaient l'enrichir en un jour.

particuliers, sur des préjugés funestes, ne peut subsister et doit se détruire : on peut en porter longtemps la charge, mais on la secoue à la fin, car il n'y a pas d'action oppressive sans réaction ; et tout tend constamment à rétablir l'équilibre, c'est à-dire l'ordre naturel des choses : c'est là l'arrêt des destinées. Elles ramènent toujours les hommes à ce qui leur convient, et les choses à leur véritable but. On avait beau échafauder les despotismes de tous les genres : le gouvernement républicain devait prévaloir, car il est dans l'homme un instinct moral qui repousse tout ce qui n'est pas liberté. On avait beau écarter la lumière : comme le soleil, elle devait briller dans tout son éclat. Des nuages pouvaient la couvrir, mais ne pouvaient l'étouffer. La lumière de la philosophie caresse quelquefois les erreurs, elle se cache même souvent derrière les nuages de l'esprit, pour ne point trop éblouir, ou pour ne point trop irriter ses détracteurs ; mais elle ne rétrograde jamais. Elle arrive à son zénith, malgré les petites erreurs, les fauteurs d'un patriotisme frelaté, malgré l'esprit, la fureur des sectes, l'ambition des prêtres et des despotes.

Citoyens, puisque la lumière de la raison a brillé, et que la liberté a levé sa tête triomphante, faites des lois appuyées sur la morale ; ne les faites pas trop parfaites, parce que vous n'êtes pas parfaits, mais telles qu'elles vous conviennent (Solon), et qu'elles puissent assurer l'empire des mœurs.

Ces principes comme on voit ne diffèrent point de ceux que nous avons exposés nous-même.

Mais combien l'on se trompe lorsqu'on avance que le mouvement de 89 fut tellement unanime qu'il n'éprouva point de résistance ! Il faut lire quelques-unes des feuilles publiées alors par la royauté et l'aristocratie, pour comprendre quelles haines, quelles calomnies, quels outrages les patriotes eurent alors à surmonter.

Ecoutez comment on traitait alors les législateurs de l'assemblée constituante, dont la contre-révolution a pourtant été forcée plus tard de respecter la mémoire. Un journal, écrit sous l'inspiration de la monarchie citoyenne de Louis XVI, s'adresse à la noblesse et au clergé, qui faisaient partie de l'assemblée nationale, et voici comment il gourmande la minorité aristocrate et royaliste :

6 *décembre* 1790.

Jusques à quand autoriserez-vous par votre présence l'existence d'une assemblée qui envahit tous nos droits, en usurpant tous nos pouvoirs? Jusques à quand enfin prostituerez-vous vos bras au soutien des voûtes de ce laboratoire de tous nos maux, qui s'écroulerait au moment même où vous n'y seriez plus? Ne voyez-vous pas que *l'audace de nos tyrans* se nourrit de votre propre résistance, qu'elle ne se soutient que par elle, et que vous la rendriez nulle dès que vous la rendriez muette?

Telle est la nature d'un pouvoir qui usurpe la force publique, qu'il se dévore lui-même, lorsqu'il ne trouve plus à dévorer autour de lui, semblable à un torrent, qui ne devient redoutable que par les digues qu'il rencontre, et qui se cache honteusement dans les sables qu'il a amoncelés, lorsqu'il ne trouve plus rien à renverser. Ne sentez-vous pas la force que donnent à nos oppresseurs vos impuissantes clameurs? Chacune de vos défaites est pour eux un nouveau triomphe, d'autant plus complet que, tant que vous partagez leur existence, vous reconnaissez, *vous avouez le principe même de leur usurpation.*

Chaque jour Montjoie, dans son journal des *Amis du roi*, Peltier, Parisot, Gauthier, Suleau, Rivarol, de Rosoy, se livrent à des imprécations si furieuses, à une rage si acharnée, qu'ils ont condamné plus tard les organes de tous les pouvoirs contre-révolutionnaires à se répéter les uns les autres dans l'expression de leur haine contre les soutiens de la révolution.

Qu'y eut-il par exemple de plus grave que la discussion qui s'éleva parmi les constituants sur l'état-civil à donner aux hommes de couleur.

Cependant, voyez les réflexions qu'elle inspire à Suleau :

Quand cesseront-ils de souffler le ravage et la peste, ces hommes impunément audacieux et criminels, qu'un peuple *imbécille* poursuit encore de ses *stupides affections*, lorsque les anathèmes et toutes les vengeances menacent leurs têtes coupables ! Insolents usurpateurs ! lâches tyrans ! vous vivez encore, et cet empire n'est plus ! vous vivez, et des millions d'hommes, victimes de vos fureurs, expirent dans les horreurs de la misère et du désespoir ! Souillés de forfaits, il ne vous en restait plus qu'un à commettre ; et vous l'avez commis, parce que vous avez besoin du crime, comme les tyrans ont soif du sang ; vous l'avez commis, parce que vous étiez nés pour les engendrer tous.

Misérables ! vous osez vous ériger en législateurs, lorsque vous n'êtes que des bourreaux. Vous faites parade d'humanité, lorsque le meurtre et la destruction vous précèdent. Vous prétendez gouverner les peuples avec le sceptre de la philosophie, lorsqu'il est démontré que la philosophie ne peut et ne doit former aucune alliance avec la politique !

Vous législateurs ! Ah ! croyez-moi, croyez-en la voix de l'univers entier ! vous n'êtes que de plats charlatans, faits tout au plus pour représenter devant une grossière populace. Empiriques de carrefours, vendez à cette crédule populace vos drogues empoisonnées; mais gardez-vous de les proposer aux Américains : celui que vous chargeriez de les y colporter paierait de tout son sang cette imprudente tentative. Defendez-vous également de l'espoir ridicule de mettre en défaut leur prévoyance : ils ne vous écouteront point, pour s'épargner l'ennui de votre dégoûtante métaphysique ; ils ne vous écouteront pas, pour vous épargner la honteuse répétition des mensonges, des absurdités, des inepties sans nombre, à la faveur desquels vous en avez imposé à une multitude ignorante.

Toutes ces injures semblent sans portée : elles glissaient en effet sur ceux qu'elles prétendaient atteindre ; mais tant de colère à propos des améliorations légales demandées pour les habitants des colonies indique assez que le parti qui avait jusqu'alors exploité l'homme lui-même sentait que sa déchéance était proclamée par des principes qui relevaient l'humanité entière.

Les railleries ne manquaient pas plus que les outrages. En vers, en prose, elles pleuvaient non sur les hommes qui étaient alors à la tête des affaires, mais sur les législateurs qui voulaient leur donner une impulsion démocratique. Et l'on ne négligeait rien pour que l'injure pénétrât jusqu'au sein du peuple.

A deux liards mon journal, tel était le titre d'un pamphlet dont chaque ligne est une accusation de pillage, de meurtre, de vol, contre les Constituants (1).

Citons-en quelques phrases, les plus douces que nous ayons rencontrées :

Je n'emploierai que quelques lignes à me mettre au courant des

(1) Voici une moquerie répandue, à cette même époque, contre l'un des présidents de la Constituante, M. Target. Elle est extraite du *Martyrologe national*, n° 5, p. 70.

NOUVELLE POLITIQUE.

Nous ne sommes pas sans inquiétude sur la perte dont nous sommes menacés. La réputation de M. Target a passé d'un pôle à l'autre, comme on devait s'y attendre ; et il n'est question, dans toutes les cours étrangères, que de la manière dont il a présidé l'Assemblée nationale, et surtout de la conception heureuse qui lui a fait mettre au jour la constitution. Il résulte de la haute opinion que l'univers a de ses grands talents que toutes les puissances se disputent l'honneur de l'attirer chez elles. La Perse le désigne *sophi*; la Turquie le réclame pour chef des *eunuques*; la république de Venise le demande pour former à lui seul le *conseil des dix*; la mer Adriatique le veut pour *époux*; l'Angleterre pour *grand-échiquier*; l'Espagne pour *grand-inquisiteur*; la république de Gênes pour *doge*; l'empire pour *ministre plénipotentiaire* dans toutes les cours du nord ; il n'y a pas jusqu'aux dames de Pékin qui n'aient brisé tous leurs magots à l'aspect de son buste ; le Saint-Père enfin, de son côté, lui a fait faire les propositions les plus avantageuses. Le patriotisme de M. Target a résisté jusqu'à présent ; mais on craint que les intrigues de la cour de Rome, la beauté du climat, et le poste brillant qui lui est offert, ne triomphent de sa répugnance à quitter son pays, et qu'au mois de mai prochain, il ne parte pour l'Italie avec le rang et le titre de... *premier moutardier* du pape.

travaux de la nouvelle Assemblée nationale. Elle a débuté sur le théâtre du manége le Ier octobre 1791, l'an IIIe de la révolte, en langage vulgaire l'an 1791; vérifiée ses pouvoirs en deux jours; juré trois fois; insulté le roi, la garde nationale, le public; bafoué les ministres, et volé 150,000 fr.

L'Assemblée a renoncé à être honorable et honorée. J'aime à voir qu'elle se rend justice. . . . .

Les trois quarts et demi du peuple attendent, avec autant d'impatience que les aristocrates *l'arrivée des troupes étrangères* et des émigrants. . . . .

Nos révolutionnaires sont fiers d'avoir réussi à intéresser l'univers entier *à les voir pendus*.

Nous pourrions rapporter deux cents passages où ces menaces sont répétées à satiété par les défenseurs de l'aristocratie et de la royauté.

Ils se sont plaints ensuite de ces cris : *A la lanterne!* devenus si effrayants, parce qu'ils étaient si populaires. Ils oubliaient qu'ils avaient pris eux-mêmes l'initiative de cette expression, et, comme le disait un pamphlet du temps, *qu'ils l'avaient apprise au peuple avec la manière de s'en servir.*

Ecoutez encore ces plaisanteries de bon goût mises en circulation par le journal le plus répandu, le plus approuvé parmi les gentilshommes, et à la rédaction duquel le comte de Provence (depuis Louis XVIII) n'était pas étranger, dit-on.

Le *Journal de la ville et de la cour* s'exprimait ainsi le 22 septembre 1789 :

On se rappelle que les trois premiers mois des séances de l'Assemblée nationale furent employés à la vérification des pouvoirs de chaque député du bailliage. La distinction des ordres qui existait alors, avait retardé la marche des opérations de nos *Lycurgue*, qui ont cru devoir l'anéantir par la suite, pour épargner les embarras à leurs successeurs. Ainsi, les députés à la nouvelle législature n'auront plus maintenant qu'une petite formalité à remplir avant d'entrer au Manége. Ils sont priés de faire vérifier, nos pas leurs pouvoirs, *mais leurs épaules.*

Qu'on s'étonne ensuite si de tels législateurs ne sont bons qu'à être pendus !

Et plus tard, à propos de la délibération où l'on s'était occupé des tentatives de l'étranger, ce même journal écrivait (20 septembre) :

> La séance d'hier a été entièrement consacrée au rapport du ministre de la guerre sur les différentes mesures prises par nos grands généraux Lukner et Rochambeau, pour arrêter la marche de l'armée des émigrants.
>
> . . . .
>
> Il a été décrété, en outre, que la liste des gredins qui doivent remplacer ceux-ci serait imprimée ; qu'ils entreraient en pleine et entière activité le premier octobre prochain, et qu'ils *voleraient, pilleraient et égorgeraient*, feraient *voler, piller et égorger*, jusqu'à ce qu'il plaise à Dieu d'en ordonner autrement.

L'audace croissait à mesure que l'Europe faisait avancer ses bataillons. Alors on annonçait à la majorité entière de l'assemblée les *honneurs* de la potence, non-seulement en France, mais sur tout le continent.

> On promet récompense civique et reconnaissance constitutionnelle aux citoyens qui feront passer dans toute l'Europe le signalement bien exact de MM. de la majorité de l'Assemblée nationale, afin que, dans le cas où leur modestie les porterait à fuir *les honneurs du cordon* dont on doit les décorer incessamment, l'on puisse, sans méprise, leur déférer cet honneur dans tous les lieux où ils jugeront à propos de se retirer, *en vertu des droits de l'homme* (1).

Alors, comme depuis, tous les royalistes fondaient leur

(1) Les vers ne le cédaient pas à la prose. Le *Petit Gaultier*

principal espoir sur l'étranger; alors, comme depuis, on méprisait, on insultait, on bafouait toute dignité nationale.

Il est évident qu'au moment de l'invasion des étrangers en France, il n'y aura plus que deux partis, celui des honnêtes gens et celui des coquins : le premier voulant le bon ordre et la déclaration du roi du 23 juin 1789; le second voulant le désordre, *afin de se dispenser d'être pendu*. D'après cela il n'y aura plus de monarchiens, ni de feuillants, ni de monarchistes, ni de deux-chambristes; il n'y aura que de bons et francs royalistes, de bons et francs jacobinistes; et puis nous verrons lequel des deux partis étouffera l'autre. A ce propos-là quelqu'un vantait l'autre jour le système des monarchiens, à cause de la ressemblance avec le gouvernement d'Angleterre. Je vous soutiens, répondit l'autre, qu'il ne faut point de chambres aux Français, il ne leur faut que des loges.

Voici comment *la Lanterne magique* rendait compte d'une séance solennelle de la chambre des représantants :

QUINZIÈME CHANGEMENT.

Faites attention à ce grand jour du 4 février. Voyez le roi qui se rend à la salle du Manége pour épouser la Constitution : il faut es-

prodiguaient les épigrammes, qui faisaient les charmes de Marie-Antoinette et des nombreux courtisans de sa beauté. En voici deux qui furent affichées dans Paris en très-gros caractères, et qui eurent un grand succès d'antichambre :

Sur la Constitution en vaudevilles.

Au milieu des malheurs, des crimes, des bassesses,
Ne désespérons point de notre nation ;
Le Français met en chants la Constitution,
   Il va bientôt la mettre en pièces.

Sur les Feuillants et les Jacobins.

Des Feuillants jusqu'aux Jacobins
Sans doute il est quelque distance :
On doit donner la préférence
Aux voleurs sur les assassins.

pérer que l'assemblée prenoncera bientôt le divorce. Ecoutez son discours. Le langage ambigu du Génevois Necker pouvait-il convenir à la bouche vertueuse du monarque français ? Regardez les députés : leurs sentiments se peignent sur leurs physionomies ; les uns frémissent de rage, les autres pleurent, le grand nombre applaudit ; et le roi sort, et l'on se met à jurer ; et l'on admet au serment les femmes, les écoliers, les moines, les soldats, les religieuses ; et c'est une maladie qui gagne les districts ; et toutes les mains sont en action. Mettez les vôtres dans vos poches, car il n'y a plus de sûreté : les voleurs sont là.

Ainsi l'on voit que les qualifications de pillards, d'assassins, adressées aux républicains de 1830 ; celle de forçats libérés adressée aux libéraux de la restauration ; celles de buveurs de sang et de brigands adressées aux licenciés de la Loire ; celles de jacobins, incendiaires et anarchistes, adressées aux idéologues de l'empire ; celle de cannibales appliquée aux hommes de 93 ; toutes ces épithètes, nées de la haine aristocratique, remontent à la première assemblée nationale.

Les doctrines sont plagiaires comme les injures. On connaît cette théorie sur le sommeil de la souveraineté nationale discutée et vantée par les dévots de la monarchie de 1830. Elle est tout entière dans *le Mercure de France* de Mallet-Dupan, publié il y a 40 ans. On la trouvera résumée dans l'article suivant, extrait du *Journal politique,* rédigé à la même époque par l'abbé Sabattier, qui n'était rien moins assurément qu'un ami de la révolution.

N° 18 *du tome* Ier, — *page* 195.

Les écrivains du tiers-état, et, en général, tous les philosophes, ayant poussé à bout et forcé les conséquences du principe que la souveraineté est dans le peuple, il a bien fallu que la révolution écrite dans les livres, fut jouée et représentée dans la capitale et dans les provinces. Pouvait-on, en effet, arrêter une assemblée qui exerçait la souveraineté du peuple et qui avait gagné l'armée? n'était-ce pas en même temps une véritable jouissance pour les députés, dont la plupart avaient passé leur vie à saluer le bailli de leurs villages, ou à courtiser l'intendant de leurs provinces; n'était-ce pas, dis-je, une douce jouissance pour eux, que de fouler aux pieds un des premiers trônes du monde? Des avocats pouvaient-ils résister au plaisir d'humilier les cours souveraines? Ceux qui n'avaient rien n'étaient-ils pas charmés de distribuer les trésors de l'Église aux vampires de l'État?

On ne saurait trop insister sur tout le mal que peut faire un bon principe quand on en abuse.

La souveraineté est dans le peuple. Oui, sans doute; mais elle y est d'une manière implicite, c'est-à-dire que le peuple ne l'exercera jamais que pour nommer ses représentants; et, si c'est une monarchie, que le roi sera toujours le premier magistrat. Ainsi, quoiqu'il soit vrai au fond que tout vient de la terre, il ne faut pas moins qu'on la soumette par le travail à la culture, comme on soumet le peuple par l'autorité et par les lois. La souveraineté est dans le peuple, comme un fruit est dans nos champs, d'une manière abstraite : il faut que le fruit passe par l'arbre qui le produit et que l'autorité publique passe par le sceptre qui l'exerce.

Ne dirait-on pas un article des *Débats* de 1834, écrit par M. Guisot?

Mais la servilité même de cette dernière feuille, servilité toute récente et dont l'expression maladroite a obtenu une si prompte et si durable renommée, la voici prise en flagrant délit de piraterie.

La flatterie *du plus honnête homme du royaume* n'est pas plus nouvelle que les théories et les insultes. Qu'on lise l'article suivant, fidèlement extrait du LIVRE DES ROIS du *Nouveau-Testament* (1) :

---

(1) Ou correspondance de lord... avec M. Pitt, ministre politique de la France. Ce journal est écrit du mois de décembre 1789 à février 1790. Il était l'organe de ces amateurs de monarchie qui ont

Louis XVI est captif, non comme à Madrid, mais dans sa capitale! dans le palais où le duc de Guise baisait la main de Henri III en sujet et lui parlait en maître! Anglais, très-honorable lord, je me réjouis de toutes ces horreurs; mais, comme homme, souffrez que j'en gémisse. Je suis chargé par vous de les exciter, et je remplis mon devoir avec la rigueur qu'exige ma patrie; mais comme philosophe, je ne puis voir sans émotion celui que j'appellerais *le meilleur de tous les pères et de tous les époux,* si je n'étais l'admirateur de George. Non, je ne puis considérer sans la plus vive impression *le plus honnête homme de son royaume* réduit à une captivité aussi humiliante. Entouré de satellites, jamais Bézenval ne fut plus étroitement gardé à Brie-Comte-Robert. A la merci des strélitz et des halles, il gémit en silence et souffre en martyr; en public il affecte de la sérénité; les ennemis du trône y sont trompés; les partisans des Bourbons le croient heureux ou insensible; nous seuls, mylord, nous savons la vérité. La cause de son inaction a le plus sublime, le plus sacré des motifs: *il a en horreur l'effusion du sang; il craint d'en être la cause; il céderait peut-être la couronne pour l'arrêter.*

Enfin, pour compléter ces citations, prouvons que c'est la contre-révolution qui donna, la première, l'exemple de ces écrits publiés dans un patois où la brutalité du langage prépare celle des actions : écrits prétendus populaires, et dont la forme même est injurieuse au peuple, qu'on dégrade et qu'on ravale sous le prétexte de se mettre à sa portée (1).

pour système d'accuser sans cesse leurs ennemis des fautes et des crimes de ceux qu'ils soutiennent. On a vu, par ce que nous avons rapporté plus haut, combien la cour de Louis XVI comptait sur l'étranger. Voici un journal monarchique qui part de cette supposition que le parti patriote est vendu à l'or des Anglais.

(1) *Le Journal des halles* fut le générateur du *Père Duchêne.* Voici comment les patriotes sont traités aux halles des aristocrates :

L'aboyeur Marat, qui se dit ami du peuple, est un s.... gredin qui est vendu à un autre f..... gredin, nommé Danton, et celui-ci, grand et gros dogue,

Voici quelques phrases choisies parmi les plus présentables, dans *le Journal des halles*, dont une autre citation fera connaître l'esprit tout monarchique :

> Où il y a de la gêne, n'y a pas de plaisir.
>
> *N° Ier, — page Ire.*

J'entendons tous les jours gueuler à nos oreilles du papier où je ne voyons goutte, qui parle de mille histoires dont je n'avons que faire : comme il y a trop d'esprit pour nous dans ces paperasses, j'avons imaginé, dans notre manière de voir, d'en faire imprimer un que les gens de notre sorte puissions entendre, sans avoir besoin d'avoir fait leux études, ni de savoir le latin. Le Journal des halles nous a paru notre fait. C'est pour cela que j'en hasardons un numéro pour afin de voir si on pourra y mordre. J'avertissons d'avance que je dirons sans gêne tout ce que j'aurons sur le cœur, et que je ne prendrons jamais des gants et des mitaines quand j'aurons quelque rancune contre quelqu'un ; et que je mènerons tambour battant, mèche allumée, quiconque n'ira pas droit son chemin, ou voudra s'écarter du drapeau. En voilà assez de dit ; il faut en venir au fait sans tant tourner autour du pot.

est vendu à un autre grand seigneur et gredin. Ainsi voilà une chaîne de gredins qui se piquent de faire nos affaires, pour faire les leur. Est-ce que nous ne pendrons pas cette f..... canaille ?

Les fondateurs du *Journal des halles* avaient au reste des délassements poétiques destinés aux gentilshommes ; et, en parlant de toutes les horreurs du despotisme, qu'ils vantaient avec épanchement, ils s'écriaient :

> Oh ! le bon temps que celui-là !
> Mes chers amis, il reviendra ;
> Croyez-en mon heureux présage.
> Un beau matin, pliant bagage,
> Des mitrailleurs la troupe ira
> *Faire à Toulon le cabotage ;*
> Le bonheur seul nous restera,
> Et la liberté nous rendra
> Tous les bienfaits de l'esclavage.

N 3, — page 6.

Ce ne sont plus les aristocrates que j'avons à craindre, car ils ont reçu leur coup de grâce ; mais c'est une autre clique qui s'assemble aux Jacobins de la rue Saint-Honoré, qui, si on la laissait faire, nous mettrait bientôt dedans sans que nous nous en doutions. Ils se font appeler les *Amis de la constitution*, et avec ce nom ils sont les plus grands ennemis du roi : car ils voudraient en faire un roi en peinture, qu'on puisse mener par le nez. Mais ça ne fait pas notre compte. Je voulons avoir un roi qui puisse se mêler des affaires, sans cependant y nuire ; un roi à qui il ne soit pas possible de faire le mal, mais qui ait le droit de faire le bien. Mais non, les Jacobinistes n'entendent point cela. Ils ont une autre manière de voir ; et, avec leux grand mot *liberté*, ils vous fourront droit comme un i dans l'esclavage. Pour faire prendre leux façons de penser aux étrangers qui viennent pour le 14 juillet, ils avaient imaginé de les faire venir enregistrer dans une salle des Jacobins, pour pouvoir être à la portée de les empaumer. Mais heureusement qu'on s'est aperçu de toutes ces manigances, et qu'on les enregistrera maintenant à l'Hôtel-de-Ville. Si on ne s'y était pas pris comme ça, vous auriez bientôt vu l'assemblée des Jacobinistes pleine de personnes de la fédération à qui les b...... en auraient imposé par leux bavardage national. Mais des gens plus fins qu'eux leuz ont coupé l'herbe sous les pieds.

Cependant la presse révolutionnaire continue son œuvre avec hardiesse et fermeté.

Parlant à la fois et aux esprits réfléchis et aux caractères ardents, elle se montrre sous ces deux faces : l'une, calme, pacifique et grave, qui décompose chaque jour par la raison et qui détruit peu à peu par la parole l'édifice d'une société dont les bases étaient à refaire ;

L'autre plus attentive aux événements, plus préoccupée des résistances, convaincue que les choses les plus ruinées tiennent encore longtemps par l'effort des hommes, instrument d'action bien plus que de persuasion, d'autant plus exaltée qu'elle se sent plus pure, d'autant plus énergique qu'elle est plus irritée :

Tous deux révolutionnaires par la logique et par la passion ; deux puissances dont chacune est désastreuse agissant à part, dont la force est irrésistible quand elles concourent au même but.

La royauté dure encore, comme duraient la noblesse et le clergé.

Mais ses derniers jours sont venus et sa conduite hâte sa fin. Privée de son appui naturel, les priviléges, elle a juré une constitution avec l'arrière-pensée de la violer ; et, tandis qu'elle prépare le crime de l'invasion étrangère, elle ose se proclamer la protectrice de la grandeur et de la force nationales.

Ses vrais amis, ceux qui ont le dépôt de ses confidences, quittent le sol de la patrie ; d'autres, hommes sincères, mais d'une vue bornée, secondent à l'intérieur par leur opposition inopportune tous les projets des rois contre la liberté.

La guerre devient donc générale, et le monde ancien, l'Europe de moyen âge, se remue et s'équipe contre le monde nouveau, la France et sa démocratie (1).

(1) Voilà ce que ne comprirent pas des hommes excellents d'ailleurs, et partisans déclarés de la liberté, mais qui, par reconnaissance *pour les bontés* de Louis XVI, avaient eu la bonté de le croire étranger à toutes les intrigues. Ces hommes poussaient alors le dévoûment jusqu'à écrire des menaces à l'assemblée législative ; conduite d'autant moins excusable que ces menaces partaient d'un camp, et se faisaient pour ainsi dire à main armée. L'action même suivit la parole : si bien que le 18 brumaire eut dès lors un précédent aussi coupable, plus coupable même que l'autre, quoique moins heureux. Aux hommes sur la mémoire desquels pèsent de telles erreurs, il a fallu de longs jours pour prouver leur amour profond et constant des principes révolutionnaires. Encore ce passé a-t-il dû réagir malgré eux, et peut-être même à leur insu, dans les occasions offertes plus tard d'assurer à jamais le règne de ces prin-

Telle est la lutte pour laquelle la presse révolutionnaire dispose les cœurs et arme les bras. Jamais on ne la voit épuisée. Par elle, plus encore que par la tribune, bouillonne cette fermentation générale qui décuple les forces, redouble la vigilance, indique les moyens extrêmes de salut, et décide enfin la grande victoire du 10 août, consécration solennelle de la véritable souveraineté qui mit la force du côté du droit, et qui fut pour le passé une première preuve de l'impuissance de la royauté, comme le 21 janvier devait être à la fois, et un juste châtiment du passé, et une menace salutaire pour l'avenir. Alors, si la question de la forme politique du gouvernement avait été la seule, une ère nouvelle de prospérité, de justice et de grandeur, se serait ouverte pour la France. Si cette guerre entre le passé et l'avenir n'avait été qu'un épisode de nos dissensions civiles, une sorte de querelle de Guelfes et de Gibelins, la paix aurait été prompte, et le pays aurait marché d'un pas tranquille à l'organisation de toutes les institutions qui honorent le travail et garantissent la liberté.

Pendant cet intervalle, en effet, les publicistes les plus modérés avaient compris la vanité des tentatives qui avaient pour but de mettre un frein à l'esprit d'usurpation inhérent à l'autorité royale.

Plusieurs avaient prêché déjà ce républicanisme de sentiment, qui ne consent à obéir à un homme que *lorsqu'il parle au nom de la nation, et que son langage est celui de la loi* (1).

---

cipes. Aussi l'histoire, qui voudra être indulgente pour leurs intentions, sera bien forcée de les justifier aux dépens de leur intelligence et de leur caractère.

(1) C'est une thèse souvent débattue, et qui est la conclusion la plus ordinaire de Garat, et des écrivains du *Modérateur* des *Nouvelles politiques*, etc.

Il était réservé à d'autres temps, à une expérience plus mûre, à une génération moins surprise que celle-ci par les événements, de creuser les questions politiques sous lesquelles se cachent toutes les solutions sociales.

Mais à ce moment même on avait pressenti par quel artifice aussi simple qu'il est profond le principe de l'élection peut servir à décomposer et recomposer tous les ressorts d'une organisation qui répare par l'égalité sociale les inégalités naturelles; on avait deviné comment l'indépendance individuelle, loin d'être un obstacle à la hiérarchie des gouvernements, devient par le même principe la plus noble et la plus incontestable sanction de la soumission et de l'obéissance aux magistrats; comment l'agitation nécessaire de l'industrie, loin d'être un moyen de fortune pour un petit nombre, doit être une source d'aisance pour tous; comment, avec le mobile de la morale, on fait graviter tous les instruments de production vers la félicité commune; comment alors la propriété, récompense légitime du travail, au lieu de s'accumuler et de rester stérile aux mains de l'égoïsme, semblable à ces immenses réservoirs qui absorbent les eaux du ciel et ne rendent à la terre que des plantes marécageuses, à l'air que des miasmes empoisonnés, ressemble au contraire à ces canaux abondants dont les écluses s'ouvrent, et dont les eaux s'épanchent à propos pour répandre la fertilité, sinon d'une manière absolument égale, au moins de telle sorte qu'aucune partie du sol ne soit inondée, tandis qu'une autre languit desséchée et stérile.

Toutes ces questions, qui ont été l'objet des méditations de notre âge, étaient l'objet des espérances de notre première révolution.

Mais comment les traiter quand la terre tremble, quand toutes les têtes sont troublées, quand la ville n'est remplie que de magasins d'armes, la journée que de bruits de guerre ou de soupçons de trahison ; quand, cernée de toutes parts, et par la ruse et par la violence, cette révolution se défend seule, obligée d'invoquer à son aide le fanatisme du courage, qui vient à la suite du fanatisme de la patrie ?

Ainsi n'attendez plus des théories et des discussions.

La presse est un tambour qui mène à la frontière, un tocsin qui sonne l'alarme. Elle est défiante, quelquefois à l'excès, injuste aussi comme l'exaltation du moment. Gare aux traîtres ! gare à l'étranger ! plus de clémence ! plus d'abandon ! Les généraux ont déserté, les hommes sur lesquels on avait compté tournent leurs armes contre la république.

La contre-révolution guette nos défaites et sourit à nos malheurs. Trop poltronne pour oser combattre à l'intérieur tête levée, elle sème les vagues inquiétudes, excite les amours-propres, couve et fait éclore tous les germes de division malheureusement contenus dans toute association humaine.

Ainsi parle la presse, ébullition permanente d'un peuple que tant de mécomptes ont déjà rendu soupçonneux, et qui, mû par l'instinct de ses grandes destinées, se précipite dans tous les hasards d'une guerre universelle, et en même temps dans toutes les réformes sociales qui doivent préparer pour ses enfants le temps du repos.

Demandons à la presse elle-même de nous révéler quels étaient, à ce moment, son langage et son énergie.

Voyez par exemple si l'article suivant ne ressemble pas à une de ces harangues écrites sur le champ de bataille et en face de l'ennemi (1).

(1) Cet article est extrait de l'*Orateur du peuple*, 6e vol., p. 225, journal presque exclusivement destiné au peuple de Paris, qui alors, comme toujours, donna l'exemple de tant de bravoure, et d'un enthousiasme patriotique si expansif.

Parisiens, tenez-vous plus que jamais sur vos gardes; les patriotes sont vendus : ce n'est pas chose nouvelle; il s'agit de les livrer, et jamais il n'y eut tant de concert pour dire et répéter que la livraison commencera le mois de juin. Tout se prépare pour cela. A peine un très-petit nombre d'écrivains osaient-ils fatiguer vos oreilles de ces sages avertissements! ils prêchaient seuls dans le désert : c'était à qui les accuserait d'exagération et de malveillance. Et aujourd'hui, de tous les points de l'horizon, l'Europe vous crie avec eux que vous ne pouvez échapper à une guerre longue et sanglante; et aujourd'hui les journaux les plus modérés et les plus timides s'accordent à sonner le tocsin patriotique à la vue des conjurations publiques ou secrètes dont la France est menacée. Le voile qui les couvre encore va se déchirer avec fracas; l'univers attend impatiemment le choc des dominations et des trônes contre un peuple belliqueux, magnanime et libre. Cette époque nouvelle doit être celle de votre gloire ou de votre ignominie. Elle apprendra aux nations, par l'énergie que vous mettrez à la défendre, si vous étiez vraiment dignes de la liberté. Elles sauront aussi, ces nations infortunées, nageant dans la nuit de l'esclavage, si elles peuvent espérer du succès de vos armes contre leurs tyrans de voir bientôt luire sur elles l'astre de votre révolution. Redoublez donc, Français, d'enthousiasme pour elle, d'ardeur pour la liberté, de fureur contre vos ennemis! Voyez leurs apprêts sans pâlir! Que vos corps soient les vivants remparts de la constitution! Moquez-vous de leurs têtes de morts, de leurs devises et de leur uniforme de *Crispin!* Laissez-les venir, tête baissée, affronter le fer de vos lames! Qu'aucun n'échappe à vos coups! Purgez la terre de tous les *Catilina* qui veulent infecter l'air que vous respirez! Qu'ils soient cinq cent mille hommes : vous êtes Français, vous êtes libres; vous les envelopperez au milieu de cinq ou six armées, et vous les taillerez en pièces.

Est-ce que le feu ne monte pas à la tête, après d'aussi brûlantes paroles!

Voyons maintenant, dans *le Journal de la Convention* (1), quelle était la situation de la république en 1793 :

(1) Il eut plus tard pour titre *Journal de la Montagne*; et, après que la feuille publiée par la société des Jacobins eut cessé d'exister,

Que se passe-t-il aujourd'hui dans la république ? C'est avec la plus vive douleur que nous en faisons l'aveu ; mais cet aveu, la vérité nous l'arrache. Sur tous les points de la république, l'aristocratie et le modérantisme, l'une à force ouverte, l'autre par une fausse et trop coupable pitié, veulent nous contraindre à transiger avec les ennemis jurés de la liberté, de l'égalité et du peuple. D'une extrémité de la France à l'autre, les plaintes et les réclamations retentissent contre les perfides menées de ces enfants ingrats, ou plutôt de ces monstres qui, pour faire triompher les chimériques et absurdes prétentions de l'orgueil, de la vanité, de l'amour-propre, de l'ambition et de l'avarice, arment déjà leurs bras parricides, sont prêts à porter le fer et la flamme dans le sein de leur patrie et à poignarder leur mère. Voilà la vérité. Ce n'est pas assez que de la dire, il faut la prouver, la rendre en quelque sorte palpable aux plus incrédules ; et c'est pour les en convaincre que nous rassemblons ici tous les renseignements, toutes les plaintes et les réclamations qui nous arrivent en foulent des départements, sur l'insolente audace avec laquelle les aristocrates et les modérés semblent de toute part voler à un triomphe assuré sur les patriotes et les francs républicains. Nous allons former de tous les documents qu'on s'empresse de nous adresser sur ce point un faisceau de lumières, qui en nous éclairant sur les complots de ces éternels conspirateurs, mettra à même de prendre les grandes mesures que sollicitent les circonstances et l'impérieuse nécessité de réduire une bonne fois les perfides ennemis du peuple et de la république à l'impuissance absolue de leur nuire.

Les preuves annoncées par ce journaliste ne sont que trop claires et trop abondantes.

Sur tous les points du territoire, l'aristocratie multiplie les embarras, sème les défiances, inquiète le patriotisme, envenime les haines, prépare les réactions, appelle l'étranger, organise les correspondances qui doivent lui livrer les moyens d'attaque les plus sûrs, et achète enfin la trahison qui doit rendre la victoire facile.

il rendit compte des débats de cette société. Voyez à ce sujet, et pour tous les détails bibliographiques, la *Bibliographie des journaux* de Deschiens.

Chaque jour elle présente la France comme désunie, désordonnée, faible et sans haleine : c'est une proie pantelante que l'ennemi pourra saisir en étendant la main; un peuple hideux, qui, après avoir rompu toutes les artères sociales, perd le reste de ses forces dans des convulsions qui figurent la vie et qui ne sont que le galvanisme du cadavre.

C'est alors qu'attaquée de toutes parts, la révolution s'arme d'une énergie formidable.

Alors aussi toute la presse se déchaîne; et, après avoir mis en relief tous les symptômes du mal, elle en fouille la profondeur, et n'est pas moins hardie pour en indiquer le remède.

A l'époque historique dont nous parlons, le peuple de Paris, ce peuple révolutionnaire jusqu'à la moelle de ses os, s'est choisi un organe qu'il aime, qui s'appelle son *ami*, et dont il ratifie le titre (1); organe dont il écoute les conseils, dont il souffle les inspirations, dont il fait rugir la colère.

Entre toutes les feuilles qui se publient, celle-ci est lue de préférence, et nulle autre n'exerce une influence égale sur les instruments révolutionnaires les plus actifs.

Depuis le mois de septembre 1789 jusqu'au 13 mars 1793, il n'est pas un événement important, une seule agitation populaire, qui n'apparaisse là dans ses motifs, sa cause et son but.

Nous n'avons besoin de déguiser aucune responsabilité et nous pouvons parler avec franchise.

Dans le *Publiciste* comme dans *l'Ami du peuple* (2), l'appel aux supplices est l'argument le plus fréquent et la

(1) *L'ami du peuple*, par Marat.
(2) Ce sont les deux titres du journal de Marat.

conclusion infatigable de presque toutes les pages. Les terribles représailles d'un peuple longtemps comprimé et décimé par la tyrannie y sont préconisés comme un devoir, louées comme des vertus, et appelées avec une persistance chaque jour plus acharnée. On dirait une fatalité vengeresse frappant sans pitié parce qu'elle a dans les mains les arrérages de huit siècles ; frappant fort et vite, parce que le danger est grand, et parce qu'il faut aussi que la révolution, ayant une fois réglé ses comptes avec l'ennemi, puisse travailler paisiblement dans l'avenir à régulariser son action, libre enfin de toute entrave, et dégagée de toute souillure.

Un grand nombre de patriotes ont été jetés par leur dévoûment, leur conscience et la puissance même de leurs principes, au plus fort de la mêlée sanglante !...

Aucun ne fut comme Marat présent à chaque combat ; solidaire de tous les coups portés, aucun ne vit plus froidement saigner les blessures, aucun n'eut tant d'excuses pour tous les emportements. Aussi longtemps qu'il a vécu, il est resté sur le champ de bataille, toujours attentif, toujours défiant, faisant vibrer sa parole âpre, heurtée, retentissante, mais d'un effet bien moins semblable à celui de la lave qui tonne qu'au bruit effrayant et sourd de l'acier qui tombe !

Je n'oserais dire si la république dut se féliciter ou gémir de tels services. Ce que je sais bien, c'est qu'il n'est pas de mémoire capable de supporter un tel fardeau.

Un peuple y suffit ; un homme en est accablé.

Alors même que la logique l'absout, et que le drame du jour l'explique, la sympathie humaine le condamne.

Et qu'on n'aille pas croire néanmoins à tous ces lieux communs qui présentaient Marat comme un antropophage au teint cuivré, à l'œil hagard, plus digne d'habiter une caverne qu'une société civilisée.

Déclamations puériles! Marat n'était ni un ignorant, ni un insensé. Des travaux sérieux et d'une fort grande importance avaient précédé sa carrière politique (1); comme

(1) Nous donnons ici le nom de quelques uns des ouvrages scientifiques de Marat. Voltaire rendit compte avec assez peu de faveur de son livre sur l'influence réciproque de la matière sur l'intelligence et de l'intelligence sur la matière. Il est vrai que Marat s'était attaqué, dans ses autres écrits, à un rude joûteur : c'était Newton. Il ne prétendit rien moins que de renverser son système, et il attaquait en même temps, quoique indirectement, les lois de Képler, qui ont servi de base à Newton. Cette hardiesse eut peu de succès : cependant il y avait dans les expériences présentées par Marat, et dans les déductions qu'il en tirait, des preuves suffisantes de talents pour que les savants crussent devoir s'occuper très-sérieusement de ses découvertes. Laplace en parle avec un grand dédain dans l'Histoire des mathématiques de Montucla (p. 513). Ce jugement est venu après coup, et le renom de l'homme politique a certainement réagi sur le savant. Au reste soyons fiers, pour l'honneur de l'humanité, que les tyrans soit plus faciles à détrôner que le génie!

Voici le titre des ouvrages de Marat :

De l'homme, ou des principes et des lois de l'influence de l'âme sur le corps et du corps sur l'âme. Amst., 1775, 3 vol. in-12.

Les chaînes de l'esclavage. Edimbourg, 1774, in-8.

Découvertes sur le feu, l'électricité et la lumière, constatées par une suite d'expériences nouvelles, vérifiées par les commissaires de l'Académie des sciences. 1779, in-8.

Recherches physiques sur le feu. 1780, in-8.

Découvertes sur la lumière. Londres; réimprimé en 1782.

Recherches physiques sur l'électricité. 1782.

Ces trois ouvrages ont été traduits en allemand.

Recherches sur l'électricité médicale, couronnées par l'Académie de Rouen. 1784, in-8.

L'optique de Newton. 1787.

Observations à l'abbé Saas sur la nécessité d'avoir une théorie solide et lumineuse avant d'ouvrir boutique d'électricité médicale.

médecin, il avait été témoin de toutes les souffrances qu'entraîne après elle la misère, et il avait vu toujours la misère compagne inséparable du travail.

Le sentiment de cette injustice l'avait possédé tout entier. Ce fut donc à la multitude laborieuse qu'il voua sa vie; et aussitôt que la liberté lui donna l'espérance de réformer ces abus, il se jeta dans ces voies nouvelles avec un élan que les résistances rendirent plus impétueux.

Il se fit le prêtre de la foule; et dans ce sacerdoce comme dans l'autre, le fanatisme pousse souvent hors de la borne de l'équité.

On est d'autant plus cruel qu'on a plus de foi. On agit pour le peuple avec la même sécurité que pour Dieu. Derrière ces deux majestés toutes-puissantes, il semble que le zèle, même coupable, a toujours le droit d'inviolabilité. On n'a jamais peur d'aller trop loin, parce que la ligne est droite; on ne craint jamais de trop faire, parce qu'on est convaincu qu'on ne peut faire mal.

Erreur fatale, qui a immolé tant de victimes, dressé tant de bûchers, et fait tant de sacrifices humains sur les deux autels qui devaient toujours être les plus purs : celui du peuple et celui de Dieu.

Du reste, il est facile de raisonner paisiblement quand autour de soi tout est tranquille.

Dans le passage régulier et monotone des jours et des nuits, on ne se souvient guère des tempêtes qui ont bouleversé les éléments; mais quand tout craque à la fois dans une société, et qu'il faut précipiter les ruines pour n'en être pas écrasé soi-même, au milieu des ténèbres et de la

Notions élémentaires d'optique. 1784, in-8.
Mémoire académiques des nouvelles découvertes sur la lumière relatives aux points les plus importants de l'optique. 1788, in-8.
Les charlatans modernes. 1791, in-8.

confusion d'une telle crise, n'est-ce donc rien que de rester ferme, inébranlable dans ses convictions, alors même qu'elles ouvrent pour vous le tombeau, et pour votre nom un abyme d'où l'histoire ne pourra vous retirer que taché de sang?

C'est là toute la destinée des hommes révolutionnaires. Et ils l'ont vu, et ils l'ont proclamé eux-mêmes, et ils ont dit : « Il n'y a de sommeil qu'au milieu des vers du sépulcre ; » et ils ont su que même le sépulcre ne serait pas la paix pour eux, que leurs cendres seraient jetées au vent, qu'on raserait leurs maisons et qu'on y sèmerait du sel comme sur les terres maudites ; ils ont deviné que toute une génération serait imprégnée des mêmes préjugés, répéterait les mêmes imprécations, qu'elle livrerait à ses enfants les traditions de sa haine, et qu'un demi-siècle ne suffirait pas à briser ce testament d'ingratitude.

Ils l'ont vu, et ils ont dit : « Marchons!... » bravant ainsi tous les périls à la seule voix de leur conscience.

Amour de l'humanité ! jusqu'où pouvez-vous donc pousser la puissance de l'abnégation personnelle !

La presse fut à ce moment ce que fut le gouvernement suivant l'expression de Saint-Just ; *un combattant sur la brèche.*

Rien n'est animé, palpitant comme le langage des journaux pendant ces terribles luttes.

Malheureusement elles se font bientôt au sein même de la Convention, entre deux partis rivaux, acharnés l'un contre l'autre.

Les trente années qui ont suivi le 9 thermidor, la première de toutes les réactions, n'ont que trop prouvé de quel côté étaient les appréhensions les plus justes et les vues les plus saines sur les danger à combattre et les ennemis à écraser.

Mais, sitôt que la division se fut mise entre la Gironde et la Montagne, la presse, traduisant chaque matin les passions opposées, dressait en quelque sorte l'acte d'accusation du côté droit contre le côté gauche, et du côté gauche contre le côté droit (1).

Hommes de la liberté, prenez-y garde ! L'aristocratie est toujours là, aussi vivace que l'égoïsme et la corruption. L'aristocratie de la fortune, déjà née et encouragée par vos discordes, se substitue à la vieille aristocratie nobiliaire, morte sous le feu roulant du ridicule, comme sous la hache du bourreau.

La victoire suit les drapeaux de la république, déçue de ses espérances à l'étranger la trahison redouble de rage à l'intérieur.

Un parti se forme, qui peu à peu grandit dans l'ombre, s'étend, se ramifie jusque dans le sein même de la convention.

C'est contre Robespierre que sont dirigées toutes les attaques.

On croit ne frapper que lui et son système : on porte un coup profond à la révolution tout entière; et cette réaction, qu'on n'a voulu tenter que contre la terreur, c'est au profit

---

(1) Quand Brissot tient la plume dans *le Patriote français,* il dénonce à l'indignation publique le système des Montagnards. Le lendemain, *le Journal de la Montagne* prend sa revanche, et montre tout ce qu'il y a d'astuce et de pauvreté dans les idées de la Gironde. Les uns et les autres se menacent et s'accusent de ne pas aimer la république qu'ils ont fondée de concert. Je ne juge pas; ici, je raconte; et j'aurais cité encore, si déjà je n'avais trop cité. Cependant j'invite ceux qui doutent que la Gironde ait eu l'intention de tuer les hommes de la Montagne à recourir à ces sources-là; ils y trouveront des faits fort curieux, et dont l'histoire n'a pas encore tiré parti.

de la contre-révolution, terroriste à son tour, qu'on vient de l'accomplir.

A peine s'est-elle faite, que toute la poussière du passé se ranime, reprend un corps, retrouve la voix; et cette presse insolente, un instant muette, éclate de tous les côtés à la fois, agite toutes les colonnes d'air, substitue les calomnies de la haine à la vérité de l'histoire, et prépare enfin le règne du despotisme. Que ceux qui s'étaient dévoués à l'injustice se préparent aux outrages ; que ceux qui avaient compté boire le calice de l'ingratitude voient se déchaîner contre eux toutes les fureurs.

A vous, jacobins, qui avez si énergiquement poursuivi les partisans de l'étranger, à vous les premières injures, maintenant que vos meilleurs amis sont morts, et qu'on peut vous injurier sans danger.

Un temple est élevé à la licence au milieu de Paris; les autels y sont desservis par une foule d'adorateurs incendiaires, et les dénonciations sont l'encens qu'on offre à cette hideuse divinité. Tout ce que le crime a de plus abject, ce que l'injustice a de plus révoltant, ce que l'intrigue a de plus vil, s'y trouve concentré et y fermente avec ébullition. Les passions y sont flattées, les goûts de la multitude y sont carressées avec complaisance, et les forfaits y sont voilés sous le prétexte spécieux du bien public.

La calomnie est la monnaie courante du pays, l'audace est un sûr passeport pour entrer sur cette terre déshonorée, et les menaces sont le pouvoir exécutif de cette aggrégation anarchique.

La liberté a abandonné aux furieux ce lieu, où jadis elle était adorée.

Les écrits dictés par la raison ou le patriotisme y sont lacérés et brûlés au milieu des vociférations des cannibales abâtardis. *Ces singes-tigres voudraient nous faire regretter le despotisme*, puisqu'ils enchérissent à l'envi sur ses monstrueuses conceptions (1).

(1) Voici une épigramme qui est de la même époque et qui est d'un homme que nous avons retrouvé en 1815 au service des vio-

Sous de telles inspirations, la proscription, la mort, viennent atteindre les patriotes sur tous les points de la France.

Écoutons le cris de Babœuf, dans son *Tribun du peuple;* l'énergie de ces paroles n'exprime encore que faiblement l'énergie des persécutions :

> Tout est consommé. La terreur contre le peuple est à l'ordre du jour. Il n'est plus permis de se parler; il n'est plus permis de lire; il n'est plus permis de penser.
>
> Il n'est plus permis de dire que l'on souffre; il n'est plus permis de répéter que nous vivons sous le règne des plus affreux tyrans.
>
> Il n'est plus permis d'exprimer la douleur, quand nos bourreaux nous déchirent sous les tenailles, quand ils arrachent par lambeaux nos membres palpitants; il n'est plus permis de demander à ces barbares des tortures moins atroces, moins de raffinement dans les genres de supplices, une mort moins cruelle et moins lente.
>
> Il n'est plus permis d'obéir à la nature, qui commande la crispation des membres, l'altération des traits, à l'épreuve des angoisses qui résultent des plus horribles tourments.
>
> Il n'est plus permis de s'écrier que la législation de Constantinople est extrêmement modérée et populaire, auprès des ordonnances de nos souverains sénateurs.
>
> Il n'est plus permis d'épancher le désir que Dracon vienne nous gouverner en lieu et place de nos absolus du jour.
>
> Il est ordonné de laisser le gouvernement affamer, dépouiller,

lences et des assassinats de la restauration, Martainville. C'est toujours le même système et le même cynisme que celui de l'aristocratie du *Journal des halles.*

> Fraternisons, chers Jacobins;
> Long-temps je vous crus des coquins
>   Et de faux patriotes.
> Je veux vous aimer désormais;
> Donnons-nous le baiser de paix;
>   J'ôterai mes culottes.

enchaîner, torturer, faire périr le peuple, sans empêchement, obstacle ni murmure.

Il est ordonné de louer, d'admirer, de bénir cette oppression, et d'articuler qu'il n'y a au monde rien de si beau et de si adorable.

Il est ordonné de se prosterner devant le code atroce de 1795, et de l'appeler loi sainte et vénérable; et il est ordonné de maudire le pacte sacré et sublime de 1793, en l'appelant lui-même atroce.

Sommes-nous bientôt las de tant de vexations? Puisqu'il n'est plus de termes où l'on puisse concevoir que nos dominateurs s'arrêteront d'eux-mêmes, nous demanderons, nous, quel est le terme que nous voulons convenir qu'ils ne dépasseront pas? (*Floréal an 4.*)

Ces accents de douleur sont dénoncés comme les regrets de l'anarchie.

Mais les nouveaux gouvernants eux-mêmes sont effrayés du débordement des réactionnaires. Ils s'aperçoivent que les opinions monarchiques les envahissent. Des clubs sont formés, où ces opinions sont professées et présentées comme le seul vœu de la France. Les élections se font dans plus d'un endroit sous des influences semblables. La jeunesse dorée et les compagnies du midi promènent une sorte d'armée vendéenne dans tout le pays. Il n'y a plus de sûreté pour les patriotes, au sein d'une révolution commencée par eux, et par eux victorieuse.

Et tous ces essais, trop puissants déjà, de la contre-révolution, conduisent enfin au décret du 18 fructidor, mesure de violence comme il en échappe toujours à la faiblesse.

La presse est suspendue. Les feuilles existantes n'ont plus leur libre allure.

Le lit du despotisme se fait peu à peu; et la renommée des camps annonce et recommande celui qui héritera de toutes les dépouilles de la liberté.

§ III.

Ceux qui avaient vu la préface du consulat connaissaient déjà tout le livre de l'empire.

Marengo pouvait faire attendre Austerlitz. La part de la gloire sera toujours belle.

Mais le dix-huit brumaire est le premier anneau de la plus lourde chaîne qui jamais ait été forgée pour la nation.

Attendez-vous donc au mutisme du corps législatif, à la ruine des associations, à l'oppression des patriotes, à la censure des théâtres, aux ravages de la conscription, à la renaissance enfin de l'aristocratie.

Il se prépare une époque étourdissante de prestiges, époque de surprise et d'effroi pour le continent, époque d'abrutissement pour la France.

Toutes les expressions de l'intelligence sérieuse et préoccupée d'avenir sont étouffées.

Toute la littérature du jour est au feuilleton; le drame et la poésie sont thuriféraires.

Quant à la presse politique, c'est l'épée qui s'est encore réservé ce monopole. Elle s'en sert à écrire de magnifiques bulletins, comme si ces notes prises par le génie pour les siècles devaient désormais suffire à l'esprit humain parce qu'elles rassasiaient l'orgueil national.

L'histoire de ce temps est coulée en bronze : élevée, sublime, mais immobile et monotone ; et au-dessus de ses spirales muettes, un homme !...

Un seul, foulant à ses pieds toute une armée de braves !

Et de nos jours (il faut bien que je l'écrive quelque

part), on a rétabli au sommet de la colonne cette statue qui n'avait pas besoin d'y être pour que tout le monde y pensât.

On a ainsi brisé tout ce qu'il y avait de noble et de vraiment grand dans cette idéalité puissante, où l'honneur du capitaine ne perdait rien, où la grandeur nationale retrouvait ses titres.

Est-ce qu'il n'était pas plus éloquent mille fois, ce bronze de l'ennemi, quand il vous parlait des efforts, des sacrifices et de l'héroïsme de toute une armée ?

Il faudra donc que le despotisme se survive jusque dans les monuments ?

Au lieu de Napoléon, le général de ces braves qui faisaient courir notre drapeau jusqu'au bout du monde, vous ne me rappelez plus que Napoléon l'empereur, se faisant porter par ses soldats pour devenir le gendre de l'Autriche et le cousin des autocrates. Ma pensée le relevait et lui donnait sa place naturelle, quand la colonne nous rappelait toutes ces gloires ainsi confondues. Dès que vous le mettez en relief, vous matérialisez la sienne, et, d'un hommage volontaire, vous faites une flatterie dont je ne veux plus.

Les peuples libres doivent-ils donc être offerts en hécatombe à un homme !

Et sommes-nous à ce point déchus, que nous ne sachions comprendre avec quelle prudence il faut éviter toujours d'élever les générations dans ce fétichisme de telle ou telle grandeur personnelle ; au lieu de leur apprendre, par les monuments comme par les livres, qu'il n'y a de vraie grandeur que celle qui profite à l'humanité.

Le martyre de Sainte-Hélène, infligé par les rois à Napoléon, que le peuple seul devait punir, a fait tourner aujourd'hui toutes les sympathies vers son infortune.

Puis on a vu disparaître avant le temps cet enfant couronné au berceau et salué de tant d'acclamations ; et l'on sait qu'une nombreuse famille languit éparse, errante sur tous les points du monde.... ; et l'on s'est ému !

Oui ; mais il faut aussi reconnaître l'enseignement sévère que recèlent tous ces malheurs.

La providence de la révolution a été juste dans ses châtiments.

Ce fils parricide, elle l'a poussé à toutes les extravagances de l'ambition.

Il étouffait en Europe : on l'a jeté au milieu de l'Océan, et cet infini a dévoré l'autre. Il avait fait d'un enfant un roi : et ce roi est mort colonel au service de Metternich. Il avait voulu fonder une nouvelle dynastie des Bonaparte : et les Bonaparte, qui auraient été des citoyens utiles, ne sont plus que des proscrits recommandés à toutes les polices et inconnus du peuple.

Et qui donc oserait aspirer désormais à lutter avec la révolution, quand les reins de Napoléon ont été brisés par elle, quand tous les siens gémissent frappés du sceau réprobateur comme la race de Caïen, quand ils portent en tout lieu le signe de l'exil, quand cette espèce de déportation universelle a pour exécuteurs ceux mêmes avec lesquels Napoléon avait fait alliance !... Après des vengeances si éclatantes, si solennelles, quel homme serait assez insensé pour espérer faire impunément un nouvel essai de contre-révolution !...

N'entendez-vous pas les quarante années, nos contemporaines, crier à cette heure leur effrayant résumé :

SUPPLICE DE LOUIS XVI, LE PARJURE !
SUPPLICE DE NAPOLÉON, LE PARRICIDE !

Exil et misère des Bourbons !
Exil et misère des Bonaparte !...

Faut-il encore des exemples et des leçons !

Il y en aura, soyez-en certain. Je ne sais pas quand, mais la chose est écrite : car rien ne prévaudra désormais contre la révolution, et la justice du peuple est éternelle !

Il s'est fait un grand silence de la presse sous l'empire. Toutefois il y a des journaux.

Il en est un surtout dont l'histoire peut nous conduire jusqu'au moment où nous écrivons.

Modeste et presque sans couleur, il traversa les jours d'orage de la révolution, en se bornant à donner le récit exact des séances des assemblées législatives (1).

Barrère l'avait fondé ; Louvet et d'autres girondins le rédigèrent ensuite, et enfin la contre-révolution s'en empara pour en rester maîtresse.

---

(1) *Journal des Débats et des Décrets*, in-8°, jusqu'au mois de pluviôse an 8.

Commencé le 27 août 1789 ; précédé d'un volume intitulé : *Journal des Débats et Décrets*, ou Récit de ce qui s'est passé aux séances de l'Assemblée nationale depuis le 17 juin 1789 jusqu'au 1er septembre de la même année.

Le 3 pluviôse an 8, in-4°, sous le titre de : *Journal des Débats, et Lois du pouvoir législatif et des actes du gouvernement*.

Lorsqu'il adopta, en l'an 8, le format in-fol., il inventa le *feuilleton*, que les autres journaux ont adopté depuis ; il donna les nouvelles politiques et celles des théâtres.

Du 27 pluviôse an 13 (16 juillet 1805) jusques et y compris le 31 mars 1814 : *Journal de l'Empire*.

Du 1er avril 1814 au 21 mars 1815 : *Journal des Débats politiques et littéraires*.

Du 22 mars au 7 juillet de 1815 : *Journal de l'Empire*.

Depuis le 8 juillet 1815 jusqu'à ce jour : *Journal des Débats politiques et littéraires*. (Voyez Deschiens.)

Dans le silence de toute liberté, sous l'empire, il s'était voué à l'examen des productions des arts, des sciences et des lettres ; et la réaction filtrait par ce milieu, réaction que le pouvoir secondait, car elle était selon ses vues.

Ainsi la révolution était attaquée dans l'une de ses causes, ou plutôt dans sa seule cause génératrice, le dix-huitième siècle et les feuilletons de Geoffroy étaient un pamphlet continuel contre Voltaire.

Dans les arts on se prenait à Talma ; dans les lettres, à Lemercier ; dans les sciences, au docteur Gall ; trois révolutionnaires pour le théâtre, le drame et l'anthropologie.

Mais s'il surgissait quelque fadeur d'un homme de police, un poëme d'Esménard, par exemple ; ou des romances de M. Baour-Lormian ; ou des vers didactiques de M. de Fontanes, courtisan né de tous les pouvoirs, l'encens brûlait aussitôt sur le réchaud du critique. L'abbé Feletz sacrifiait Horace, son cher Horace, à une notabilité de l'empire. Hoffman oubliait ses traits sanglants et son esprit amer pour ne respirer que l'anémone, et Geoffroy ne sentait plus sur ses joues flétries les cinq doigts du grand acteur.

De temps en temps toutefois, quand les espérances souterraines de Louis XVIII avaient quelque motif plausible d'encouragement, lorsque M. Royer-Collard venait raconter au secret conciliabule les chances de quelque petit succès bourbonnien, alors on glissait incognito dans un feuilleton une ou deux phrases qui, aux yeux des ennemis, dont l'œil est toujours si vif et si prompt, pouvaient passer pour une allusion hardie.

Mais bientôt les succès sont éclatants ; l'étranger voit tourner la fortune. La trahison, qui depuis vingt ans s'est incessamment recrutée des aristocraties vieilles ou jeunes, réunit toutes ses forces, et la défaite de nos armées est la chute même de cet homme que le peuple ne défend plus, parce qu'il sent que sa cause n'est plus celle du peuple.

Vient la RESTAURATION, admirable mot qui est un principe et une histoire.

Principe incomplet pourtant, histoire détournée de ses traditions. Non pas Louis XIV avec son règne absolu, non pas Louis XV avec ses débauches, non pas Louis XVI et sa démocratie royale, mais Louis XVIII et sa déclaration de Saint-Ouen, les Bourbons avec leur charte.

L'étranger les ramène, le pandour les impose; et pourtant ils sont obligés de fléchir devant *le besoin des lumières et le progrès des temps* (1). Ils se disent rois depuis vingt années; mais cette insolence n'est qu'une étiquette, et pour se faire accepter du pays, il faut qu'ils lui promettent la liberté. Ils ont fait pendant tout le temps de leur exil une guerre acharnée aux principes révolutionnaires; et bon gré mal gré, pour s'asseoir un jour sur ce sol de bitume, ils passent sous les fourches caudines de la révolution, et proclament eux-mêmes les droits de la conscience, de la parole, du vote des impôts, de la discussion libre; et ils livrent eux-mêmes l'arme qui doit servir à les briser de nouveau.

Mais écoutez les *Débats*.

C'est maintenant que les allusions vont se changer en invectives. Le grand homme de la veille n'est plus aujourd'hui qu'un tigre, qu'un ogre de Corse, le fléau de l'humanité. Entendez-vous ces chants, ces hymnes : c'est le père de la patrie, le descendant de saint Louis qui va ren-

---

(1) Expressions de la déclaration de Saint-Ouen, répétées aussi dans le préambule de la Charte de 1814.

trer dans la capitale. Où trouver des expressions pour exprimer l'enthousiasme qui possède les écrivains ! Toutes les vertus sont revenues sur le trône avec Louis XVIII ; toute la grâce et toute la bonté se sont incarnées dans la fille du roi-martyr.

Cependant le tigre s'échappe tout à coup et parvient aux Tuileries au milieu du cortége de ses soldats : dernière lueur d'une étoile qui s'éteint.

En 1815, en effet, on ne trouva plus ce génie aventureux qui avait fait les fabuleuses campagnes d'Egypte et d'Italie, mais un empereur devenu obèse et pâteux, qui passait avec toute l'insouciance du bourgeois la revue de sa *belle et bonne* garde nationale.

Les jours étaient marqués. L'émigration fit un voyage trop court à Gand ; et cette fois seulement M. Bertin fut forcé de se montrer fidèle.

Waterloo le rendit à ses affections et à son journal.

Mais alors la flatterie ne fut pas ridicule seulement, elle devint féroce.

Tout ce qu'il y eut à cette époque d'assassinats politiques, de réaction et de fureur, fut encouragé, prôné, provoqué ou vanté par la feuille de M. Bertin. Ney, Labédoyère, Mouton-Duverney, avaient subi ses injures avant de recevoir la mort. Auxiliaire des réquisitoires, pourvoyeuse des cours prévôtales, sa feuille fut dignement secondée dans ses opinions par *la Quotidienne, le Drapeau blanc*, et par tous les autres organes de la faction contre-révolutionnaire, heureuse enfin de pouvoir, sous la protection des Cosaques, donner carrière à ses vieilles rancunes, à ses insatiables ressentiments.

Ces choses sont d'hier ; les souvenirs n'ont pas besoin d'être rappelés avec détail. La tactique de la presse contre-révlutionnaire est toujours la même, et son langage s'est à pe ne modifié.

Toutefois ce n'est ni par conviction ni par entraînement que les écrivains *des Débats* s'abandonnent à des emportements sans mesure. Leurs passions ne sont pas de celles qui ont une excuse dans la profondeur de la conviction ; leur dévoûment n'a rien d'héroïque, et ils ne sont pas au nombre de ces catéchumènes sincères qui bravent tous les risques pour professer leur foi.

Ils ont pris pour règle cet axiome d'un philosophe appliqué à l'égoïsme : *Il faut vivre et survivre.* Tous les gouvernements ont du bon ; et il n'en est pas un seul qu'on ne puisse parfaitement soutenir, pourvu qu'il paie. L'achalandage est en raison du métal, et partant la variabilité des opinions et des discours n'est plus mauvaise foi de publiciste, mais fidélité du marchand.

Que sont la fermeté, la franchise? — Des périls inutiles.

Qu'est-ce que la conscience ? Une denrée qu'on tarife suivant le talent.

Mais la flétrissure s'attache à la corruption !

Oui, mais la corruption est contagieuse; et il semble que l'on échappe à la flétrissure en la répandant. La corruption du cœur a d'ailleurs une forme moins repoussante ; c'est le sophisme de l'esprit, et la honte n'est plus rien quand la corruption passe des sentiments dans les idées. Or, pour la corruption des idées, il faut la souplesse de langage; et tandis que, dans les feuilles qui sont l'expression d'une pensée vraie, on demande avant tout des hommes convaincus, ici, où l'on ne veut que des pensées fausses, on demande avant tout des hommes qui ne le soient pas. Leur direction n'est pas en eux, mais à ceux qu'ils servent. Prenez l'âme la plus gangrenée et le meilleur dictionnaire, vous aurez le type de la rédaction des *Débats*.

Cependant la liberté de la presse avait été reconnue, et

le premier essai d'opposition sérieuse fut fait par deux élèves de la philosophie du XVIIIe siècle, de caractère et d'esprit très-divers : l'un plus ferme et plus positif, l'autre moins raide et quelque peu doctrinaire ; le premier, légiste habile et publiciste éclairé ; le second, métaphysicien et économiste. MM. Comte et Dunoyer déposèrent dans *le Censeur* les premiers germes de ces doctrines si répandues plus tard ; doctrines incompatibles sans doute, puisqu'elles se circonscrivaient dans la *légalité* d'alors, mais qui devaient servir toutefois à réclamer une légalité différente.

En même temps on vit paraître, et s'accroître avec une rapidité prodigieuse, un journal politique qui ne demandait pas des lecteurs d'élite, mais qui s'adressait à des sympathies froissées, qui relevait le parti vaincu, et appelait à lui les intelligences les plus vulgaires, pourvu qu'en elles vibrât toujours le sentiment de l'orgueil national.

Ce fut une heureuse inspiration que la création de *l'Indépendant*. Comme l'histoire ne doit pas être injuste, elle dira que ce journal, devenu depuis *le Constitutionnel*, rendit les plus grands services, forma le parti *libéral*, rallia tous les mécontentements et disposa, sans le savoir, les premières lignes de bataille contre la monarchie bourbonnienne (1).

(1) Des causes de diverses natures firent une fortune rapide au *Constitutionnel*, journal tombé aujourd'hui à un degré de pauvreté intellectuelle si affligeant. En 1815, M. Carnot, étant ministre, avait pour secrétaire général M. de Saint-Albin, bien connu dans la révolution pour ses relations avec Danton, qu'il tient toujours à honneur de revendiquer. Il eut l'idée, avec quelques amis, de fonder *l'Indépendant* ; et, au lieu de demander des abonnements au ministre, il obtint de lui la permission d'imprimer tous les faits qui, dans la correspondance ministérielle, lui semblerait de nature à intéresser le public. Dans ce moment où les ennemis de l'étranger cherchaient un point de ralliement, et où la France en-

Ceux qui le rédigeaient n'avaient rien à demander au nouveau gouvernement, et ils en avaient beaucoup à craindre. C'était un mélange d'anciens conventionnels, de révolutionnaires énergiques, de censeurs impériaux, un amalgame qu'une haine commune rendait cohérent, mais qui, n'ayant au fond aucun principe arrêté de concert, ne pouvait se rencontrer qu'à l'ombre d'une neutralité protectectrice : c'était la charte.

Leur système, né de leur position même, devait consister à recevoir dans les rangs de leur opposition et à vanter tous les transfuges convertis ou non, purs ou impurs, pourvu que leur influence pût augmenter celle de leurs nouveaux amis. La date et la cause du volte-face n'y faisaient rien. Vous étiez hier encore le séide effréné des passions les plus honteuses de la restauration : entrez parmi nous, puisque ceux-là vous repoussent ; à un premier désir, nous vous tendons la main ; pour peu que vous arriviez avec une abondante aumône pour la chaumière de Clichy, vous aurez nos éloges, et si vous poussez le dévoûment jusqu'à verser publiquement des larmes pour les exilés du Texas, une médaille vous attend.

Comment auraient-ils été difficiles, les hommes que la restauration avait réunis là ? Est-ce qu'ils n'avaient pas, eux aussi, servi le despotisme et rempli sous l'empire les plus honteuses fonctions ? Quelle sévérité leur était permise et quel crime politique pouvait arrêter les nouveaux-venus au passage, quand les hommes du *Constitutionnel*, recruteurs du parti, tenaient, pour le former, le crible si large et si usé de leurs propres précédents.

tière désirait connaître l'état des affaires, ce journal répondit à un vœu général. Plus tard, il fut suspendu ; et, sous le ministère de M. de Richelieu, il prit le titre de *Constitutionnel*, titre admirable pour le moment où il fut choisi.

Aussi qu'arriva-t-il? L'opposition tout entière se fit à l'image du *Constitutionnel*. Quelques patriotes sincères et inconnus alors trouvèrent l'instrument utile. Ils s'en servirent et contribuèrent à le rendre puissant. Des hommes de talent allèrent lui demander de la réputation ; il leur en donna. Des roués précoces sollicitèrent des moyens de fortune : ils les lui empruntèrent.

Quant aux idées répandues par cette feuille, elles étaient de diverses couleurs, mélangées, bariolées, tantôt vraies, tantôt fausses, jamais complètes, rarement sincères.

Aussi le terrain des idées n'était pas celui que cultivaient de préférence les deux principaux rédacteurs de ce journal, MM. Étienne et Jay, et, toujours mal à l'aise quand il s'agissait de conviction, de franchise et de probité politique, ils se rejetèrent du côté des *intérêts et des besoins*.

Ces deux mots furent la devise de l'école ; à l'aide de cette matérialité bourgeoise, elle passionna la classe moyenne, et refit la plus triste et la plus mauvaise courbure de la sphère révolutionnaire que la restauration avait voulu briser, mais dont les parties, violemment disjointes, se rapprochaient peu à peu par l'effort des générations nouvelles.

La restauration n'avait plus qu'une ombre d'aristocratie : *le Constitutionnel* en montra la tendance. A moins d'être condamné à l'impuissance et au ridicule, cette aristocratie devait chercher à devenir riche. *Le Constitutionnel* menaça le pays de la dîme, et inquiéta tous les acquéreurs des biens nationaux. L'égoïsme fut saisi de vives alarmes ; il se fit d'abord suppliant et bientôt hostile.

Le Constitutionnel accepta donc la légitimité, c'est-à-dire qu'il renia la révolution française, faisant bon marché des principes, à condition qu'on laissât en paix les intérêts. Intelligence sans portée, qui ne voyait pas qu'en dépouillant un fait de sa cause, on lui enlève toute autorité, toute sanction du droit, qu'on le réduit ainsi à une conquête du temps et de la force, conquête contre laquelle la force présente et victorieuse peut espérer à son tour l'aide du temps.

Les principes révolutionnaires, cependant, plus vivaces que ne le soupçonnait *le Constitutionnel*, se faisaient jour dans tous les hommes sensés, et que la logique conduisait invinciblement jusqu'au dogme de la souveraineté populaire, seul dogme soutenable à une époque avancée de civilisation.

Les études historiques reprenaient faveur, et l'on comprit qu'il fallait arracher la science politique à cette triste comédie jouée chaque matin par l'auteur de *Joconde*.

A côté *des intérêts et des besoins du Constitutionnel*, d'autres défendirent la civilisation, c'est-à-dire le progrès des sociétés (1).

(1) La presse politique avait pris un grand développement. L'opposition et la contre-révolution n'avaient guère d'hommes distingués qui ne se servissent de cette arme pour faire valoir leurs systèmes ; et c'est un fait remarquable que, depuis quarante ans, c'est par la presse surtout que se sont recommandés les hommes d'état qui ont pris part au gouvernement, tant qu'il a eu une ombre de liberté.

La contre-révolution avait obtenu un grand succès par la création du *Conservateur*. L'opposition en eut un non moins éclatant par la création de la *Minerve*.

Deux hommes dominaient dans les deux camps : là bas, M. de Châteaubriand ; ici, Benjamin Constant. Le premier, qui eut assez de puissance dans son style pour ressusciter les morts, et qui jeta sur l'ossuaire de la noblesse et de l'émigration la magnifique tenture de sa parole ; grand poète, grand écrivain, publiciste sans idées, caractère malléable, immense vanité ; semblable enfin à ces beaux fleuves inégaux, sinueux, remuant leur propre

Les doctrinaires ne furent pas les moins ardents à se ranger sous ce drapeau; mais ils expliquaient la civilisation à leur manière.

Ils avaient inventé la légitimité; ils firent d'abord pivoter sur elle la roue immense qui favorise avec une rapidité si vive la circulation des idées émises et discutées par la presse. L'intelligence fut proclamée par eux souveraine; mais ils parquèrent l'humanité dans une telle organisation politique, que l'intelligence ne trouvait ni des moyens faciles de développement, ni des occasions certaines de succès. Avec ce système il fallait être assez heureux pour avoir de l'esprit sans éducation, pour faire valoir ses

vase, et charriant le mauvais limon du passé, sans oser toutefois en salir les fleurs venues sur de nouveaux rivages. L'autre, Benjamin Constant, ayant autant de souplesse, de finesse et de grâce que M. de Châteaubriand avait de pompe et d'éclat; tacticien consommé, qui fondait le gouvernement représentatif avec des principes de légitimité; tour de force incroyable, mais dont l'effet devait conduire l'opinion publique, qui ne fait pas de tour de force, à sacrifier la légitimité au gouvernement représentatif. Ce système de Benjamin Constant était l'expression naturelle de sa manière et de ses mœurs insinuantes et faciles.

Dans le *Conservateur* écrivait aussi, mais rarement, un jeune prêtre qui s'annonçait, avec une toute autre profondeur de pensée, un tout autre courage de logique, et une énergie de style surtout qui devait commander l'admiration à ceux même qui détestaient ses doctrines. Il s'appelait l'abbé de La Mennais, traducteur catholique de Jean-Jacques le protestant. Il fut très-moqué de la littérature de l'Empire. Rien de plus simple.

Dans la *Minerve* un autre écrivain, austère, chrétien, honnête homme, nourri des plus sérieuses études, appliquait à la politique et le sentiment moral qu'il cultivait en lui, et l'amour de la liberté qu'il avait puisé tout à la fois dans sa conscience et dans les livres : c'était M. Pagès, dont les écrits étaient les muscles, les nerfs et les os de cette opposition qui avait dans M. Étienne ses légers tissus, son rouge incarnat et son florissant épiderme.

pensées sans fortune. L'aristocratie était reconstituée; seulement on la voulait industrielle, pour qu'elle se tînt au niveau des sciences, et éclairée, pour qu'elle ne fût pas ridicule. Les ultras disaient que Dieu s'était reposé après avoir créé les grands seigneurs; les doctrinaires soutenaient qu'il était nécessaire que les grands seigneurs fussent riches et intelligents pour que Dieu pût toujours mener les sociétés par leur entremise.

Les premiers étaient contre-révolutionnaires avec ignorance, platitude et bêtise; les autres étaient contre-révolutionnaires avec savoir, subtilité et rouerie. Les premiers remontaient à Louis XIV et à saint Louis; les autres faisaient bon marché des généalogies, et ils traversaient la Manche pour chercher en Angleterre la couche toute faite des aristocraties qui durent avec le progrès des industries.

On crut alors qu'ils se détachaient de la restauration, tandis qu'ils s'éloignaient seulement de la féodalité. On ne vit pas qu'en allant chercher en Angleterre et en Allemagne leurs exemples et leurs doctrines, ils étaient dans la droite ligne de leur filiation. On imagina que la révolution de 1688 et celle qui éclata en France un siècle plus tard étaient les filles du même père, et que cette rétrogradation d'un siècle n'était qu'une tactique habile, une dissimulation de chiffres, la même chose enfin avec une chronologie différente. Et cependant, ou leur axiome de progrès était un mensonge, ou bien il ne pouvait être indifférent de choisir la civilisation d'un siècle avant ou d'un siècle après.

L'opposition ne sut pas comprendre que les deux révolutions, bien loin d'émaner de la même cause, en avaient une entièrement opposée.

La révolution de 1688 était la conséquence naturelle, des idées de la réforme, du travail de Luther et de Calvin,

des tentatives antérieures des hussites, et de toutes les luttes religieuses qui remontent jusqu'aux ariens. C'était la traduction dans la politique de cette pensée arienne si souvent reproduite : « Nous voulons avoir le droit de jouir,
« de posséder, d'exploiter et nous-mêmes et les autres,
« tant que notre conscience ne nous contredira pas. Nous
« ne connaissons de loi écrite qu'au dedans de nous-
« mêmes, et s'il y a une révélation, nous n'entendons pas
« qu'on nous l'explique ; nous prétendons avoir assez
« d'autorité seuls pour savoir ce qu'elle commande, et en
« quoi il faut lui résister. »

Certes, il y a là une énergique et honorable revendication de l'indépendance personnelle ; et tant que ces maximes demeurent dans le domaine de la conscience, elles donnent à chacun un sentiment plus noble de sa dignité.

Mais transportez-en la pratique au sein des sociétés en mouvement, toute autorité est brisée, toute hiérarchie impossible. L'individualité se prend pour mesure et pour terme de toute vérité. Elle n'examine plus alors les droits d'autrui en même temps que les siens ; elle subordonne tous les droits, non à la nature, à la fraternité, mais à la capacité, à la supériorité personnelle.

Telle fut l'application des principes de la réforme à la révolution anglaise. Il se rencontra dans ce moment une certaine fraction de la nation en état de comprendre, de juger, de gouverner ; elle s'adjugea le monopole du gouvernement. L'oligarchie naquit et se fortifia dans des institutions faites par elle et pour elle.

Le droit ne fut rien en lui-même, il naquit de la faculté de l'exercer, il se borna à cette seule faculté. La conséquence était dès lors en rapport avec ce principe.

Ainsi l'exclusion était prononcée contre toute la masse populaire.

C'est à ce degré que le dix-huitième siècle avait pris la philosophie et la politique, et il les lança dans des voies nouvelles. Il ne s'appuya pas sur la réforme, il la renversa comme la catholicité. Seulement, ayant à choisir entre ces deux principes, l'autorité de chacun ou l'autorité de tous, il prit le second, et non le premier. Et dès lors, brisant les assises de toute oligarchie, il prépara le véritable règne de l'égalité, dont il alla demander les titres à la nature, dont il fit la formule dans la souveraineté du peuple.

Ainsi la révolution anglaise, faite au nom de la réforme, s'arrêtait aux intelligences privilégiées, et constituait l'aristocratie la plus difficile à déplacer ; la révolution française appelait tous les hommes aux mêmes destinées, promettait à tous les mêmes institutions, assurait les mêmes droits, donnait les mêmes garanties, laissant ensuite à la seule valeur intellectuelle ou morale le soin de prendre sa place dans une organisation où nul n'avait la sienne prévue d'avance.

Les résultats, comme on voit, étaient tout aussi divers que les principes étaient contraires : car si la constitution de l'aristocratie emporte la négation de l'égalité, la proclamation de la souveraineté populaire rappelle sans cesse les institutions à cette égalité fondamentale.

Tout le secret de la contre-révolution doctrinaire est dans le malentendu que nous venons d'expliquer. Mais, grâce au vernis d'indépendance individuelle qu'elle réclamait, elle reçut le baptême du libéralisme, et obtint dans la jeunesse une très-grande popularité.

Ce ne fut pas en un jour cependant qu'ils réussirent à se déguiser assez adroitement pour que leurs opinions hétérogènes prissent racine dans notre minerai révolutionnaire, recouvert alors de la poussière du moyen âge.

La cause de la révolution avait heureusement d'autres organes. Entre tous se plaça bientôt au premier rang de la franchise, de la hardiesse et de la probité sévère une feuille, fondée d'abord par la doctrine, et qui mourait impuissante sous son souffle, quand elle tomba heureusement dans les mains d'un homme d'esprit et de talent, qui était aussi excellent patriote et homme de cœur (1).

M. Chatelain n'accepta point la légitimité. Il fit au contraire toutes les réserves du pays à cet égard, espérant et provoquant autant qu'il était en lui le moment où le peuple reprendrait sa souveraineté.

La guerre soutenue par *le Courrier* était vigoureuse, roide, pleine de bon sens, peu métaphysique et point doctrinale, mais implacable pour toutes les sottises, relevant toutes les turpitudes, les signalant moins avec finesse qu'avec force et rudesse ; journal de vérité, trop longtemps méconnu, et auquel l'opinion des habiles avait fait préférer la

---

(1) *Le Courrier français* avait été primitivement dirigé par MM. de Broglie, Kératry, etc., lesquels avaient poussé la manie anglaise à ce point de ne mettre qu'un *r* dans le titre du journal, parce qu'il n'y a qu'un dans *the Courier*. *Le Courrier* de ces messieurs n'alla pas loin. On fit *la Renommée* que M. de Jouy rédigeait alors, et dans laquelle au moins Voltaire était bien sûr d'être respecté. *La Renommée* se recommanda à la postérité, et se perdit, avec *les Annales*, dans *le Courrier,* qui, cette fois, avait pour rédacteurs quatre ou cinq publicistes distingués, parmi lesquels était Benjamin Constant. Ce directoire de la rue Tiquetonne n'eut pas plus de succès que l'autre : il fallut en revenir à un gouvernement unitaire. C'est alors que M. Lapelouze, administrateur très-habile et homme d'intelligence et de dévouement politique, s'adressa à M. Chatelain et lui confia la rédaction en chef du nouveau journal. Dès ce moment, le *Courrier* eut sa couleur ferme, et cette direction honorable qui l'a recommandé à l'estime de tous ceux qui le lisent. Il subit 22 procès en 10 ans, et sa position financière exigea de ses rédacteurs et de son administration autant de constance que leur journal avait déployé d'énergie.

boutique des besoins et des intérêts, tenue dans la rue Montmartre par *le Constitutionnel* (1).

Le Courrier était accusé souvent de gâter les affaires. Il embarrassait l'opposition parlementaire, dont la colère était encore bien plus grande contre Paul-Louis, Manuel et Béranger, ces trois brouillons qui passaient toutes les bornes, ridiculisant les Bourbons, ou déclarant avec audace que la *France les avait reçus avec répugnance,* ou bien faisant les plus profondes railleries sur la marmite représentative, et perforant d'outre en outre les jongleries dites cotitutionnelles.

C'étaient pourtant ceux-là qui représentaient alors véritablement la France révolutionnaire (2).

Quand les intentions féodales furent mises à jour, quand la réaction contre le pouvoir fut devenue plus vive, la presse aussi devint plus animée.

Déjà la doctrine, qui avait fait école, recevait cependant des modifications importantes dans son expression. *Le Globe,* né pédant, et mort apôtre, montrait toutefois une

(1) Depuis qu'il avait pris une grande importance, ce dernier journal avait progressivement perdu de son habileté et même de son talent. C'est ici cependant une observation générale et qui ne doit pas nous empêcher de rendre justice aux écrivains honorables qui concoururent longtemps à la rédaction de cette feuille. Le public et le parquet avaient distingué M. Cauchois-Lemaire, qui a payé de la prison la pensée qu'il pourrait y avoir quelque indépendance et quelque courage dans l'opposition anodyme faite alors par le duc d'Orléans.

(2) Il faudrait non pas un article, mais plus d'un volume, pour citer tous les écrivains qui, depuis le *Nain jaune* jusqu'à *l'Album,* c'est-à-dire de 1815 à 1828, ont protesté avec courage contre les doctrines de contre-révolution qui avaient passé par le *Drapeau blanc* et le *Conservateur* de M. de Châteaubriand pour se formuler avec une sophistique inépuisable dans la *Gazette;* je suis forcé d'abréger beaucoup et d'oublier beaucoup aussi.

plus grande fermeté de principes, et quelques velléités bien vaines et bien stériles d'organisation ecclectique.

M. Leroux en était le penseur radical, M. Dubois le publiciste éloquent, M. Jouffroy l'innocent philosophe, M. Sainte-Beuve l'artiste, M. Rémusat le théologien, et M. Renouard l'avocat. Le jeune Prosper Duvergier de Hauranne jouait là le rôle des utilités ; sa plume était la mécanique du journal. M. Duchatel y apprenait le français en étudiant les finances.

L'art et le radicalisme ont seuls continué leur essor (1), tandis que tous les autres écrivains sont tombés, à des degrés divers, dans une ossification politique, philosophique et morale, d'autant plus affligeante qu'elle paraît consciencieuse.

Déjà les efforts de la presse, trois fois censurée et toujours dissolvante, avaient échauffé l'opinion publique.

En 1828, une nouvelle législation si longtemps réclamée vint ouvrir de plus larges issues à la publicité.

Deux jeunes gens du midi, dont le talent s'était révélé par des publications historiques d'une grande importance, et toutes imprégnées d'une sève révolutionnaire, pleine, riche, excitante, MM. Thiers et Mignet, s'étaient fait un renom littéraire et politique, employés en sous-ordre au pâle *Constitutionnel*.

Tous deux avaient fait à plusieurs fois l'apologie de la convention. Assez jeunes pour qu'on n'eût pas le droit de

---

(1) Ce ne fut pas sans peine : car, après la révolution de juillet, M. Dubois voulait à toute force enterrer *le Globe* sous lui. L'esprit doctrinaire avait décrit sa parabole ; le monde devait s'arrêter devant l'inspection générale de M. Dubois, ou les espérances des Rémusat et des Duchatel. Il fallut se fâcher, et se tirer même des coups de pistolet ; M. Sainte-Beuve en vint là avec son ancien professeur.

leur demander compte du sang versé, ils avaient été assez indépendants pour essayer les premiers de dissiper les préjugés qui pesaient sur une époque de grandeur et de gloire nationale. Ils commencèrent la réaction historique avec timidité, mais pourtant sans faiblesse.

Non pas toutefois que leurs vues politiques allassent jamais jusqu'à l'application. Bien loin de là : car ces deux écrivains, prolétaires par la naissance, devenus bourgeois par l'éducation, se firent bientôt aristocrates par leurs relations. L'aristocratie du talent est incontestable, et ils avaient sans doute le droit d'y aspirer ; mais elle se fait toute seule, les institutions n'ont pas besoin de la consacrer. Eux, au contraire, empruntant aux doctrinaires cette partie de leur système, sacrifiaient dans leur pensée la révolution française à celle de 1688. Tel est en effet le résumé de leurs articles dans *le National*.

Ils y réclamèrent la vérité du gouvernement représentatif, c'est-à-dire la royauté emblématique de l'Angleterre, contrôlée par une chambre des communes passablement étroite et une aristocratie héréditaire. La royauté fut placée par M. Thiers hors du gouvernement par un axiôme qui obtint alors un grand succès. *Le roi règne, et ne gouverne point* (1). Et dans la prévision où le confesseur de Charles X professerait une autre maxime, M. Thiers avait sans doute déjà tourné ses pensées vers un autre roi qui

(1) L'expérience des affaires que M. Thiers a acquise sans doute l'a forcé à varier, depuis juillet, cette maxime, et il a professé que *le roi gouverne, mais n'administre pas.* Cependant, la royauté nouvelle ayant pris l'initiative de force messages à l'étranger, de communications directes avec le télégraphe, de nominations individuelles dans l'armée et les administrations, ce dernier thème se trouve aussi faux que le premier. M. Thiers en a un tout prêt : *Le roi fait ce qu'il lui plaît, et ne répond de rien.* Cette sentence est parfaitement juste et vraie... sauf cassation.

voulût accepter la couronne de France à ces conditions.

Dans ce même journal cependant écrivait un jeune patriote qui déjà avait souffert pour la liberté. Officier de l'armée, il en était sorti pour recouvrer son indépendance, et les bords de la Bidassoa le virent arborer le drapeau tricolore et combattre pour l'émancipation de tous les peuples, annoncée et promise par ce signe visible de notre révolution. Le sort des armes fut malheureux : le jeune officier fut condamné à mort. Un heureux concours de circonstances le sauva cependant et le rendit à la patrie. Il vint à Paris, et il échangea l'épée contre la plume, arme plus terrible et qui devait un jour dans sa main porter de si rudes atteintes au pouvoir. La presse l'adopta, et en a fait depuis son enfant privilégié.

Il cachait alors avec modestie le glaive de son style derrière les flamberges brillantes de MM. Thiers et Mignet.

M. Carrel a continué à réclamer dans *le National* la sincérité d'une représentation populaire complète, qui rendît la société à son propre mouvement, qui donnât au pays le libre choix des agents de son gouvernement et le contrôle le plus absolu sur les formes qu'il peut revêtir. Cette conséquence logiquement déduite a conduit *le National* à la république.

La justice et la vérité de l'histoire me commandent de dire ici que, même sous la restauration, de vieux et fidèles patriotes de 89, unis à des hommes dont les études viriles et la conscience droite et pure avaient formé les opinions, se réunirent pour fonder un journal républicain.

MM. Auguste et Victorin Fabre se mirent à la tête de cette entreprise (1), à laquelle ils dévouèrent avec une si

---

(1) Je puis parler avec indépendance de *la Tribune des départements* : car, quoique j'aie écrit dans cette feuille dès sa fondation,

noble résolution leur temps, leur fortune et leur vie. La mort du dernier a éloigné son frère de nos luttes politiques. A eux se joignit le digne parent et l'ami de M. Daunou, Crussol-Lami, homme resté obscur, mais si laborieux, si utile, et d'un patriotisme si ferme et si austère qu'il était digne d'une collaboration pour laquelle il ne fallait pas moins de constance que d'abnégation personnelle. Lui aussi il a succombé après les 5 et 6 juin, tandis qu'il parcourait encore la même carrière, qu'il n'avait pas quittée un seul instant. Jamais, je le déclare, journal ne fut fondé par des cœurs plus purs, par des caractères plus indépendants, et avec des principes plus sévères et un désintéressement plus rare.

Qu'on me pardonne ces hommages pour des hommes dont j'ai pu mieux qu'un autre admirer le dévoûment. La publicité est aussi une récompense.

La presse a donc pris un développement redoutable.

je n'y faisais cependant que des articles de philosophie, et je ne me mêlais à sa couleur politique que pour m'y associer de tous mes vœux.

A cette même époque paraissait encore le *Journal de Paris*, où travaillaient ensemble l'écrivain qui le signe encore et cet excellent Achille Roche, éditeur courageux des mémoires de Levasseur et auteur d'une préface qui revendiquait enfin le droit de défense pour la Montagne. Il paya de sa liberté cet acte de franchise; la république vient de le perdre, et trouvera difficilement à le remplacer.

Au reste, dans cette énumération des journaux utiles et des écrivains les plus distingués, je n'ai pu nommer ni M. Delatouche ni M. Bert, deux hommes si éminents par un esprit délicat, mordant et fin. Et à côté de ces lames d'acier trempé, combien d'autres armes terribles, aussi légères, mais aiguës; et *le Miroir*, et *la Pandore*, et *le Figaro*, mort depuis; et cet intrépide *Corsaire*, toujours vivant, et toujours mèche allumée!

Malgré les entraves fiscales dont on la surcharge, elle agite, elle menace, elle défie même la contre-révolution.

Celle-ci cependant redouble de fureur. Le ministère du 8 août est nommé. Depuis longtemps se préparait l'orage. Mais un précurseur infaillible l'avait annoncé. Semblable à ces oiseaux que l'électricité chasse des régions menacées vers des régions plus calmes, et qui courent longtemps avant la tempête vers un ciel où leur nid soit protégé contre tous les vents, *le Journal des Débats* avait pris son vol vers la révolution; et l'on pouvait mesurer les mauvaises chances de la contre-révolution sur les progrès mêmes que faisait cette feuille dans les voies révolutionnaires.

Depuis le ministère Polignac, ce ne fut qu'une agitation perpétuellement menaçante.

Enfin les ordonnances parurent. La presse les reçut le front haut; elle y répondit par une résistance vigoureuse, et si dans la brillante et subite insurrection de juillet, le peuple eut toute la gloire du combat et de la victoire, la presse seule eut les honneurs du commandement.

§ IV.

Ici commence une autre histoire, ou plutôt ici vont disparaître les faux-fuyants, les précautions vaines, et les subtilités politiques. Ici doit se renouer au grand jour cette chaîne des idées et des actes révolutionnaires qui font de la souveraineté du peuple un dogme sérieux, une application sincère et complète.

Une ère nouvelle allait commencer pour la presse. La politique, ramenée à sa base rationnelle, le bien-être du plus grand nombre, ne semblait plus devoir s'occuper qu'à demander à l'expérience les meilleurs moyens d'assurer à jamais les conditions sociales et les institutions égalitaires pour lesquelles le temps seul avait quelque chose à faire, puisque la raison et le peuple les ont conquises de concert.

Cependant des résistances désespérées luttent encore ; une royauté d'un jour s'est montrée plus hostile et plus insensée que la royauté de 800 ans ; et, pour me servir d'une expression récente dont le burlesque même ne sera pas déplacé à ce propos, ce dernier *chicot* de la contre-révolution cause des douleurs plus vives, parce qu'il est plus ébréché et plus pourri.

La société, rendue aux seuls intérêts matériels, n'a plus ni croyances, ni pensées communes ; l'anarchie morale est à son dernier terme ; et la nation française, si généreuse, si expansive, si dévouée par la nature même de sa fonction en Europe, n'apparaît plus, à travers cette indigne représentation, que mesquine, étroite, corrompue, égoïste, accroupie aux inquiétudes du comptoir et des échéances ; mettant son honneur dans la filouterie patentée de la bourse, sa grandeur et sa force dans la paix du pot-au-feu.

La société roule donc hors de son orbite ; tous les droits ont été remis en question ; toutes les libertés ont été harcelées, et tandis que du moins, en apparence, on est obligé de se montrer défenseur de la révolution, c'est aux révolutionnaires conséquents qu'on a déclaré une guerre acharnée. Mais cette guerre a des instruments tellement vils, si hautement méprisés, si profondément tatoués d'infamie, que chaque soleil s'étonne de voir encore debout ces molécules impures de la restauration et de l'impérialisme, séides de 1815, et capacités de 1812, que le vent de la corruption a rassemblés, que la même honte échauffe et tient adhérents, et qui composent ce gouvernement sans principe comme sans logique, hermaphrodite et cul-de-jatte, essayant toutes les armes du despotisme, et n'aboutissant qu'à montrer au monde sa nudité hideuse et son incurable crétinisme.

La lutte a donc recommencé pour la presse révolutionnaire. Mais, loin de se borner à la seule question de renversement, elle a dû surtout appeler l'attention publique sur les idées d'organisation sociale que toute révolution amène naturellement après elle.

Les institutions politiques sont le moyen le plus large, le plus sûr, le plus général, et, à vrai dire, le seul moyen de réformer les mauvaises conditions de la société. Changer les institutions n'est donc pas un but, mais c'est préparer un agent.

A quelle cause tient le malaise de toutes les sociétés de l'Europe?... Quel mal inconnu les travaille et les pousse sourdement à leur propre régénération?... L'industrie a-t-elle toutes les issues ouvertes? Les peuples peuvent-ils avec toute liberté échanger leurs productions matérielles, unir leurs sympathies et se communiquer leurs idées?...

Puisque la lumière a percé les ténèbres de la foi et affaibli par cela même un empire qui tenait à cette obscurité profonde, est-ce encore aux religions et aux prêtres qu'il faut demander le code moral? Si la mélancolie et la douleur s'abandonnent, et s'abandonneront toujours à ces enchantements de l'espérance auxquels l'éternité suffit à peine, est-il besoin d'une sanction si lointaine et si chanceuse pour donner à la probité toute sa vigueur, au dévoûment toute son énergie. A côté de ces bénédictions mystérieuses et respectables que l'intelligence adresse à la cause inconnue de toutes les intelligences, n'y a-t-il pas aussi un culte naturel aux efforts sublimes de cette nombreuse famille des génies de la science et des arts qui depuis l'aurore même de la civilisation ont répandu sur la terre tant de trésors et des sources si pures de jouissance pour la pensée? A côté de ces adorations à l'éternelle force, invisible et toute-puissante, n'y a-t-il pas une consécration plus utile de la dignité de l'homme et une vertu plus noble dans le sacrifice de l'individu à l'humanité? Enfin, au lieu de ce renoncement immoral de soi-même, qui développe dans l'âme tous les germes de faiblesse et prépare toutes les lâchetés privées et publiques, ne doit-on pas cultiver au contraire le sentiment de l'existence, misérable sans doute quand il se replie sur lui-même, mais enivré de tant de ravissements au spectacle de ces formes abondantes et variées que revêt la nature, agrandi dans sa propre estime et sanctifié dans sa conservation quand on emploie en vue même de ses semblables cet instrument de pensée et d'action qu'on nomme la vie?

Est-ce donc que la moralité n'a pas toujours ses titres dans la conscience?

Est-ce que la religion est plus faible parce qu'elle change de culte et qu'elle est plus vraie!

Où en est aujourd'hui le travail? Est-il honoré, récompensé comme il le mérite?.... Quels sont ses rapports avec la propriété, ce fruit si légitime, ce droit si sacré de l'activité humaine?

Quels sont les moyens d'associer et le développement légitime de la liberté personnelle, et l'égalité de tous, offensée et bientôt corrompue par la trop choquante inégalité des richesses?...

Jusqu'où s'étendent les droits de la paternité après la mort?

Quels doivent être les rapports de la famille avec l'état?...

Y a-t-il des lois sans des mœurs, et des mœurs sans une éducation nationale commune, obligatoire et gratuite?....

La hiérarchie des devoirs, revendiquée souvent par les philosophes, ne soumet-elle pas l'homme à la patrie, la patrie à l'humanité?

Le catéchisme nouveau ne doit-il pas être l'expression de ce nouveau culte?...

L'association, jusqu'à ce jour si mal comprise, doit-elle se contenter de réunir seulement des forces sans consulter les vocations, des bras sans volonté ou des intelligences sans sympathies?...

L'art qui chaque jour se dessèche, périt ou se ravale depuis que Dieu lui manque, ne trouvera-t-il pas ses inspirations dès qu'il reverra la liberté?...

Le changement enfin des conditions sociales doit-il s'arrêter à l'homme et ne pas toucher à la femme?...

Je ne pose pas, bien s'en faut, toutes les questions, même les plus générales, que la presse a vues s'agiter depuis quatre ans. Des sectes s'y sont consumées; des hommes de talent emploient leurs veilles, leurs forces, leur jeunesse, à proposer des solutions. Plusieurs se sont fait déjà crédit (1); malheureusement toutes ces solutions restent in-

---

(1) Ici encore il faudrait un volume pour apprécier les travaux de la presse. Je citerai cependant de préférence *l'Européen* de MM. Buchez, Roux, Boulland, etc., et la *Revue encyclopédique* de MM. Leroux, Carnot, Raynaud et Didier. Ces deux journaux, trop peu connus, ont traité avec une grande supériorité de vues, quoique avec des dogmes politiques très-différents, quelques-unes des questions sociales qui touchent à la morale, à l'association, au bien des prolétaires, à l'art, et surtout à l'économie politique. Il serait indigne de nous de parler avec le mépris devenu à la mode des efforts des Saints-Simoniens, qui ont servi l'avenir, ne fût-ce que par l'audace de leurs innovations; le pays leur doit au contraire de la reconnaissance. Enfin, un autre homme, marchant à part, a ramené avec toute la hardiesse du géant la plupart des questions qui embrassent la constitution sociale et qui prennent l'homme

certaines. Bassées au creuset des faibles essais d'un couvent, elles ne concluent rien pour la grande famille. Le jour arrivera où chaque idée nouvelle aura le droit de se produire sans avoir à demander protection, même au monopole de notre presse quotidienne, trop absorbée souvent par la guerre de chaque heure et par la fatigue et l'épuisement qui nous attend, faibles que nous sommes, au moment de la paix, s'il y en a jamais pour nous.

En attendant ce meilleur jour, que nos amis nous prêtent force et courage, car le ciel se fait noir, et le sol tremble encore ! La contre-révolution a grincé des dents, et l'étranger lui sourit et l'encourage.

Hommes de la génération nouvelle, vos pères ont fait de grandes choses ! Ce patrimoine d'une civilisation florissante, ils vous l'ont confié, ensemencé de leurs mains et fertilisé de leur sang ! Ils ont préparé pour tous les peuples de l'Europe cette alliance pacifique qui doit aider les progrès du genre humain de tous les efforts de chaque peuple, de toutes les inventions de l'esprit, de toutes les productions des arts ! Ils ont brisé les vieilles idoles, élevé les colonnes du Panthéon de l'humanité, où se mêleront dans un même culte tous les bienfaiteurs de la terre, également vénérés par toutes les nations du monde.

C'est à vous à compléter l'œuvre.

A toi surtout, peuple de Paris, peuple d'élite, si spontané, si brave ; à toi, qui as pu voir cependant tes rues et tes places souillées du Cosaque, et qui n'as pas encore entièrement lavé cet affront ! à toi, peuple patient, trop

---

dans ses éléments physiques et dans son état passionnel. On a deviné M. Fourrier et ses disciples, parmi lesquels on nomme M. Lechevallier, esprit nomade, mais intrépide et laborieux, malheureusement imbu de tant de systèmes divers, qu'il ressemble à une mosaïque fort irrégulière et singulièrement bariolée.

patient peut-être, qu'on insulte et qu'on a osé livrer au bâton des galériens !

A toi qui as vu courir dans tes murs plus d'une royauté détrônée et mendiante ; qui as surpris les soupirs, pressé la main et entendu les désirs de vengeance de la Pologne, de l'Italie, de l'Allemagne, de l'Espagne, de toute l'Europe révolutionnaire, par toi excitée et malgré toi vaincue ! à toi qu'attend encore cette Europe, qui se réveillera sous ton haleine brûlante ! à toi de rendre la France à elle-même, et l'Europe à la liberté !

Armand MARRAST.

LE THÉATRE,

CONSIDÉRÉ COMME MOYEN RÉVOLUTIONNAIRE.

Les artistes en sont fiers : ce fut à la sortie de la *Muette de Portici* que les Bruxellois coururent aux armes, et qu'ils firent succéder au tocsin du théâtre le tocsin de la rue. Ici nous nous réjouîmes de leur délivrance comme de la délivrance de frères. L'esprit de propagande, cet esprit de secours et de bonne amitié, qui a remplacé pour les peuples toutes ces haineuses rivalités de nations à nations, habilement fomentées par les gouvernements; cet instinct sympathique, qui venait de se réveiller si vivace au cœur du peuple de juillet, applaudit à sa première œuvre, à cette première conséquence de notre révolution. Il nous semblait que, selon l'expression du poëte, la liberté allait faire le tour du monde, et que Vienne aussi, et Berlin, et Madrid, et Saint-Pétersbourg lui-même, allaient subir l'inévitable secousse du volcan qui venait d'éclater pour la seconde fois sur le sol de France. Déjà l'on disait du glaive de la liberté comme naguère de l'épée jésuitique : Sa poignée est à Paris et sa pointe partout.

Oh ! les cœurs étaient épanouis alors ! les idées étaient vastes et généreuses. On avait foi, non pas seulement en l'avenir, mais dans le présent; on croyait à l'émancipation définitive de la société européenne. Alors encore tout était poésie, et les artistes, hommes d'enthousiasme et d'espérance, eux qui, mêlés au peuple, d'où ils sont presque tous sortis, avaient pris leur si noble part des fatigues de la grande semaine, les artistes croyaient surtout à l'émancipation complète de la pensée. Ils croyaient, les sublimes fous, que de l'an 1830, pour l'art comme pour la politique, daterait une ère nouvelle, l'ère de la liberté. Sur les ruines des autels où les grands maîtres de tous les temps avaient été chercher le feu sacré, ils voyaient déjà s'élever des autels nouveaux. Au brillant paganisme, qui avait divinisé toutes les passions humaines, mais, après les passions les vices ; à la religion du Christ, si grande et si pure à sa source, avant qu'elle se fût dénaturée en coulant à travers de longs siècles d'ignorance et de fanatisme ; à la religion des monarchies elle-même, qui, comme toutes les autres, a eu son enthousiasme et sa poésie, devait succéder une religion nouvelle, L'AMOUR DE LA PATRIE.

Cette illusion, bien pardonnable sans doute à des yeux encore éblouis du soleil de juillet, c'était celle de tous les artistes. Peintres, poëtes, sculpteurs, musiciens, tous voulaient redonner à l'art un but social, tous mettaient leur intelligence au service de l'humanité.

L'art, courtisan sous l'empire, hypocrite sous la restauration, avait relevé le front et déchiré son masque. De toutes parts arrivaient pour le nouveau culte et des apôtres et des fidèles. Nos désertes académies se transformaient en temples où se précipitait la foule, et là, sous toutes les formes artistiques, s'enseignait le dogme nouveau.

L'art théâtral, cet art qui comprend tous les arts, ne pouvait ni ne devait demeurer en arrière dans la route où tous étaient entraînés par l'instinct de leur puissance, par l'impétueux sentiment de leur mission. Du moins telle était la pensée de quelques-uns des hommes qui dirigeaient alors les nombreux théâtres de la capitale, quand ils demandèrent une audience au *Roi des Barricades*.

L'un d'eux (celui-là même qui écrit ces lignes) s'était imaginé que les représentations scéniques pourraient sortir aussi du cercle étroit de petitesses et de corruptions où la défiance des derniers gouvernements les avait enfermées. Le théâtre pouvait redevenir une chaire; les drames un enseignement, une prédication quotidienne. Les théâtres eussent été LES JOURNAUX DU SOIR...

Mais la pensée royale se manifesta; le sacerdoce s'évanouit; la futilité de l'art fut proclamée de nouveau : *Le théâtre n'est qu'un délassement aux occupations du jour !*

Et c'était à deux pas de la scène française qu'on articulait une telle hérésie !... Corneille, Molière, Voltaire, Beaumarchais, hommes de progrès et d'émancipation, hardis prêcheurs, sublimes apôtres, nécessaires avant-coureurs, voilà comme vous êtes appréciés ! A quoi servent vos chefs-d'œuvre ? au délassement du peuple !... Pauvre insensé, en effet, pour lequel on invente des jeux comme jadis pour un roi en démence ! Cinna ! Tartufe ! Mahomet ! Figaro ! voilà sans doute les quatre rois de ce nouveau jeu de *bataille*. Mais, comme Charles VI, le peuple a ses moments lucides, et sous les combinaisons dont on l'amuse, il saisit quelquefois de terribles allusions !

En attendant qu'on refasse de l'art dramatique un courtisan, un hypocrite, un baladin, un farceur, un simple amuseur de badauds, un corrupteur même, si l'on veut, qu'on en refasse tout ce qu'on voudra, tout, excepté un professeur, un moraliste, un apôtre social, tout enfin pourvu qu'il demeure un spéculateur inutile.

Mais non, rassurez-vous : *vouloir* n'est pas toujours *pouvoir*. Les choses, comme les hommes, ne mentent point à leur origine : le théâtre à Paris fut révolutionnaire dès ses premiers pas, et, malgré les entraves des despotismes, il a constamment avancé dans cette voie. Le progrès en religion, en morale, en politique, voilà son but à toutes les époques ; but éclatant que les grands maîtres ne perdirent jamais de vue. Chaque obstacle qu'on leur opposa, ils le brisèrent ou le tournèrent du moins pour continuer leur route et marcher en avant.

Gravons dans nos souvenirs l'année 1475 ; car elle vit éclore chez nous le plus puissant moyen d'enseignement public.

Les cérémonies religieuses et l'éloquence banale de la chaire ne suffisaient plus à la jeunesse turbulente des écoles. Elle chercha et trouva des sources nouvelles d'émotions. Les clercs les plus ardents de la basoche montèrent sur la table de marbre du palais de justice, et, des applaudissements de la foule, mirent en scène le parlement, lancèrent plusieurs traits satiriques contre le roi Charles VIII, personnifièrent enfin l'avarice de Louis XII.

Le premier essai de l'art dramatique à Paris fut donc un acte d'opposition ; il fut aussi une victoire remportée sur le clergé. La foule déserta les temples ; les prêtres crièrent : *Tolle ! tolle !* sur leurs heureux rivaux, et les comédiens furent bientôt damnés par jalousie de métier.

La clergé avait reconnu la puissance de ce levier nouvellement découvert. Il en avait essayé la force sur le peuple ; et par la représentation superstitieuse des soties et des mystères qu'il donnait sur des tréteaux à la porte même des églises, il avait tenté de s'en attribuer le monopole et de l'exploiter à son profit. Mais lorsque les basochiens et ceux qui se formèrent à leur école commencèrent à imprimer à l'art de la scène, encore bien informe, un but satirique et moral, l'Eglise le proscrivit (1).

La mission du théâtre, perdue un moment par la représentation des romans dialogués et des obscénités de Garguille, de Garnier, de Jodèle, etc., etc., reparaît aux accents de Corneille, qui comprit le premier l'apostolat qu'il avait à exercer (2). Sa persévérance à faire passer sous

---

(1) Il est bon de faire connaître comment, plus tard, les comédiens se vengèrent des excommunications de l'Église.

En 1696, les comédiens français établis dans la rue Saint-Germain-des-Prés, décidèrent qu'on percevrait tous les mois, sur leurs recettes, une somme qui serait partagée entre les couvents les plus pauvres de Paris. Les Cordeliers, n'ayant pas été admis au partage, adressèrent la requête suivante aux comédiens :

« CHERS FRÈRES,

« Les pères cordeliers vous supplient très-humblement d'avoir la
« bonté de les mettre au nombre des pauvres religieux à qui vous
« faites la charité. Il n'y a point de communauté à Paris qui en
« ait un plus grand besoin, eu égard à leur nombre et à l'extrême
« pauvreté de leur maison. *L'honneur* qu'ils ont d'être vos voi-
« sins leur fait espérer que vous leur accorderez l'effet de leurs
« prières, qu'ils redoubleront pour la prospérité de votre chère
« compagnie. »

La demande fut accordée, et d'un acte de générosité on a fait une obligation pour les théâtres : car de là a découlé le *droit des pauvres*.

(2) Rotrou vint, il est vrai, avant Corneille; mais ce grand citoyen, qui fit avancer la tragédie sous le rapport scénique, n'avait point compris la haute mission du théâtre. Au reste, *Venceslas*, son chef-d'œuvre, est lui-même postérieur à plusieurs des admirables tableaux de notre auteur tragique républicain.

les yeux de son siècle tous les héros de Rome, le soin avec lequel il fait choix de sujets où se dessine toujours une vertu républicaine, tout cela ne saurait être l'effet du hasard. Il comprend que le développement d'une action morale doit avoir pour résultat d'élever l'âme et de porter à l'imitation.

Rome et ses dévoûments sublimes, Rome et sa haine des tyrans, Rome et sa nationalité, voilà où s'inspire ce génie précurseur.

Et qu'on ne s'étaie pas, pour nier son indépendance, de ses épîtres au cardinal-duc. Elles n'étaient qu'un passe-port obligé pour ses maximes de liberté, comme plus tard Molière obtint un laissez-passer pour Tartufe, à l'aide de quelques vers de remercîments. Cherchons les vrais sentiments de Corneille pour le cardinal de Richelieu dans le sonnet qu'il composa à la mort de Louis XIII ; cherchons surtout les preuves de l'indépendance du grand homme dans son antipathie pour la cour, où, d'après Fontenelle, il ne portait qu'un visage inconnu, et dans la haine du cardinal, qui voulait le traîner à la remorque de Scuderi !

Lorsque Corneille fit représenter ses ouvrages, la faction de Retz n'était pas éteinte ; la Fronde vibrait encore. Tous les esprits étaient à la recherche d'une réforme politique. Un désir vague de la liberté germait dans tous les cœurs. Corneille s'émeut à ce sentiment nouveau ; il s'en empare, le féconde dans son âme brûlante, et, homme de progrès, il formule en vers sublimes des idées nouvelles qui ne recevront leur application que dans un avenir reculé..... Qu'importe ! c'est pour l'humanité qu'il compose. Il brise toutes les entraves, il brave toutes les colères. Vaincu par la fortune du *Cid*, Richelieu veut se venger sur les *Horaces*... « Laissez faire, répond Corneille : Horace fut condamné par les duumvirs, mais il fut absous par le peuple.»

Oh! pourquoi, dans l'histoire des théâtres, n'a-t-on pas dépeint la physionomie de la foule qui se pressait à l'hôtel de Bourgogne? Pourquoi n'a-t-on pas compté les salves d'applaudissements qui accueillirent tant de généreuses pensées, tant d'admirables caractères?

Au dévoûment du jeune Horace, à la stoïque vertu de son père; à l'abaissement du roi Ptolémée devant César, soldat de la république; à la sublime dissertation politique entre Sertorius et Pompée, à la clémence d'Auguste, quel public serait resté sans enthousiasme? Ah! ce ne pouvait être celui de Corneille. Son peuple à lui, c'était le peuple de la fronde, celui qui haïssait le cardinal, celui qui avait rêvé une réforme politique, celui qui avait vu tomber la jeune tête de Cinq-Mars. Ah! croyons-en Balzac, contemporain de Corneille, quand il s'écrie, dans son langage hyperbolique : « Les paralytiques eux-mêmes battent des mains ! »

Si Corneille, dont la seule lecture élève l'âme et pousse à l'imitation des vertus civiques, ne fit qu'une opposition stérile pour son époque, s'il n'eut pas une influence directe et instantanée sur le caractère et les mœurs du pays, c'est qu'à côté des ombres majestueuses qu'il évoquait, marchait de front la puissance vivante de Richelieu; le génie du cardinal l'emporta sur celui du poète, l'homme politique triompha de l'artiste. Mais, quoi qu'en dise Palissot, Corneille ne fut pas sublime et républicain en pure perte..... Il sema le principe; l'avenir devait en recueillir les conséquences.

Molière est plus heureux que Corneille. Il prend sur la société un ascendant facile à constater. A peine a-t-il essayé ses forces qu'il vise au progrès moral. Son œil parcourt l'édifice social du sommet à la base. Vices et ridicules, rien ne lui échappe. Peuple et noblesse, tout est pesé à sa juste balance. L'influence de l'art théâtral se fait d'autant plus sentir que son génie ne recule devant aucune considération. Il choisit ses modèles, réunit leurs traits épars, et jette son œuvre au peuple assemblé ; méprisant la colère de ceux qu'il traîne à sa barre, heureux et fiers des applaudissements du parterre.

Le théâtre commença alors activement son œuvre de régénération sociale. Observez ce génie populaire : il corrige en riant la bourgeoisie, qu'il aime et qu'il cherche à rendre meilleure ; mais remarquez aussi comme il prend corps à corps la noblesse pour nous la montrer gangrenée et sans espoir de guérison. Sans doute chez les bourgeois il moissonne les ridicules ; mais quand, pour son drame, il a besoin d'un contraste et d'un vice, c'est à la cour qu'il va faire sa récolte. George Dandin n'est, dans son miroir, qu'un paysan enrichi, qui fait compassion autant qu'il prête à rire, mais la femme qui le trompe, mais M. et madame de Sottenville, qui ne se sont *alliés qu'à son bien*, sont des caractères vicieux mis au théâtre pour faire apprécier ou haïr la noblesse d'alors.

Et cet excellent M. Jourdain, vaniteux d'une autre espèce, on rit de lui ; mais Dorante, qui abuse de sa manie, Molière l'anoblit, le fait comte ; et quand il vole celui dont il flatte la vanité, on ne rit plus, on méprise.

Les courtisans firent la guerre à l'auteur comique pour avoir fait jouer un rôle odieux à un gentilhomme. Molière poursuivit son œuvre. Voyez le progrès : il débute par la peinture des inutiles marquis du *Misanthrope*, pour arriver à ce vaste tableau de l'*Homme de cour*, que la mort l'a empêché de nous transmettre. Il prélude au Tartufe par le rôle d'Arsinoé ; il passe de la pruderie de la femme à l'hypocrisie de l'homme. Mais Arsinoé et Tartufe où les place-t-il ? Dans les rangs de la noblesse : l'une est fort bien en cour, et l'autre est gentilhomme (1).

L'art théâtral, engagé fortement par Molière dans la route de la morale et du progrès, ne pouvait plus s'arrêter. Molière avait courageusement touché à l'arche sainte, et le doute social avait germé dans les esprits. Mais la révolution ne s'était encore opérée que dans les mœurs communes. Voltaire paraît, et le théâtre se transforme en chaire de haute philosophie. Saper, renverser, disperser ce qui existe, voilà le but qu'il se propose. Qu'on cesse de lui reprocher la forme sentencieuse de sa versification : c'est là son cachet, c'est là son mérite. Le théâtre était son instrument; et, du milieu des pompes de la scène, ce grand sectaire jetait dans le public ses hautes leçons formulées par un vers philosophique. Qu'importe le blâme de Sabattier et de Fréron, si ce vers atteint le but visé par le poète et s'incruste dans la tête du peuple. C'est par ses prédications que le mouvement révolutionnaire prend une autre

(1) LE MISANTHROPE.

(Acte III, scène VII.)

ARSINOÉ, à *Alceste*.

Pour moi, je voudrais bien que, pour vous montrer mieux
Une charge à la cour vous pût frapper les yeux.
Pour peu que d'y songer vous nous fassiez des mines,
On peut, pour vous servir, remuer des machines,
Et j'ai des gens en main que j'emploîrais pour vous,
Qui vous feront à tout un chemin assez doux.

LE TARTUFE.

(Acte II, scène II.)

ORGON, à *Marianne*.

Mais mon secours pourra lui donner les moyens
De sortir d'embarras et rentrer dans ses biens.
Ce sont fiefs qu'à bon titre au pays on renomme,
Et, tel que l'on le voit, il est bien gentilhomme.

forme, et plus active, et plus directe. Le théâtre, grâce à lui, n'est plus considéré comme un simple amusement. Les idées paraissent des symptômes, les pièces sont des faits accomplis. A *Tartufe* succède *Mahomet*, à l'imposteur de religion l'imposteur politique; et le parterre prend sous sa protection la haute morale de cette conception sublime et courageuse.

A toutes les époques où la société a marché, à toutes les époques où elle a revêtu de nouvelles formes, le théâtre a été l'excitant le plus vif pour déterminer les actes nécessaires à ces transformations; et l'on pourrait signaler chaque modification dans l'ordre social par une modification dans l'art dramatique. Aussi, quand la vieille société corrompue commença à craquer de tous côtés, le grand mouvement intellectuel qui fut le précurseur de notre révolution ne manqua pas de se produire au théâtre, et ce fut avec un succès dont rien n'avait donné l'exemple. Les doctrines philosophiques firent place aux doctrines politiques, et Beaumarchais frappa à grands coups des idoles jusque alors respectées.

Fils du hasard, sans amis, sans parents, sans fortune, Figaro s'affuble d'une livrée. Pourquoi non? Contre quel habit d'ailleurs troquerait-il sa veste papillotante? Serait-ce contre la robe de ce Brid'Oison, juge vendu à son maître, et qui rend la justice au plus offrant; et sa gracieuse résille, la changerait-il contre le large feutre de ce moine rampant, calomniateur de profession, espion des ménages, prêt à parler à la vue de l'argent et à se taire au son de l'or; et son rasoir à fine lame, le briserait-il pour ceindre l'épée d'un maître corrompu et corrupteur? Non, non, Figaro ne quittera pas encore sa livrée : c'est le peuple d'alors, vivant dans la dépendance des grands; et le peuple de Paris, debout et frémissant au parterre du théâtre, comprend sa personnification. Il adopte Figaro, Figaro qui se joue de ses maîtres, Figaro qui les méprise les raille, Figaro aux pieds duquel ils se prosternent quand ils ont besoin de ses services ou de son génie, Figaro qui lui fait toucher du doigt les plaies de la société. Les théories dramatiques de Beaumarchais deviendront bientôt la pratique de la nation. Tout se mêlera et se confondra sur la place publique comme tout se mêle et se confond dans la *Folle Journée;* et la lame du barbier sera remplacée par le glaive populaire, qui tranchera tous les liens de l'ancien régime et repoussera les coalitions fanatiques.

Oui, Beaumarchais, avec l'instinct de son génie, a découvert l'idée, encore à l'état de germe, vers laquelle on gravitait alors. Son drame, c'est le puissant traduit à la barre du faible, c'est le procès au siècle tout entier, c'est la condamnation d'une société corrompue, c'est la révolution. Ici le théâtre ne se contente plus d'opérer sur les intelligences en repos : il agit physiquement sur les masses ; et, à l'exemple d'Aristophane, Beaumarchais place dans les intérêts des spectateurs le véritable intérêt de son drame. La comédie est dans la salle ; chaque individu y joue son rôle : c'est, comme chez les Athéniens, le parti de la guerre et celui de la paix mis en présence par l'auteur comique. De là les émotions réelles, de là les rires convulsifs, les applaudissements frénétiques, de là cet immense succès qui n'avait pas eu son pareil dans les annales des théâtres.

Bientôt la France, réveillée de son sommeil de mille ans, passe de la corruption la plus profonde à la régénération la plus entière. L'art théâtral, qui a fourni sa part de chaleur à cette effrayante explosion, trouve encore assez de force pour continuer sa marche.

Voltaire est transporté au Panthéon.

Fabre d'Eglantine prend Molière en sous-œuvre.

Et Chénier s'inspire au génie républicain de Corneille.

Chaque grain semé dans le passé produit un fruit pour le présent.

La liberté des cultes est reconnue. (C'est la pensée de Voltaire.)

La noblesse est abolie. (C'est la pensée de Molière.)

La république est proclamée. (C'est la pensée de Corneille.)

Pendant le règne de la censure royale de Louis XVI, les comédiens français n'avaient reçu *Charles IX* que pour offrir à Chénier un moyen de succès pour l'impression : ils n'espéraient jamais le jouer. Enfin la liberté, sortie des décombres de la Bastille, fit arriver l'ouvrage au théâtre.

Tout le côté gauche de la *Constituante* assistait à la première représentation, et s'y était donné rendez-vous. Mirabeau fut aperçu par le parterre dans une loge de côté de 2e rang. Quelques hardis jeunes gens furent choisis aussitôt pour aller le prier de descendre à la galerie. Les places en face de la scène furent vidées, les personnes qui les occupaient envoyées à la loge de Mirabeau, et le fougueux député du tiers présida la représentation de *Charles IX*. Il y eut dans la salle un continuel échange de signaux pour les applaudissements; une communication tout électrique, toute folle, s'établit entre Mirabeau et les spectateurs.

On comprend l'effet progressif de la tragédie ; mais il serait impossible de décrire l'enthousiasme produit par le 4e acte. A la bénédiction des poignards par le cardinal, dont la barette écarlate paraissait pour la première fois sur la scène, et au son du tocsin de la Saint-Barthélemy, les cris et les applaudissements du public semblèrent foudroyer à la fois et la royauté et l'Eglise.

Infatigable dans ses métamorphoses comme la révolution elle-même, le théâtre la précède dans ses transformations ; car son principal mérite est de formuler toujours la pensée qui se développe dans les masses. Il excite, il régente tour à tour, et aide merveilleusement, suivant les circonstances, au mouvement d'action et de réaction.

Lorsque ce n'était pas trop des quatorze armées qu'organisait Carnot pour repousser les ennemis, lorsque l'enthousiasme était nécessaire pour porter les populations aux frontières de la république, on imagina de mettre en action *le Chant du départ* et *la Marseillaise* sur le théâtre de l'Opéra.

Le premier couplet de l'hymne de Chénier était chanté par un chœur de jeunes soldats qui s'avançaient sur le devant de la scène ; le deuxième par des vieillards qui bénissaient, comme le vieil Horace, les armes de leurs fils ; puis venaient les épouses, puis les sœurs des héros avec des couronnes de laurier ; et c'est entourés de ces groupes divers que les jeunes soldats reprenaient, au milieu de l'exaltation générale :

Sur ce fer, devant Dieu, nous jurons à nos pères,
    A nos épouses, à nos sœurs,
A nos représentants, à nos fils, à nos mères,
    D'anéantir les oppresseurs.
    En tous lieux, dans la nuit profonde
    Plongeant l'infâme royauté,
    Les Français donneront au monde
    Et la paix et la liberté.

Mais l'hymne de Rouget de l'Isle surtout enfantait des

miracles. L'autel de la patrie s'élevait au milieu de la scène ; des prêtres avec des ceintures tricolores, des prêtresses parées des mêmes ornements, entouraient l'autel ; des gardes nationaux, des hommes du peuple, remplissaient le fond du théâtre ; l'orchestre donnait le signal, et Lays entonnait l'hymne sacré. Quand venait la dernière strophe, tous les acteurs se jetaient à genoux, et le public se levait tout entier comme par enchantement.

> Amour sacré de la patrie,
> Conduis, soutiens nos bras vengeurs.
> Liberté, liberté chérie,
> Combats avec tes défenseurs.
> Sous nos drapeaux que la victoire
> Accoure à tes mâles accents :
> Que tes ennemis expirants
> Voient ton triomphe et notre gloire !

Un long silence suivait cette strophe.... Le tocsin se faisait entendre au loin.... Tout à coup le son éclatant du tamtam donnait le signal, et les chœurs reprenaient : AUX ARMES, CITOYENS !....

La salle était électrisée tous les soirs, et les jeunes gens, au sortir d'un si beau spectacle, couraient aux mairies se faire inscrire pour les frontières. Une liste d'enrôlement était dans le foyer même de l'Opéra ; et l'un des plus nobles représentants de la France dit un jour à Lays ces paroles, que l'artiste regarda toute sa vie comme son plus beau titre de gloire : « Citoyens, avec votre « Marseillaise, vous avez donné cent mille soldats à la « République (1). »

---

(1) Lays, Rousseau et Chenard furent envoyés aux frontières, et la *Marseillaise* poursuivit ses miracles.

Niera-t-on encore l'immense portée du théâtre et son influence sur les masses? L'idée est un fluide électrique : elle part, circule et frappe en même temps tous les auditeurs. Il y a commotion, commotion véritable, comme à une pile de Volta; et cela est si vrai qu'on n'obtient jamais de véritable succès pour un ouvrage dramatique, de véritable enthousiasme public, que dans les salles bien garnies de spectateurs, que lorsque la foule est pressée, et qu'il n'y a point solution de continuité pour la pensée qui circule.

Au commencement de l'empire, la société sortait comme du chaos. Elle avait une physionomie bizarrement mélangée, bien propre aux contrastes et aux effets comiques. Quelle richesse de portraits! quelle originalité de figures! Les émigrés, honteux et confus, rentrant à petit bruit, avec leurs souvenirs et leurs regrets; les nouveaux parvenus étalant à tous les regards leur sottise et leur morgue; les Brutus déchus, frappés au coin de la monnaie nouvelle, portant d'un côté *Napoléon Empereur*, et de l'autre *République française*;.... oh! il y avait dans ce monde de quoi faire naître un Molière.... Napoléon ne le voulut pas, et, de sa main de fer, comme les rois de l'Europe, il courba l'art dramatique, ce roi de tous les arts.

Le théâtre alors perd toute son influence; il se rejette sur des mœurs de convention, ne peint que les surfaces des hommes et des choses, et l'on y reconnaît l'oubli complet du sentiment moral.

Le scepticisme en fait de morale n'était pas volontaire chez les auteurs. Le pouvoir les tenait dans cette voie; il minait les intelligences pour les annuler. Voyez-le protéger les auteurs dramatiques qui se jettent dans les futilités de l'art, dans les scènes bachiques, dans les intrigues licencieuses; voyez-le refuser sa protection aux hommes indépendants qui veulent perpétuer l'enseignement. Tout le théâtre de Chénier est mis à l'index; il ne peut plus travailler que pour le cabinet et pour l'avenir. Lemercier, génie créateur, voit arrêter dans son essor *Pinto*, qui nous apprend comme on conspire, et *Christophe Colomb*, quand il nous montre au loin un nouveau monde littéraire (1).

Un théâtre s'éleva avec protection alors : ce fut le théâtre Franconi. Les chevaux, les canons, la poudre et le cliquetis des armes, tout, au Cirque-Olympique, poussait le peuple à l'humeur belliqueuse, tout y secondait les vues de Napoléon. Du reste, la censure était aussi à sa porte, veillant sur les gestes et les évolutions militaires. C'est avec grâce qu'on y tombait frappé d'un plomb mortel; le

(1) Le Directoire avait défendu *Pinto*. Bonaparte, arrivé au pouvoir, eut le désir de connaître la pièce. Lemercier consentit à la lui lire, à la condition que Bonaparte en permettrait la représentation. « Songez, lui dit-il, que c'est un engagement que vous « prenez. » La lecture eut lieu.

Bonaparte, qui écouta avec une grande attention, reprocha souvent à l'auteur d'avoir fait descendre de leur piédestal les hauts personnages de son drame, de les avoir trop habillés à la bourgeoise. « Les hommes qui mènent les grandes affaires, dit-il, ont « un langage très-élevé. » A la fin du troisième acte, Napoléon critiqua les ménagements dont on use auprès de l'ambassadeur Lopez Ozorio : « On se donne bien de la peine. A leur place, je « l'aurais flanqué dans un tonneau, et je l'aurais foutu dans le « Tage. » Lemercier, se levant aussitôt, dit en souriant à son illustre critique : « Les hommes qui mènent les grandes affaires ont un « langage très-simple. »

Pinto fut joué; mais le succès de l'ouvrage ne convint pas au chef de l'État, qui arrêta la dix-septième représentation, en donnant un congé à tous les premiers sujets de la Comédie Française. Plus tard, Monvel avait choisi *Pinto* pour son bénéfice; la pièce était affichée pour le lendemain, et fut retirée par ordre supérieur.

soldat y mourait sans convulsion ; il rendait l'àme avec une grâce qui faisait envie ; son dernier soupir était non pour la France, mais pour l'empereur ; et les dénouements de ces mimodrames mentirent au peuple comme les bulletins de la grande armée.

La restauration arriva, et fut coupée par les cent-jours. Les théâtres, sans direction et sans moralité, suivaient le flux et le reflux des opinions et des événements politiques. A une seule époque, lors de sa dernière chute, Napoléon fit un appel à l'art théâtral ; il comprit quel redoutable levier ce pouvait être, et il commanda à tous les théâtres des ouvrages pour réveiller les masses endormies. Mais les chefs de ces établissements, que ces atteintes à la liberté d'écrire avaient rangés dans la classe des spéculateurs, ne voulurent point changer de rôle. Ils virent que le négoce s'accommoderait fort bien d'un état d'esclavage et de paix, et ce fut *par ordre* seulement qu'ils firent travailler des auteurs sans convition. Aussi ne parvint-on à obtenir qu'un enthousiasme sur place.

Pendant la trop longue durée de ce gouvernement, que les étrangers imposèrent à la France, et que, dans leur sanglante ironie, ils appelèrent la *restauration*, l'art théâtral fut loin de rentrer dans la voie de la morale et de l'enseignement public.

Jetons un coup d'œil sur la jeunesse de 1815. Son berceau avait été sillonné de la foudre révolutionnaire ; elle avait fait ses premiers pas au son du tambour de l'empire. Les idées de gloire militaire avaient étouffé un instant l'esprit réformateur qui lui avait été transmis avec le sang. Mais, à la chute du système impérial, quand les bras tombèrent d'épuisement, les intelligences se réveillèrent pour satisfaire au besoin d'activité ; les travaux de l'esprit succédèrent aux fatigues du corps.

Alors, comme après la Fronde, le siècle des arts aurait pu arriver, car les circonstances étaient les mêmes. Mais, toutes les gloires nous étant peut-être défendues par l'Europe coalisée, le théâtre retrouva son bâillon de l'empire.

Il faut tomber dans l'incroyable pour peindre la cruauté de ces grands prévôts dramatiques. Il eût fallu refaire la langue française pour sortir intact de leurs ciseaux. La plus absurde équivoque était saisie au passage. Le mot *barbe de capucin* fut biffé à l'encre rouge, et le censeur royal écrivit à côté cette étrange annotation : *Mettez une autre salade*. C'était bien pis quand on touchait à un fonctionnaire public, bien pis surtout quand on effleurait la religion de l'Etat. Un maire de village ne pouvait pas être admis comme personnage d'une pièce ; l'adjoint seul était livré aux gémonies du théâtre. *Bon Dieu! Sainte Vierge Marie!* étaient remplacés en marge par des *oh!* ou des *hélas!* qu'on avait la complaisance de trouver moins séditieux ; et le mot *clocher* fut biffé dans un innocent vaudeville... L'Église était trop près.

Les censeurs bravaient avec impudeur l'indignation publique. L'auteur de *Folie et Raison* disait un jour à l'un de ses amis : « On joue ce soir *Athalie*, par Racine et Lemontey !... Allez voir ! »

Cet état de chose ne pouvait durer. La presse, noble et jeune auxiliaire du théâtre, dévoila avec persévérance les outrages quotidiens de la censure. Le public prit fait et cause pour la liberté contre le despotisme ; et tous les soirs le parterre applaudissait ce qui manquait dans les pièces censurées. De là cette opposition par allusion, qui dépista les plus habiles, les plus infâmes censeurs; car c'était souvent dans l'inflexion de voix, dans le geste d'un acteur, que le public trouvait matière à applications; de là cette guerre de dix ans entre les gardes-du-corps et la jeunesse des écoles, guerre qui se termina par la défense du *Tartufe*, du *Mariage de Figaro*, et d'autres chefs-d'œuvre.

Cette servitude interdisait l'abord des comités dramatiques aux hommes de talent et d'indépendance, qui virent leur activité d'esprit et leur aptitude d'intelligence refoulées dans les travaux du cabinet. Mais cet état de transition ne fut pas perdu pour l'art dramatique : par de sérieuses études historiques on ouvrit à l'art une nouvelle voie. La philosophie de l'histoire, science nouvelle, fut plus fatale au pouvoir que n'aurait pu l'être le théâtre lui-même dans toute sa liberté. Les auteurs furent frappés d'un nouveau rayon de lumière; et, à l'inverse de Dubelloy, qui avait fait des tragédies nationales à l'usage et à l'honneur des princes, on esquissa pour les théâtres royaux des drames à l'usage et à l'honneur du peuple.

Sur ces entrefaites, la restauration disparut au souffle de la colère nationale. Les théâtres de Paris, fermés de gré ou de force, au premier son du tocsin, se rouvrirent pour célébrer les merveilles des trois jours. Mais cet éclair de liberté se perdit aussitôt dans les brouillards de la doctrine; le théâtre, plus malheureux que sous la restauration, fut livré à l'arbitraire ministériel. Trop faible pour oser proposer une loi de censure, le pouvoir se montre plus barbare que les censeurs eux-mêmes. Il proscrit, sur son titre ou sur un rapport de police, un ouvrage qu'il ne connaît pas, et peut ruiner, sans encourir aucune responsabilité, une administration dont l'indépendance le gêne. Aussi la spéculation est-elle, comme par le passé, la seule route ouverte à un directeur de théâtre. Quant aux pensées de civilisation, qu'elles aillent rejoindre leurs trop nombreuses sœurs les espérances de juillet. Inutile tout cela, inutile. Il n'y a que deux choses d'utiles à une grande nation : la royauté et le négoce. Peuple, laissez en paix la royauté; artistes, faites du négoce !

Jeunes auteurs, pourquoi creuser vos joues? pourquoi rider votre front avant l'âge? pourquoi faire saigner vos paupières aux vacillantes clartés d'une lampe? L'art doit répudier ses nobles antécédents, l'art ne doit plus être qu'un négociant. Ainsi le veut la royauté citoyenne, et même rendez-lui grâce de ne vous point contraindre à lui payer patente.

Où sont les hommes qui, nonchalamment assis dans une stalle de l'Opéra, refusaient naguère leur respect au chant de *la Marseillaise?* Ils occupent de hauts emplois. Mais, de tous ceux dont la voix entonnait l'hymne de Rouget de l'Isle, un seul peut-être est en place aujourd'hui : c'est le roi des barricades (1).

Hymne national ! un jour viendra où, pressée de tous côtés par un cercle de baïonnettes qui se resserrent tous les jours, la France aura besoin de lancer ses fils à la frontière. Alors, comme au temps de la république, comme à la chute de l'empire, on suppliera les théâtres de déployer leur pompe et d'exciter les masses. Alors tu recommenceras

---

(1) Quelques jours après la révolution de 1830, un rédacteur du *Journal des Débats* se trouvait sur le théâtre du Vaudeville au moment où le public demandait la *Marseillaise.* « Ne satisfaites pas à ce désir, me dit-il. Plus de *Marseillaise!* c'est un chant qui porte avec lui des souvenirs de sang. » Je l'arrêtai en faisant lever le rideau, et la *Marseillaise* fut chantée. Quelques instants après je quittai le théâtre, et le journaliste, qui sans doute voulait me convertir, m'accompagna. Nous entrâmes au Palais-Royal, où la *Marseillaise* était chantée par une foule immense. Tous les yeux étaient tournés vers la terrasse nouvellement construite. Nous levons la tête, et nous voyons Louis-Philippe battant la mesure avec toute l'animation d'un chef d'orchestre.

les miracles, et tu triompheras de nos ennemis du dedans et du dehors. Alors la liberté viendra régénérer les arts comme la politique, et rendra au théâtre tout ce que, dès son origine, le théâtre a fait pour elle.

ÉTIENNE ARAGO.

FIN.

TABLE DES MATIÈRES.

	Pages.
La Force Révolutionnaire. (Introduction.)	5 *G. CAVAIGNAC*
Peste contre Peste ou la France au XVIe siècle.	46 *A. ALTAROCHE*
Chapitre I.	ib.
Chapitre II.	69
Chapitre III.	93
Chapitre IV.	125
5 et 6 Octobre 1789, épisodes révolutionnaires.	129 *B. HAURÉAU*
Une Séance du Comité de surveillance de la Commune.	173 *L. M. FONTAN*
Les Proscrits de la Restauration.	181 *F. DEGEORGE*
Une Nuit d'Étudiant sous la Restauration (du 19 au 20 août 1820.)	197 *J. FLOTARD*
La Charbonnerie.	217 *TRÉLAT*
Les Étudiants sous la Restauration.	261 *G. PRANCE*
Juillet 1830. Une scène de grenier. — Une scène de la Salpétrière.	279
Un homme du peuple et un grand seigneur.	287 *H. BONNIAS*
La Presse révolutionnaire.	305 *A. MARRAST*
Le Théâtre, considéré comme moyen révolutionnaire.	389 *E. ARAGO*

FIN DE LA TABLE.

www.ingramcontent.com/pod-product-compliance
Lightning Source LLC
Chambersburg PA
CBHW071852230426
43671CB00010B/1312